戦国・北条一族

関東制覇の栄光と挫折

Truth In History 17

まえがき　本書のガイダンス

■まずは登場人物の紹介から

　戦国期に関東に覇を唱えた**北条五代**。
　すなわち〈初代早雲－2代氏綱－3代氏康－4代氏政－5代氏直〉であり、その約100年に及ぶ興亡を、これから紐解いていきたいと思う。
　「下剋上の魁」「戦国の梟雄」として知られる初代早雲こと伊勢新九郎は、「名も無き素浪人で、一旗挙げるために上方から駿河（静岡県）に赴いた。そして実力で伊豆（静岡県）を奪い取り、戦国大名へとのし上がった」と長らくいわれてきた。
　しかし現在では、その出自イメージは払拭され、〈早雲＝室町幕府奉公衆・伊勢盛時〉がほぼ定説となっている。
　詳細は本文で記すが、室町期の日本は足利一族による東西分割統治がなされており、西国政権（室町幕府＝室町将軍家）と東国政権（鎌倉府＝鎌倉公方家）が並存していた。大胆にいえば、室町幕府の東国対策の一翼を担うため、早雲は下向したと思っていい。
　ただし、鎌倉幕府執権・北条氏の子孫と称して、〈伊勢→北条〉と改姓したのは、2代氏綱の時代であり、早雲自身が北条姓を称した事実はない。
　北条早雲とは、江戸期以降の呼び方とご理解いただきたい。なお、本書では戦国・北条五代を「北条氏」と、鎌倉幕府の実力者を「執権・北条氏」と表記して、区別したい。

　北条氏が全盛を迎えたのは、〈3代氏康－4代氏政〉のころ。戦国武将を代表する上杉謙信、武田信玄と互角に戦ったのが氏康であり、名将として知られている。
　が、さしもの「関東の覇者」も、東西一統を目指す豊臣秀吉が実行した**北条征伐**（小田原征伐）によって、〈4代氏政－5代氏直〉のときに滅ぼされる。それも、関東から永遠に抹殺される形で。

[本書に登場する武将]

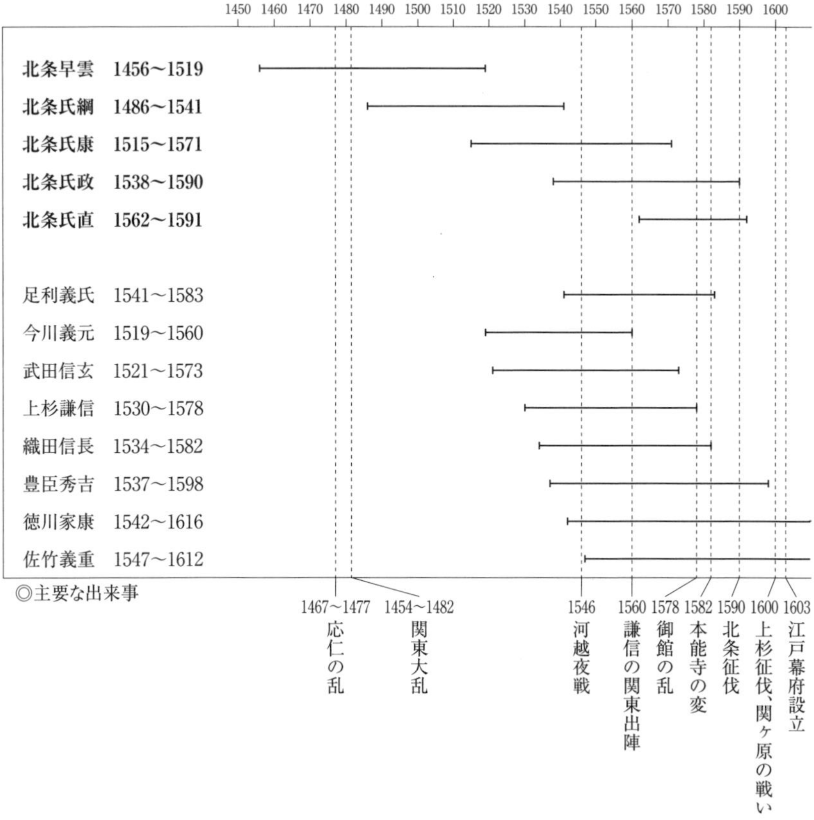

1450 1460 1470 1480 1490 1500 1510 1520 1530 1540 1550 1560 1570 1580 1590 1600
北条早雲 1456〜1519
北条氏綱 1486〜1541
北条氏康 1515〜1571
北条氏政 1538〜1590
北条氏直 1562〜1591
足利義氏 1541〜1583
今川義元 1519〜1560
武田信玄 1521〜1573
上杉謙信 1530〜1578
織田信長 1534〜1582
豊臣秀吉 1537〜1598
徳川家康 1542〜1616
佐竹義重 1547〜1612
◎主要な出来事
1467〜1477 応仁の乱
1454〜1482 関東大乱
1546 河越夜戦
1560 謙信の関東出陣
1578 御館の乱
1582 本能寺の変
1590 北条征伐
1600 上杉征伐、関ヶ原の戦い
1603 江戸幕府設立

[北条氏系図]

(伊勢)盛定
①
盛時(早雲)
北川殿
(今川)義忠
氏親
②
(北条)氏綱
宗哲
③
氏康
綱成
④
(徳川)家康
氏政
氏照
氏邦
氏規
(上杉)景虎
⑤
督姫
氏直
氏房
数字は当主の歴代数
| 実子
‖ 養子
＝ 婚姻

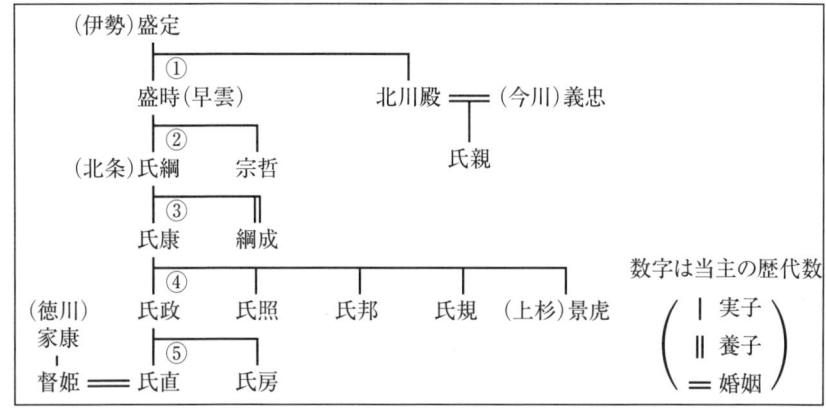

切腹処分となった氏政は、辞世の句を「空より来たり　空に帰れば」と結んでいる。さながら北条100年の興亡を、総括するかのように。
　初代早雲は「箱根の坂」を越えて関東に侵入したが、追放を命じられた5代氏直は「箱根の坂」を越えて高野山（和歌山県）へと赴く。関東を軸として、〈空＝箱根の坂〉と思えば、わかりやすいだろう。
　その顛末を記すのが本書のテーマなのだが、読者の理解に資するために、あらかじめ北条五代のプロフィールを、簡潔に記しておきたい。

○初代（北条）早雲　生没年：1456（康正2）～1519（永正16）年

　実名は伊勢新九郎盛時。室町幕府の実力者・伊勢氏の一族で、幕府申次衆として、駿河守護・今川氏の窓口を務めた。応仁の乱の後、盛時は今川氏に嫁いだ姉の許へ赴き、甥に当たる今川氏親の家督相続に尽力し、駿河東部に所領を与えられた。
　1493（明応2）年、幕府管領・細川政元の指令で、伊豆の堀越公方家の内紛に介入し、結果として伊豆を自らの分国（領国）とした。その本拠が韮山城である。
　続いて盛時は、隣国・相模（神奈川県）の大森氏、三浦氏を滅ぼし、さらに守護の扇谷上杉氏を駆逐して、相模を制圧した。法名を早雲庵宗瑞という。

○2代北条氏綱　生没年：1486（文明18）～1541（天文10）年

　早雲（盛時）の嫡子。1524（大永4）年、分国（伊豆、相模）の支配を正当化するために、氏綱は鎌倉幕府執権・北条氏の子孫と称し、朝廷から改姓を認められた。
　室町期、関東を支配したのは〈鎌倉公方・足利氏－関東管領・山内上杉氏〉なのだが、両者は反目し合い、関東は内乱状態に陥っていた。
　そこで、古河公方（鎌倉公方の後裔）に接近した氏綱は、古河公方家の内紛が起こると、3代公方・高基の命を奉じて、小弓公方（高基の弟）や安房（千葉県）の里見氏などと戦い、勝利を収める。これを第1次国府台の合戦（1538年）という。
　そして、古河公方家と縁組を結んで独自に関東管領に任命される。このようにして大義名分を獲得した結果、氏綱は武蔵南部（東京都）にまで分国を拡げることに成功する。

[東日本の旧国名地図]

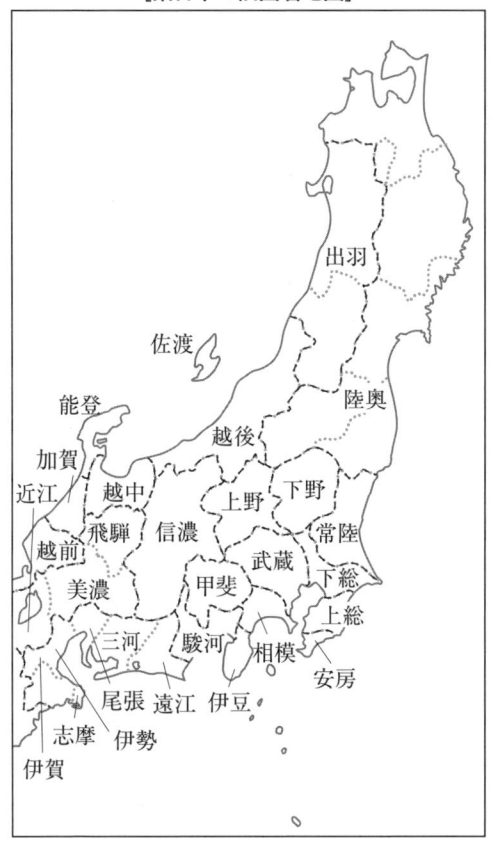

◯3代北条氏康　生没年：1515（永正12）〜1571（元亀2）年

　氏綱の嫡子。新興勢力の北条氏を、関八州に雄飛させたことで知られる。
　1541（天文10年）、父の没後に氏康は家督を継いだが、周囲は敵だらけの状態だった。分国（伊豆、相模、武蔵南部）と境を接する山内・扇谷上杉氏、駿河の今川氏、甲斐（山梨県）の武田氏、安房の里見氏との合戦は絶えず、侵略を繰り返す北条氏は、旧勢力から「他国の凶徒」（無法者）と呼ばれた。
　しかも、古河公方と結んだ宿敵の山内＆扇谷上杉氏は、大軍を動員して、北条氏に攻略された武蔵北部・河越城（埼玉県川越市、元は扇谷上杉氏の居城）の奪回を企てる。

この河越夜戦（1546年）は、氏康の奇跡的な逆転劇に終わり、関東の勢力図は一気に塗り替えられた。
　その後、氏康は駿河・今川義元、甲斐・武田信玄と縁戚関係を結び、相互不可侵条約「甲相駿三国同盟」（1554年）を締結する。
　一方、敗れた山内上杉憲政は、越後（新潟県）の長尾景虎（後の上杉謙信）を頼り、関東出陣（1560年）を要請する。以降、山内上杉氏＆関東管領を継いだ謙信は、関東遠征を繰り返すが、氏康・氏政父子に阻まれ、失地回復には至らなかった。
　ところが、信玄が三国同盟を破棄して、今川氏真（義元の嫡子）を攻撃したため、危機感を抱いた氏康は謙信に和睦を求める。これが「越相同盟」（1569年）であり、氏康はその2年後に病死を遂げた。

○4代北条氏政　生没年：1538（天文7）〜1590（天正18）年

　氏康の嫡子。氏康の没後、謙信との同盟を破棄した氏政は、再び武田信玄と「甲相同盟」を結び、関八州制圧に邁進する。
　その結果、北条氏は最盛期を迎え、「伊豆、相模、武蔵」の分国に加え、上野（群馬県）、下野（栃木県）、下総（千葉県、茨城県）、上総（千葉県）にまで勢力圏を拡大していく。
　そのころ、西国では織田信長が急激に台頭し、武田勝頼を滅ぼすが、本能寺の変（1582年）で横死を遂げる。この機会を捉え、氏政・氏直父子は、甲斐、信濃（長野県）といった旧武田分国を侵食しようとし、徳川家康と対峙するが、縁組を軸とする同盟を結ぶ。
　一方、氏政の攻撃に晒された常陸（茨城県）の佐竹氏らは、新権力者・豊臣秀吉に支援を要請したため、秀吉は「惣無事令」を発令し、氏政に私戦の禁止と服従を求める。
　が、氏政・氏直父子は応じることなく、小田原城に籠城する。そのため、秀吉は北条征伐（1590年）を実行し、降伏した氏政は切腹処分となった。

○5代北条氏直　生没年：1562（永禄5）〜1591（天正19）年

　氏政の嫡子で、徳川家康の娘婿。
　秀吉による北条征伐（1590年）を前にして、同盟者・家康は、氏政または氏直の上洛を強く勧告したが、氏直は主戦派の父に従って、ともに小田原城に籠城した。氏直自身は和平派だったとされる。

降伏後、家康の取りなしによって切腹を免れた氏直は、分国を没収された上で高野山へ追放処分となった。

翌年、秀吉から1万石を与えられたが、30歳で病没した。ここに、関東を席巻した北条氏は絶えた。

次に本書の特徴を

戦国期というと、旧来の秩序が崩壊したようなイメージが、濃厚にある。だから、各地で戦国武将が合戦に明け暮れしたのだと。

しかし、豊臣秀吉が東西一統を実現するまでは、現在から想像する以上に室町期のフレームは息づいていた。

戦国期は、**中世**（鎌倉期、室町期）の地続き上にあった。そう考えていい。もちろん、新たな息吹もあるのだが、現代風にそればかりを強調してはならない、と思う。

なぜならば、多くの戦国武将は旧来の権威を活用して、自らの分国支配を正当化し、他国侵略の大義名分としたからだ。

たとえば、関東管領。戦国ファンにしても、そのようなクラシカルな権威、中世の遺物のような職制が、戦国期に通用するはずがない、と思うだろう。

ところが、山内上杉氏を継いだ謙信は、室町将軍家（西国政権、足利嫡流）から関東管領就任を認められた。

その一方で、少し時代はさかのぼるが、2代氏綱は、直接、古河公方（東国政権の後裔、足利一族）から関東管領に任命されている。

いずれもが古河公方を主人と仰ぎ、自らをNo.2と位置づけ、実質的な関東支配を目論むスタイルである。「主人に取って代わる」という下剋上的な発想ではない。

実はこの形態は、最初の武家政権である鎌倉幕府の〈将軍・源氏－執権・北条氏〉体制を踏襲したものであり、2代氏綱が改姓した理由もそこに求められる。

天魔王といわれ、既成概念を打破したようなイメージを有する織田信長にしても、まずは尾張守護・斯波氏（室町幕府三管領の後裔）を擁立し、次いで室町将軍・足利義昭を奉じた時期もあったのだ。

このような事実を踏まえて、本書では、鎌倉期以来の武家政権から述べる

こととしたい。

　その歴史的経緯、フレームなどを理解しないことには、北条五代のみならず、周辺を彩る上杉謙信、武田信玄、今川義元らの動きの本質が、まったく見えてこないからである。

　従ってⅠ章「早雲の出現以前－中世の影」は、北条五代を語るための導入部、伏線と、お考えいただきたい。

　過去の歴史的経緯を知らずに、戦国大名の目的意識を「天下統一にあった」の一言で片付けてはいけない。北条五代を含め、戦国大名の大半は、そういう発想すら持ち合わせていなかった。

　そして、本書のメインテーマは、以下の点を解き明かすことにある。
〇なぜ、初代早雲は「箱根の坂」を越えて関東に入ったのか？
〇なぜ、5代氏直は関東を没収されるに至ったのか？
〇その間、北条五代はどのように行動し、何を目的にしたのか？

　俗説や通説を検証しつつ、真実を知るための旅に出たいと思う。キーワードは、**関東**にある。

　「関東三国志」（北条氏、上杉氏、武田氏の三つ巴）の決定版として、多くの戦国ファンが本書を読んでいただければ、著者として大変嬉しく思う。

[戦国大名割拠図（1580年ごろ 武田氏滅亡以前）]

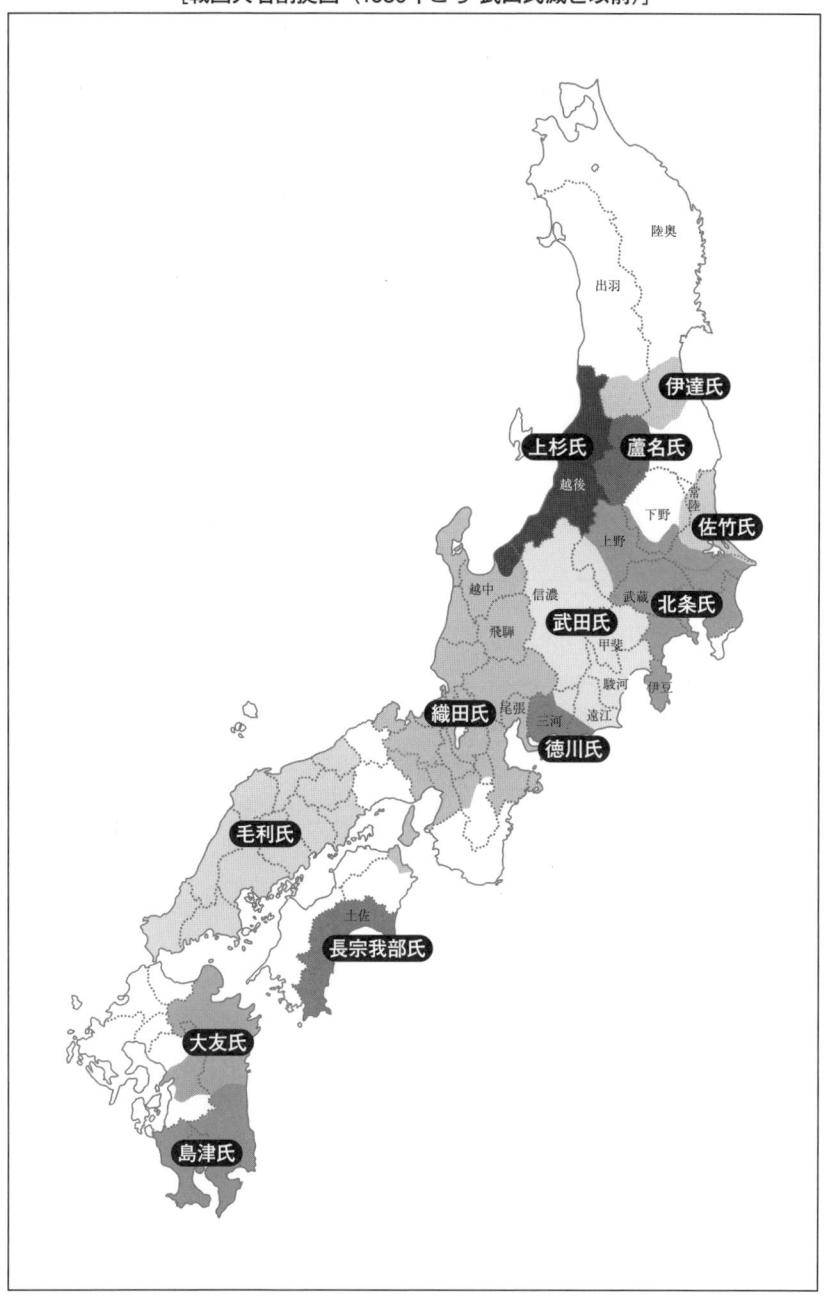

Truth In History 17　Contents

戦国・北条一族 ── 関東制覇の栄光と挫折

まえがき　本書のガイダンス 2

I　早雲の出現以前 ── 中世の影

1　関東とは何か？ 16
国境である「関」の東／関東と東国の区別／関東武士の登場

2　鎌倉幕府の創設 22
源頼朝の挙兵／鎌倉幕府の政策／執権・北条氏の台頭

3　執権・北条氏の専制 27
源実朝暗殺事件／得宗が支配した武蔵・相模／鎌倉幕府の滅亡

4　室町幕府の創設 33
足利氏の東西分担態勢／鎌倉公方と関東管領／関東八屋形とは？／下剋上の意識

5　関東の内乱、勃発！ 41
室町幕府と鎌倉公方の確執／古河公方の誕生／果てしなき関東の争乱／執事の実力

6　二大勢力の激突「応仁の乱」 49
室町幕府内の対立・抗争／応仁の乱と早雲／東西和睦の実現／明応の政変

II　初代北条早雲・伊勢盛時 ── 戦国の魁

1　伝説上の早雲 58
覆された早雲像／俗説の「伊勢盛時伝」／実際の伊勢盛時／駿河守護・今川氏の紛争／盛時の駿河下向

② 盛時、関東の舞台へ …………………………… 68
伊豆侵入の背景／足利茶々丸討伐／拡大する関東戦線／伊豆国主・盛時／東西分担態勢

③ 盛時の関東攻勢 …………………………… 77
小田原城攻撃／相模侵入のキッカケ／相模攻略「三浦攻め」／内海を渡って

④ 晩年の盛時 …………………………… 84
関東の情勢／盛時の死

III　2代北条氏綱──有能な後継者

① 古河公方へのスタンス …………………………… 92
氏綱の分国支配構想／小弓公方・足利義明／安房の戦国大名・里見氏

② 氏綱の攻勢 …………………………… 98
武蔵侵攻作戦／氏綱の改姓／東西諸国の情勢

③ 関東での成果 …………………………… 105
「河東一乱」の勃発／第1次国府台合戦で圧勝／氏綱、関東管領に就任

④ 晩年の氏綱 …………………………… 110
寺社再建プロジェクトの背景／鶴岡八幡宮の造営／氏綱の遺訓／氏綱の家族

IV　3代北条氏康──中興の祖

① 氏康への代替わり …………………………… 118
北条氏の支配体制／北条分国の状況／両上杉氏の巻き返し

②	河越夜戦の勝利 ……………………………………… 123
	氏康の大逆転／関東の勢力図、一変／古河公方の衰退

③	関東への雄飛 ……………………………………… 130
	関東諸国の情勢／三国同盟の締結

④	上杉謙信との対決 ………………………………… 135
	北条氏の代替わり／長尾景虎の関東出陣／景虎か、氏康か？／景虎の小田原城攻撃／関東管領に就いた謙信

⑤	氏康の逆襲 ………………………………………… 146
	謙信の越後帰国／第2次国府台合戦の勝利／謙信陣営の退潮／上野・房総の戦局

⑥	上杉・北条同盟 …………………………………… 155
	「越相一和」の締結／同盟の合議事項／幻の里見・北条同盟／武田信玄の攻勢／氏康の死

V 4代北条氏政 ── 全盛期を実現

①	氏政の外交政策 …………………………………… 168
	武田・北条同盟の再締結／謙信陣営との戦い／古河公方の権威／利根川以東・房総へ

②	上杉氏の家督相続問題 …………………………… 178
	謙信、死す／「御館の乱」の勃発

③	織田信長の台頭 …………………………………… 184
	氏政の敵、味方／氏政、信長に接近／信長の東国支配構想／武田勝頼の滅亡／関東管領・滝川一益

④	「本能寺の変」の衝撃 …………………………… 192
	草刈り場となった旧武田分国／古河公方の終焉

VI　5代北条氏直──地上より永遠に

1　北関東の戦闘 ……………………………………… 200
5代当主と一門／佐竹一統の巻き返し／沼尻の戦い勃発／羽柴・上杉同盟の重要性

2　徳川家康との関係 ………………………………… 207
真田昌幸の動向／徳川・北条会談の開催／関東惣無事令とは？

3　豊臣秀吉への対応 ………………………………… 212
北条氏の軍備／北条氏規の上洛／沼田領問題／名胡桃城攻撃事件

4　秀吉の北条征伐 …………………………………… 219
合戦への道／北条氏の防御態勢／北条征伐の推移／四面楚歌の小田原城／松田憲秀の内応／首謀者・氏政の切腹

5　北条氏の末路 ……………………………………… 234
家康の関東入封／氏直のその後

[COLUMN] 北条征伐グラフィティ ………………………… 238

VII　人物略伝

北条五代略伝 ………………………………………… 244
北条早雲（伊勢盛時）／北条氏綱／北条氏康／北条氏政／北条氏直／北条氏照／北条氏邦／北条氏規／上杉景虎

戦国武将略伝 ………………………………………… 258
今川義元／武田信玄／上杉謙信／織田信長／徳川家康／里見義堯／太田資正／佐竹義重

[関係大名・国人一覧（戦国2代）]

国	姓	2代	本拠地
駿河	今川	義元－氏真	駿府館
甲斐	武田	信玄－勝頼	躑躅ヶ崎館
相模	北条（全盛期）	氏康－氏政	小田原城
相模	三浦	時高＝道寸	三崎城
武蔵	扇谷上杉	朝興－朝定	河越城
武蔵	江戸太田	資高－康資	江戸城
武蔵	岩付太田	資正－氏資	岩付城
安房	里見	義堯－義弘	上総久留里城
上総	上総武田	信保－信応	真里谷城
下総	古河公方	晴氏－義氏	古河城
下総	簗田	高助－晴助	関宿城
下総	結城	政勝－晴朝	結城城
下野	宇都宮	広綱－国綱	宇都宮城
下野	小山	高朝－秀綱	祇園城
下野	足利長尾	当長－顕長	上野館林城
上野	山内上杉	憲房－憲政	平井城
上野	白井長尾	景春	白井城
上野	由良	成繁－国繁	金山城
常陸	佐竹	義重－義宣	太田城
常陸	小田	政治－氏治	小田城
陸奥	伊達	輝宗－政宗	出羽米沢城
越後	長尾（上杉）	謙信＝景勝	春日山城
尾張	織田	信長－信忠	近江安土城
三河	松平（徳川）	広忠－家康	遠江浜松城

早雲の出現以前

中世の影

西暦	和暦	主な出来事
1185	文治1	平氏滅亡
1192	承久1	鎌倉幕府の創設
1221	承久3	承久の乱が起こる
1333	元弘8	鎌倉幕府の滅亡
1338	暦応1	室町幕府の開設
1439	永享11	永享の乱（関東）が起こる
1454	享徳3	享徳の乱（関東、～82）が起こる
1467	応仁1	応仁の乱（西国、～77）が起こる
1482	文明1	東西の和睦（足利将軍、古河公方）

 # 関東とは何か？

 ## 国境である「関」の東

　戦国期、北条五代が基盤とした関東の地。
　現在の関東地方であり、かつては関八州といわれた。相模（相州：神奈川県）、武蔵（武州：東京都・埼玉県）、安房（房州：千葉県）、上総（総州：千葉県）、下総（総州：千葉県・茨城県）、常陸（常州：茨城県）、上野（上州：群馬県）、下野（野州：栃木県）の8か国である。

　古来、日本は68か国（66州、壱岐、対馬）から構成され、都を中心とする7地方に行政区分された。これを「五畿七道」※1という。畿内は5か国で、それ以外の諸国は、西海道、南海道、山陽道、山陰道、北陸道、東海道、東山道に属する。
　と同時に幹線道路として、同名の街道が整備された。その機能が江戸期の五街道※2に受け継がれたわけで、現在の鉄道や高速道路名にも名残がある。
　本書の舞台となる関八州および周辺国は、東海道、東山道、北陸道となる。19ページの地図を見れば一目瞭然だが、東海道は太平洋沿い、東山道は内陸部、北陸道は日本海沿いに位置している。
　時代の変遷に伴い、多少の異同はあるものの、本書に関連の深い国名を西から順に挙げると、次のとおり。
○東海道：尾張、三河（ともに愛知県）、遠江、駿河、伊豆（ともに静岡県）、甲斐（山梨県）、相模、武蔵、安房、上総、下総、常陸
○東山道：信濃（長野県）、上野、下野、陸奥（福島県以北の太平洋側）
○北陸道：越後（新潟県）、出羽（山形県以北の日本海側）

　上記の諸国を結ぶ街道には、国境の峠に関が設けられた。交通の要所であ

※1　五畿七道：都を起点とする地方区分（道）は、朝廷権力の象徴であり、王政復古で明治政府が樹立されると、新たな道が設置された。それが、それまで蝦夷地とされた北海道。
※2　五街道：都を起点とする七道（街道）に対し、五街道は江戸を起点とする主要道で、東海道、中仙道、甲州街道、日光街道、奥州街道を指す。

り、軍事上の重要拠点である。
○**東海道**：足柄峠（後に箱根峠、駿河－伊豆－相模国境）
○**東山道**：碓氷峠（信濃－上野国境）
○**北陸道**：三国峠（越後－上野国境）

　都から東へ街道（東海道・東山道）を進んで峠を越えると、眼下に雄大な平野が広がる。この峠を越えた地域が「関の東」、すなわち関東であり、「峠の坂」にちなんで坂東とも呼ばれた。なお、北陸道は迂回路と理解いただきたい。

　室町後期に、北条早雲は、京都から東海道を駿河へ下り、伊豆を手中に収めた後、「箱根の坂」を越えて相模を攻撃したのである。

　なお、古来の東海道は、相模から房総半島の〈安房→上総→下総〉へ通じていた。現在の東京湾は「武総の内海」と呼ばれ、三浦半島から房総半島へと、海路を辿った。

　というのも、当時の武蔵・下総間の陸路は、内海へ注ぐ利根川水系（現在の江戸川、中川、隅田川）が交通を遮断し、極めて不便だったからだ。現在のＪＲ総武線が走る地域は、利根川河口の一大湿原地だったと思っていい。

［江戸期以前の利根川水系］

今も残る両国（東京都墨田区）の地名も、武蔵と下総にまたがることに由来する。

後年、徳川家康が利根川の東遷工事[※3]を実施し、河口が銚子に移されるのだが、戦国期までは橋も架けられていない。技術的な問題もあるが、何よりも河川が天然の軍事防御施設だったためである。

ちなみに、東海道沿いの上総、下総は、起点の都に近い並びであり、東山道沿いの上野、下野の順も同様の考え方となる。

この関東を形づくる自然要因、つまり峠・河川・内海が、北条五代の「関東制覇」にも大きく影響を与えることになる。その点を、あらかじめインプットしていただきたい。

▲ 関東と東国の区別

関東は、東国とも呼ばれるときもある。日本68か国を、どこで東西に分けるかは時代によって異なるものの、武家政権誕生以降は以下の諸国が関東に位置づけられた。微妙に違う点に気づかれるだろう。
①鎌倉初期（8か国）：伊豆、相模、武蔵、上総、下総、駿河、信濃、越後
②室町初期（10か国）：伊豆、甲斐、関八州（19ページ地図参照）
③室町前期（12か国）：伊豆、甲斐、関八州、奥羽2か国（陸奥、出羽）

行政区分の変更理由などについては追々解説していくが、「細長い日本全国を一元支配するのは、難しい」という考えが前提にある。

そして、関東とは「広範囲な東国全域（上記③）」を意味するときと、狭義の「関八州プラスα（上記②）」を指すときがあった。

ただし室町期以降は、東海道の駿河、東山道の信濃を境として、その以東の地を関東もしくは東国と呼んだのは間違いない。

つまり駿河（足柄峠、箱根峠）と信濃（碓氷峠）が西国の東端なのだが、逆にいえば東国の影響を受けやすい「関東周辺国（東国圏）」ともいえる。それは越後（三国峠）も同様だ。

※3 利根川東遷工事：北条征伐（1590年）の後、関東に封ぜられた徳川家康は、関東郡代・伊奈忠次に河川改修工事を命じた。それまで、現在の東京湾に注いでいた利根川を、数回の瀬替えを行うことで、銚子沖（太平洋）へと流路を変えたのだ。洪水防止、流域の農耕地化、水運の利便のためとされる。

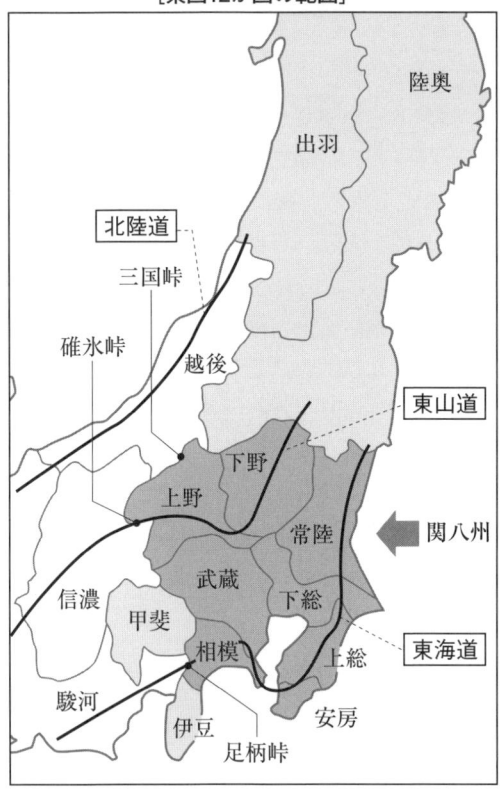

関八州とともに、注意すべきは次の2か国である。
○伊豆：鎌倉期以来、伊豆は一貫して関東とされていること。この地で、源頼朝は平家討伐の旗上げをした。いわば武家政権発祥の聖地である。
○甲斐：その後、甲斐も関東に含まれた。なお、〈甲斐－武蔵〉間は小仏峠で結ばれる。現在のJR中央本線を想起いただきたい。

このように複雑な形態なので、読者の混乱を招く恐れもあり、以降、本書ではおおよそ以下のように使い分けたい。
○**関東**10か国：関八州＋伊豆・甲斐

○東国12か国：関東＋奥羽2か国
○関東周辺国3か国：駿河、信濃、越後

　室町期・戦国期における諸国の国力は、残念ながらわからない。が、参考までに1598（慶長3）年の太閤検地データ[※4]を掲げておきたい。北条氏の滅亡後（1590年）、すなわち豊臣秀吉による東西一統に基づく「国別石高表」である。なお、それまでの関東は貫高制であり、年貢は米ではなく、銭で納めていた。

　なぜ、戦国期の北条早雲・氏綱父子が〈伊豆→相模→武蔵〉へと侵攻を重ねたか？

　領土拡大意欲の視点に立って、上記3か国を〈7万石→19万石→67万石〉と石高換算すれば、イメージが湧くと思う。

関東武士の登場

　平安期、朝廷は親王（皇族）や貴族を**国司**に任命し、諸国に派遣した。その国司が行政を担当し、国衙領（公領）を管理した。

　当時の官吏のラインを、〈守−介−掾−目〉という。守が国司であり、次官に相当する介には、下級貴族や現地有力武士が登用された。下総の千葉氏は千葉介、相模の三浦氏は三浦介と呼称された有力武士である。

　ただし、国司といっても、親王は名目上であって、実際に現地には赴任しない。そこで、介が実質的な行政トップとして機能した。これを「親王任国」といい、関東では上総、上野、常陸が該当する。いずれも大国である。

　この3か国のステータスは高く、たとえば上総の場合、上総守は設置されず、最高官は上総介。つまり、一般諸国の伊豆守や相模守と、上総介は同格の位置づけとなる。織田信長が上総介と称し、『忠臣蔵』で有名な吉良義央が上野介なのも、この律令制のルールが受け継がれたからだ。

　その一方で、全国各地には有力貴族・寺社が私的に所有した土地**「荘園」**が数多く存在した。国司の支配を受けず、国税の対象にならない「治外法権」の区域である。

※4　太閤検地：秀吉が1582年から開始した検地。旧来の支配体制を見直し、新租税体系を構築しようとした。

複雑なので必要最小限に留めるが、そこに目をつけた関東の有力武士は、開発領主として荒地を開墾し、耕作地・農牧地とした荘園を、京都の有力貴族・寺社に寄進した。
　現代風にいえば、税金逃れのデベロッパー。一定の年貢を京都へ送るものの、有力武士は荘園の管理代行業務を担う形で、実利を得た。所有者（寄進先）は現地におらず、しかも行政の立ち入りを拒否できるのだから、ある意味、勝手放題ができる。
　だが、開墾を進めていけば、どうしても隣接地との**境目紛争**が起こる。話し合いで解決しなければ、訴訟を提起し、国司の裁決を仰ぐのが筋だが、治外法権の荘園間の争いともなれば、私的な武力衝突を免れることはできない。
　武士団の形成、すなわち開発領主の武装化の背景には、「境目紛争に対処する」「国司の立ち入りを防ぐ」という目的があったことになる。
　関東武士団は「坂東武者」「一騎当千の 兵（つわもの）」といわれ、以下のような武士団が関東一円で武威を誇った。
○坂東八平氏：千葉、上総、三浦、土肥（とい）、秩父、大庭、梶原、長尾氏
○武家・藤原氏※5：小山（おやま）、結城、長沼、足利、宇都宮氏

　他に同族的集団として、武蔵七党※6が知られる。盛衰はあるものの、彼らの後裔は、戦国期まで関東各地に勢力を有することになる。
　そして、これらの関東武士団を軍事動員し、蝦夷（えぞ）の叛乱を討伐したのが、源頼義・義家父子である。
　陸奥国司（陸奥守）となった父子は、前九年の役（1051〜62年）、後三年の役（1083〜87年）で叛乱を鎮圧し、特に征夷大将軍・八幡太郎（はちまん）義家は「武家の棟梁」として、関東武士団からの崇敬を一身に集めた。
　その本拠地が相模の鎌倉（神奈川県鎌倉市）。そこに建立された**鶴岡八幡宮**は、「武家の氏神」といわれるようになる。後述するが、戦国期に焼失した鶴岡八幡宮を再建したのが、2代氏綱である。

※5　藤原氏：鎮守府将軍・藤原秀郷は、平将門の反乱（940年）を討伐し、下野守に任命された。以後、下野では武家藤原氏が大いに栄えた。足利氏は藤原氏系が盛んだったが、後に源氏系が取って代わった。
※6　武蔵七党：平安末期に発生した同族的結合の武士団。横山党、児玉党、猪股党、丹党などで、小規模な武士が結束して行動した。

鎌倉幕府の創設

 源頼朝の挙兵

1159（平治1）年、京都の朝廷・藤原摂関家※7で内紛が起こり、その尖兵となった二大武士団が激突した結果、源氏は平氏の前に敗れた。これを平治の乱という。

合戦後、まだ幼少だった源氏の嫡流・頼朝（義家の子孫）は、平清盛によって伊豆の蛭ヶ小島（静岡県伊豆の国市）に流罪処分となった。

箱根権現、伊豆山権現※8に帰依した頼朝を支えたのが、地元の小豪族だった北条時政であり、成人した頼朝は彼の娘・政子を娶る。

1180（治承4）年に至り、平氏追討の宣旨を得た頼朝は、時政らのわずかな味方とともに挙兵し、韮山の平氏方を破る。

さらに相模の三浦氏（三浦介）と連携を図ろうとするが、合流前に「石橋山の戦い」で平氏方と戦い、一敗地にまみれる。

やむなく頼朝は、真鶴岬から安房へ船で渡り、房総半島に上陸する。ここで上総広常（上総介）、千葉常胤（千葉介）らの有力武士が、頼朝支持を表明したため、頼朝は〈安房→上総→下総〉を辿り、行軍途中で参加した大軍を率いて武蔵を望む。

関東武士団が頼朝を担いだのは、彼が「武家の棟梁」である源氏の嫡流だ

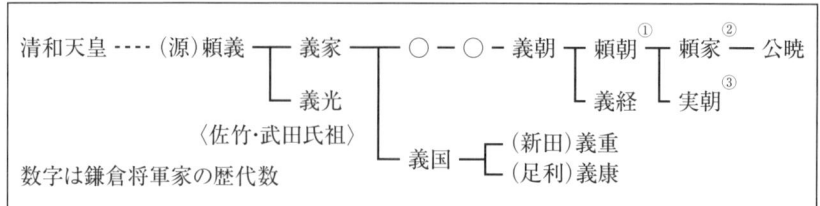

[源氏系図]

※7 摂関家：公卿の最高位である摂政・関白に任ぜられる家柄で、藤原氏嫡流の近衛、九条、二条、一条、鷹司家を指す。「五摂家」ともいう。

※8 権現：権とは、「仮の」に意味。つまり、日本の神は、「仏教の仏が、仮の姿で現れた」とする。山岳信仰とも結びついたようだ。

ったからだ。本人の実力もさることながら、その血筋、貴種性はより重要である。

　ちなみに逸早く呼応した千葉常胤は、頼朝に次ぐ席次を与えられたという。現代から想像する以上に席次の持つ意味は大きく、頼朝軍での序列と思っていい。常胤の軍功が高く評価されたわけで、千葉氏代々はそれを語り継いでいった。

　さて、下総・武蔵間を流れる利根川水系を渡るのは容易ではないが、船を繋いだ橋を架け、頼朝軍は〈下総→武蔵→相模〉へと進み、源氏ゆかりの鎌倉へ入る。

　前述した内海（現在の東京湾）を囲む関八州のロケーション（19ページ参照）が、この事実からも理解いただけると思う。

　また内海の制海権、利根川の制河権も、軍事上、極めて重要であり、その構図は北条五代の時代まで変わることはない。

　以降、関東の敵対勢力（平氏方、佐竹氏など）を討伐した頼朝は、平氏を「壇ノ浦の合戦」（1185年）で滅ぼし、さらに奥州藤原氏[※9]を討伐（1189年）して、1192（建久3）年に征夷大将軍に就任する。

　諸説あるのだが、一般的に鎌倉幕府の創設は、この年とされる。史上初の**武家政権**の誕生である。そして武家政権は、江戸幕府崩壊まで700年近くも続くことになる。

▲ 鎌倉幕府の政策

　当初の鎌倉幕府は軍事政権であり、依然として、諸国の行政は朝廷が任命した国司が管掌していた。

　大雑把にいえば、かつて国司の権限であった軍事動員権を、頼朝はスピンアウトして、一元的に支配管理した。そういう構造で捉えたほうが、わかりやすい。

　権力基盤を固めるため、頼朝は実に巧妙な政策を採った。それが守護＆地頭の設置と関東御分国である。簡単に説明していこう。

　まず諸国に置かれた**守護**は、有力な幕府御家人の中から選ばれ、①大番役

※9　奥州藤原氏：平安後期、平泉の藤原四代は、100年にわたって奥羽を支配した。3代秀衡が源義経を匿ったため、4代泰衡のとき、頼朝に滅ぼされた。

（朝廷、幕府の警固）を務める御家人の召集、②謀反人の検断（けんだん）、③殺害人の検断の職責を果たした。

①は御所の警衛を意味し、②と③の検断とは、「謀反、殺害、海賊、山賊」などの治安を乱す重犯罪を検察し、犯人を断罪することを指す。そのために、守護は御家人を軍事動員できるわけで、現代風にいえば、軍事権、警察・司法権を担ったことになる。

なお、この時点の守護は、国司の経済的権限（税金徴収、国衙領支配）を脅かす存在とはなっていない。

しかし、守護設置時には、合戦の兵糧米（ひょうろうまい）徴収などの目的で、荘園に立ち入る権限を与えられた。それらを突破口として、守護は国衙領、荘園といった旧権力の牙城を切り崩し、経済的基盤を築き始め、室町期には守護大名となっていく。

ところで、上記の守護の**職責**（②、③）は、室町期～戦国初期においても踏襲された。この事実は、かなり重要である。

たとえば北条早雲が伊豆・相模に侵入したとき、当時の守護だった上杉一族は、「他国の凶徒」による犯罪と捉え、鎮圧しようとした。凶徒とは賊、無法者であり、早雲の行動は「国盗人（ぬすっと）、国泥棒」、すなわち最大級の犯罪と権力サイドが見なしたからだ。

次に**地頭**。「泣く子と地頭には勝てぬ」という諺からも、その実力の程が窺えるが、地頭とは各地の荘園に配置された幕府御家人である。

平氏方（貴族を含む）から没収した荘園を、恩賞として幕府は御家人に再配分したわけで、当初の地頭は荘園の管理代行者（年貢徴収、治安維持）の立場にあったが、次第に実力で荘園を自らの所領としていく。

このようにして、経済的な存立基盤を備えた地頭は、次第に**国人**と称されることになる。

ただし、ここでいう「国」とは、たとえば武蔵といった国単位ではなく、「一定規模の所領範囲」を意味する。仮に武蔵とすれば、規模の大小はあるものの、それこそ数多くの国人が存在したのである。

戦国期というと、ただちに合戦がイメージされるが、戦国大名が腐心したのは、「いかにして、国人衆を味方にするか」だった。

戦国大名といっても、その大半の軍事力は、傘下の国人衆に依存していたからだ。そのために戦国大名は、所領安堵、新恩給与で国人衆を誘う。また恩賞を餌として、敵方の国人衆を内応させる。誰しもが、まずは流血の事態

を回避しようとする。合戦とは交渉決裂時の最終手段である。

ところで、戦国大名が支配した所領を分国（領国）という。その分国統治のために、戦国大名が独自に発布した法令が、分国法である。たとえば武田信玄は、「甲州法度（はっと）」を制定している。

つまり戦国期の分国は独立国、と思っていい。実はその概念は、頼朝の**関東御分国**に始まる。

圧倒的な軍事力を背景とする頼朝は、守護＆地頭の設置とともに、関東諸国の国司に幕府御家人を任命することを、朝廷に認めさせる。

実質上、頼朝が諸国（伊豆、相模、武蔵、上総、下総、駿河、信濃、越後）の国司ポストを獲得したことに等しく、これを総称して関東御分国といった。

わかりやすく表現すれば、頼朝の直轄領。関東御分国内での頼朝は、旧来の国司権限（行政権）、新設の守護権限（軍事権、警察・司法権）を兼ね備え、荘園（治外法権区域）には地頭を派遣し、経済的実力を蓄えさせる。

ここで注意すべきは、東西の**境目**にあたる駿河（東海道）、信濃（東山道）、越後（北陸道）を、頼朝が直轄領とした点だ。

軍事上の措置と思っていい。関東を基盤とする鎌倉幕府からすれば、仮想敵国は西国の朝廷。もし合戦ともなれば、上記3か国は関東への侵入路となるからだ。

語られる機会は少ないものの、武家政権を誕生させた頼朝は、あらゆる面に用意周到な人物で、政治力学・軍事の天才というべき存在だった。

後年の北条五代は、鎌倉幕府の公式記録『吾妻鏡』を範とし、『吾妻鏡』を譲られた徳川家康は、江戸幕府創設に役立てた。

また豊臣秀吉も、北条征伐後、鎌倉にあった頼朝の木像に「頼朝と自分だけが、天下を統一した」と語りかけた。そういう話も残っている。

▲ 執権・北条氏の台頭

1199（正治1）年に源頼朝は逝去し、嫡子・頼家が2代将軍に就くが、そのころから外戚の北条氏の発言力が増し始める。

頼朝の伊豆挙兵に加わった北条時政・義時父子は、幕府創業の功臣。しかも時政の娘・政子は、頼朝の正室。頼家・実朝兄弟の母である。

詳述は避けるが、頼家は北条氏の排斥を企てた結果、伊豆の修善寺に幽閉の身となる。その直前、病気だった頼家は、『吾妻鏡』によれば、次のような方針を述べている。一種の遺言である。
　「全国（66か国）の総守護職と関東28か国の地頭職は、嫡子・一幡（いちまん）に譲る。関西38か国の地頭職は、弟・千幡（せんまん）（後の実朝）に譲る」（意訳）

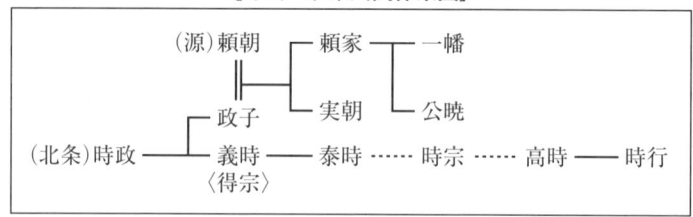

　頼家の述べた関東、関西とは、それぞれ東国、西国を指し、おそらく現在の愛知県、岐阜県辺りを、東西の境目と認識していたのであろう。
　ともあれ重要なのは、守護（軍事動員権）と地頭（実態的な荘園支配権）の選任は幕府の専管事項であること。言い換えれば、朝廷の承諾を必要としない権限である。
　それと**東西分割統治**の視点。細長い日本国を、単独で管轄するのは容易ではない。そして鎌倉幕府は関東を基盤とする政権なので、本領に関する権限は嫡子が相続する。
　この遺言は実行されずに終わるが、時代が移り、京都政権（西国）である室町幕府が開設されると、統治領域が逆転する形で、〈西国＝嫡子、東国＝弟〉という分割統治が実現する（後述）。

　その後、頼家を殺害した北条時政・義時父子は、将軍に実朝を擁立し、政所（まんどころ）と侍所の別当（長官）を兼務した義時が、**執権**に就任した。
　当時、幕府の機構は、以下の3機関から構成されていたから、執権の権力は絶大である。
○政所：幕府財政、行政を担当
○侍所：御家人を統制
○問注所：訴訟・裁判を管掌

　執権とは、武家の棟梁である将軍を補佐する幕府No.2の職制。行政・軍事

両面を統括する。

　この形態は武家社会においては非常に重要であり、室町期では〈西国：室町将軍家－三管領〉、〈東国：鎌倉公方－関東管領〉として引き継がれ、戦国期にも大きな影響を与えることになる。

　そして戦国期の北条五代は、関東支配を実現するために、執権・北条氏の末裔と称し、〈伊勢→北条〉と改姓することになる。

 執権・北条氏の専制

 源実朝暗殺事件

　1203（建仁3）年、実朝は3代将軍に就いたものの、幕府の実権は執権・北条氏が完全に握った。だからといって、北条氏には「源氏に代わって将軍になる」という発想、野心はない。何よりも、家格の違いが大きい。

　貴種性、つまり血筋の良さにおいて、伊豆の小豪族出身の北条氏は大きく見劣る。まして源氏ゆかりの御家人が、同僚だった北条氏を「武家の棟梁」と仰ぐはずもない。

　それと、もうひとつ。実は源将軍家は、行政権（幕府運営）とともに祭祀権を有していた。「武家の氏神」を祀る祭主。その宗教的側面は、執権といえども、侵すことはできない。

　実朝が和歌にいそしみ、頻繁に二所詣（箱根権現・三嶋大社、伊豆山権現）に赴き、また鶴岡八幡宮に参詣して、祈願を捧げたのも、その機能を果たすためである。

　有名な実朝の「箱根路をわが越えくれば伊豆の海や　沖の小島に波の寄るみゆ」も、二所詣の途中の情景を詠んだ和歌だ。

　1219（承久1）年、右大臣に昇進した実朝は、鶴岡八幡宮に参詣する。そのとき、八幡宮別当・公暁（頼家の次男、実朝の甥）は、実朝を暗殺してしまう。なお、この時点で、頼朝の直系は実朝と公暁しか存在していない。

　公暁の動機は、父の仇討と将軍職への野心にあり、その黒幕は有力御家人・三浦氏だったとされる。しかし公暁は、密謀の発覚を恐れた三浦氏によって殺害される。

突如、源氏嫡流の血筋が絶え、幕府内には動揺と混乱が走る。尼将軍と呼ばれた政子と弟の執権・北条義時が、その引き締めに躍起となる。
　この機会を捉え、劣勢の回復を目指す後鳥羽上皇は討幕を企図し、「打倒武家政権」の兵を募る。
　これが承久の乱（1221年）であり、朝廷、幕府との「東西対決」といっていい。
　幕府内は足柄・箱根峠での防御策と積極出撃策に分かれたが、結局、東海道、東山道、北陸道の3方向を進んだ幕府軍が、朝廷軍に大勝する。その結果、〈幕府＝武家政権〉がより伸張し、〈朝廷＝公家政権〉が著しく後退したことは、いうまでもない。
　幕府は上皇らを流罪に処し、朝廷方の所領（主に西国）を没収した。その没収地には御家人が地頭として派遣され、幕府は実質的に西国を支配下に入れた。
　ただし、歴史的事実からも明らかなように、朝廷が滅びたわけではない。将軍は「天皇の代官」という位置づけであり、天皇から任命される形を取っているからだ。日本では天皇家が最も尊い血筋とされ、その考え方は現在でも引き継がれている。
　ともあれ、この承久の乱を経て北条氏の専制体制は確立し、名ばかりの歴代将軍の派遣を朝廷サイドに要請する。4代将軍以降に政治的価値は見出せないが、シンボリックな将軍職は、政権運営上、どうしても必要である。
　なぜならば、前述のとおり、北条氏には血筋の壁があり、棟梁とはなり得ないからだ。また祭祀権を担う意味もある。
　かくして、執権・北条氏による傀儡政権が誕生したわけだが、この**No.2の構図**も後世へ受け継がれていく。戦国期、関東で争った3代氏康と上杉謙信は、ともに「鎌倉（古河）公方のNo.2」の考え方に立っている。
　さらに執権・北条氏は、有力御家人・三浦氏などを排斥し、専制体制をより強固にしていった。

▲▲▲ 得宗が支配した武蔵・相模

　執権職を独占する北条氏の中で、嫡流を**得宗**といった。自らも執権に就任するが、一族から登用する際も、得宗の意向が反映される。
　いわば得宗が、幕府最高権力者。さらに、朝廷方やライバルの所領を没収

し、幕府御家人に分配したにせよ、得宗の直轄領も増大の一途を辿った。

　執権に就任した得宗が、公的な職務を担うのは当然だが、私的には奥羽から九州にまで拡がる直轄領を管理しなければならない。

　そこで登場してくるのが、得宗の**執事**である。執事は代々の被官[※10]で、内管領、家宰（かさい）とも呼ばれた。実務を担当する執事は、現地に代官を派遣し、年貢などの取り立てを行わせる。

　つまり、執事は「家政全般を取り仕切る代行責任者」であり、公的な職制ではない。しかし、得宗の権力をバックとして、執事は公的な幕府行政に対しても発言力を持つに至る。最後の得宗・北条高時に仕えた執事・長崎高資（たかすけ）の勢威は、主人を凌いだと伝えられる。

　下剋上は戦国期の代名詞となっているが、〈北条氏－長崎氏〉の関係も、「実力の世界での下剋上」といっていい。

　ここで重要なのは、主人（絶対権力者）との関係で実力を蓄えた執事が、本来の機能を超えて、表舞台でも活躍する点だ。北条五代の本姓である伊勢氏は、足利将軍家の執事の家柄。また上杉氏も、足利氏の執事から関東管領になっている。

　全国の守護職も得宗が選任し、代々の得宗家は、武蔵、伊豆、駿河、上野など数か国の守護を務めた。そのため、得宗は「太守」とも呼ばれた。

　武蔵では、得宗が国司・武蔵守を兼務したようだ。次に伊豆は北条氏発祥の地、いわば聖地。駿河は東国と西国の境。ともに、首都鎌倉が位置する相模の隣接国でもある。

　ところで、上記守護国の中に肝心の相模を見出せないが、三浦氏の衰退後、同国には守護が設置されず、執権が国司・相模守として管掌した。

　整理すれば、まず〈私的な得宗＝武蔵国司＆守護〉、〈公的な執権＝相模国司〉という構図があり、実態的に〈得宗＝執権〉だから、得宗が武蔵と相模の行政権＆軍事権を独占したことになる。

　たかが2か国と思うかもしれないが、武蔵＆相模は有力武士団（坂東武者）発祥の地。「2か国の軍事力は、日本半国に匹敵する」という意識が濃厚にあった。言い換えれば、軍事政権である幕府にとって、武蔵＆相模はその

※10　被官：本来は、御家人（上級武士）に仕える下級武士の意味。家臣と似ているが、主従関係に束縛される江戸期の家臣に対して、中世の被官には主人を選択できる権利があった。従って、主人に対して、一方的な忠義を尽す必要はない。主人との関係は、ギブ＆テイク（恩賞＆奉公）がベースとなる。

力の源泉となる。

　戦国期の2代氏綱は、北条氏への改姓後、「相模太守」と称した。改めて触れるが、氏綱の意図は明らかであろう。彼は「執権・北条氏の再来」を標榜し、〈伊豆→相模→武蔵〉への侵攻作戦を正当化しようと、考えたのだ。それが、鎌倉期の北条分国（得宗の守護、国司国）なのだから。
　鎌倉期、室町期、戦国期は地続きであり、本書が鎌倉期から筆を起こす意味もここにある。
　関東10か国の守護についても記しておこう。ただし、鎌倉期を通じて、異動がある点はお含みおき願いたい。
○伊豆、武蔵、上野：北条氏
○甲斐：（不詳）
○安房：（不詳）
○上総：足利氏
○下総：千葉氏
○常陸：小田氏
○下野：小山氏

　17ページの地図を見ればわかるように、北条氏（得宗）が実質支配したのは、利根川以西の国であり、利根川以東及び内海（東京湾）を隔てた諸国は、有力御家人が守護を務めた。
　それとともに留意すべきは、下野足利荘を発祥とする**足利氏**の存在である。足利氏の先祖は八幡太郎・源義家であり、頼朝直系が途絶えた後は、代わって源氏の嫡流と見なされた（22ページ系図参照）。
　代々、北条一族と縁戚関係を結んだ足利氏は、各地に所領を拡大し、上総＆三河の守護に就いた。北条氏以外で、複数国の守護となったのは足利氏だけである。
　また直轄領は、陸奥から九州に至る17か国で36か所を有した、とされる。その中でも、足利一族は特に三河各地で広く分布した。室町期から戦国期を彩る細川氏、吉良氏、今川氏などであり、後年、北条五代との縁が深くなる。
　初代早雲の出身は、足利氏の被官である伊勢氏。その祖先は、詳しくはわからないものの、足利氏の守護国・上総では守護代を務めたという。

つまり北条五代からすれば、足利氏は主筋にあたる。その関係も記憶に留めていただきたい。

▲ 鎌倉幕府の滅亡

14代執権・北条高時（得宗）のとき、鎌倉幕府は滅び去る。破綻をきたした得宗専制政治に代わって、後醍醐天皇の討幕運動が有力御家人の支持を集めたからだ。

当時、朝廷方を討伐するべく、**足利尊氏**は西国に出陣していたが、彼が北条氏に反旗を翻したため、情勢は一変した。

一方、1333（元弘3）年に上野で蜂起した御家人・**新田義貞**は、鎌倉を攻めて、高時を自害へ追い込む。

足利氏と新田氏は同族だが、北条氏との密接度から、鎌倉期には大きな格差が生じていた経緯がある。当時の義貞は、無名の没落御家人といった存在。その彼が、北条氏討伐の立役者となる。

戦国末期、豊臣秀吉による北条征伐（1590年）に伴い、関東に封じられたのが徳川家康である。その家康は「新田義貞の後裔」と称していた。つまり関東では、約250年後にも、同様の劇的変化があったことになる。

関東に覇を唱えながらも、滅びた**ふたつの北条氏**。北条五代は、北条高時の次男・時行の末裔と唱え、初代早雲に至る系図を創作したほどだが、その一方で、新田義貞をキーワードとする因果関係にあったことになる。

詳しくは後述するとして、鎌倉幕府滅亡後に誕生したのが、後醍醐天皇の親政。「建武の新政」（1334年）といわれる朝廷政権の復活である。

ところが、多くの武士は新政権に失望感を抱いた。彼らは、朝廷の復権を第一義として戦ったわけではない。目的は公正な所領安堵＆新恩給与。それが、命を懸けた代償である。「御恩を得るために、奉公する」という現実的な希求といっていい。それが裏切られた。

執権・北条氏からの没収地は、公家や特定の武士ばかりに厚く配分された。要するにバランス感を欠き、不公平が生じたのである。現在から想像する以上に、武士は実利的であり、関心事は相続問題、所領の境界紛争、手柄に見合う恩賞と、土地にまつわることが大半だった。

言い換えれば、政権には所領を保証する機能に加えて、土地を巡る訴訟を公正に裁くことが強く求められる。後年、室町幕府はその機能を喪失したた

めに、群雄割拠する戦国期（無政府状態）に突入したともいえる。

　ともあれ、多くの武士が足利尊氏を担ぎ挙げ、再び武家政権の樹立を目指そうとする。公家の私利私欲に堕した朝廷を見限って。
　そこで北朝の天皇を擁立した尊氏は、征夷大将軍に任命されるというステップを踏んで、後醍醐天皇系の南朝に対抗しようとする。
　いくら尊氏が源氏の嫡流筋で、かつ声望があったにせよ、あくまでも「天皇の代官」の立場であり、取って代わることはできない。繰り返しになるが、それが家格の壁であり、任命権者としての天皇はどうしても必要なのだ。
　一方の南朝は、対抗措置として義貞を重用したが、鎌倉幕府における尊氏との身分格差は歴然としており、軍事的劣勢を免れることはできなかった。
　とはいっても、義貞の先祖・新田義重は、尊氏の先祖・足利義康の兄にあたるから、「同族の長兄」として本流を主張しうる立場なのは間違いない。鎌倉期は埋もれていたものの……、という理屈。南朝が義貞を登用した背景には、それがある（22ページ系図参照）。
○南朝：天皇、南朝系の公家、新田義貞、楠木正成
○北朝：天皇、北朝系の公家、足利尊氏、足利直義（尊氏の弟）

　この両勢力が、全国で衝突したのが**南北朝の動乱**。
　諸国では〈南朝＝国司、北朝＝守護〉の軍事的対立の色合いが濃い。そこに国人間の反目、所領紛争が絡む。複雑な抗争なので、以下、ポイントだけに絞ろう。
　関東では南北両陣営の対立に加え、第三勢力として旧執権・北条系（北条時行）の蜂起もあり、混沌とした様相を呈した。
　しかし尊氏は旧御家人（国人）と主従関係を築き、弟の直義に訴訟対応を図らせる。それとともに、〈兄・尊氏＝西国、弟・直義＝東国〉と兄弟による**分割統治**を行ったために、戦局は北朝優勢で進む。
　当時、鎌倉を拠点とした直義は「鎌倉執権」と呼ばれた。まだ政権が正式発足したわけではないが、〈京都：尊氏＝将軍、鎌倉：直義＝執権〉の関係になる。そして、それぞれの執事を高氏（足利氏代々の執事）、上杉氏（足利氏の外戚）が務めた。
　ところが、兄弟間に確執が生じる。実力者・高師直の具申を受け、尊氏は

直義を毒殺するが、後に直義派が巻き返しを図り、尊氏に師直排斥を迫って認めさせる。

実は執事間にも確執があり、最終的に師直を殺害した上杉氏が、勝利を収める。この事件が、関東における上杉氏繁栄の一因となる。

当時、上野や越後は新田一族の勢力圏だったが、北朝の守護になった上杉氏は、南朝方を駆逐していった。その尖兵となったのが、上杉氏の執事・長尾氏である。

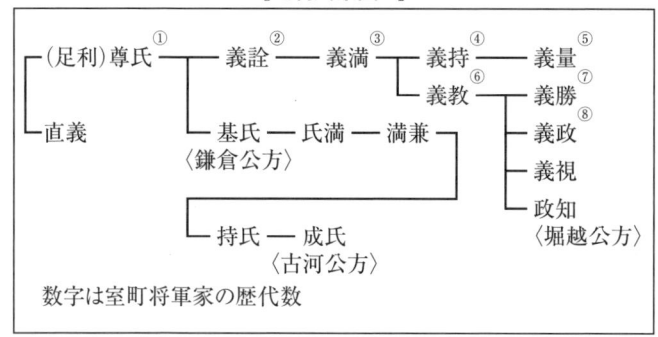

[足利氏系図Ⅰ]

数字は室町将軍家の歴代数

室町幕府の創設

足利氏の東西分担態勢

抗争に勝利した足利尊氏は、1338（暦応1）年、征夷大将軍に任命され、京都室町に幕府を開設する。

現代風に表現すれば、「第2次武家政権は西国を重視し、首都機能を鎌倉から京都に移した」となるだろう。

関東は足利氏発祥の地、第1次武家政権（鎌倉幕府）などからすれば、尊氏が鎌倉を選択しても、何ら不思議ではない。

だが、尊氏はあえて京都を選んだ。まだ彼の権力基盤は不安定で、西国の南朝勢力を強く警戒したからに、他ならない。南朝の天皇は大和（奈良県）に潜んだとはいえ、とりわけ九州では南朝支持勢力が激しく抵抗している。

そこで尊氏は、次男・基氏を鎌倉に派遣し、関東支配に当たらせる。そのとき、尊氏は基氏に関八州を譲り、「京都（尊氏の長男・義詮）の守りとなれ」と伝えたという。基氏は叔父・直義の後任と考えてよく、執事・上杉氏が補佐を務めた。

これが**鎌倉公方**の始まりで、関東公方、鎌倉殿ともいわれる。

公方とは、将軍を意味する。「天皇（天子様）の代官が将軍（公方様）」という位置づけであり、整理すると次のようになる。

〇**室町将軍家**（室町殿）：2代将軍・義詮
〇**鎌倉公方家**（鎌倉殿）：初代公方・基氏

南北朝の和議が整ったのは1392（明徳3）年。3代将軍義満のときである。それまでの室町幕府は、全国68か国を4分割して軍事体制を敷いていた。南朝との抗争に終止符は打たれておらず、戦時下にあったからだ。

具体的な分割は、次のとおり。
①室町殿御分国：九州を除く西国45か国
②鎌倉殿御分国：関東10か国
③九州探題の管轄国：九州11か国（1392年に①に包含）
④奥州探題の管轄国：奥羽2か国（1392年に②に包含）

探題とは遠隔地の行政、軍事、裁判を管掌する職制で、九州と奥羽にミニ政府機構が設置されたと思っていい。

最重要ミッションは南朝勢力の掃討であり、九州には一色氏、今川氏、渋川氏、奥羽には斯波氏、畠山氏、吉良氏などが、探題として派遣された。いずれもが、足利一族だ。中でも今川了俊[※11]は、九州鎮定に貢献したことで知られる。

が、南北朝合一を機に、軍事体制は解かれ、九州は①へ、奥羽は②へ編入された。義満が命じた行政区分の変更である。その結果、東西の管轄は以下のようになる。

①**室町殿御分国**：西国56か国
②**鎌倉殿御分国**：東国12か国（関東10か国＋奥羽2か国）

※11 今川了俊：生没年不詳ながら、室町初期に遠江守護などを歴任した。1371年、九州探題となった了俊は、現地の南朝勢力を一掃し、幕府（北朝）の支配圏を確立した。功績大ではあったが、2代鎌倉公方との結託を疑われた了俊は、3代将軍足利義満から排斥された。

これで、足利兄弟家による東西二元支配体制が、イメージできると思う。
と同時に、朝廷機構に倣って、幕府の職制と家格も整備された。①の室町殿御分国の職制が、教科書に登場する「三管四職(さんかんししき)」だが、以下の「武家三職」とするほうが適切だろう。
○管領：斯波、畠山、細川氏
○七頭：山名、一色、京極、赤松、土岐(とき)、上杉、伊勢氏
○武者頭：吉良、今川、渋川氏

上記の名門を家柄で分けてみよう。足利一族は、三管領の3氏、七頭の一色氏、武者頭の3氏。縁戚（準一族）が山名氏、上杉氏。被官が伊勢氏。そして有力守護が、京極氏（近江）、赤松氏（播磨）、土岐氏（美濃）となる。

まず将軍を補佐する管領は、鎌倉幕府の執権と同義で、侍所、政所、問注所などの幕府機構を統括する。その職制を3氏が交代で務めたが、筆頭は斯波氏（武衛(ぶえい)家※12）である。

次に七頭の中では、山名、一色、京極、赤松氏が「四職」と称され、交代で侍所の所司（長官）に就いた。全国的な軍事動員、京都市中の警衛を担う重要ポストである。

もうひとつ重要なのが、幕府財政、訴訟を管轄する政所。その長官を執事といい、ほぼ**伊勢氏**が独占し続けた。

前に述べた家政面の執事（家宰）と紛らわしいが、伊勢氏は公私の両機能を兼ね備えていた。というか、私的な執事として重用され、幕府機構の整備に伴って、公的な長官になった。そう理解したほうがわかりやすいだろう。

なお、伊勢氏は足利氏代々の被官というだけで、発祥はよくわかっていない。だが、3代将軍義満は伊勢氏の屋敷で養育され、無事に成人している。いわば伊勢氏は「育ての親」であり、以降、その風習が将軍家では慣行化される。

伊勢氏は将軍家の身内、閨閥であり、しかも財政を一手に掌握したから、権勢を極めた。そして一族は、**室町殿奉公衆**（高級官僚）となった。後年の初代早雲（伊勢盛時）は、嫡流筋ではないものの、奉公衆のひとりである。

※12　武衛家：三管領筆頭の斯波氏（越前、尾張、遠江守護）は、左兵衛督に任官したので、中国風に武衛家と呼ばれた。室町幕府では、将軍に次ぐ家柄とされた。

▲ 鎌倉公方と関東管領

ここで、目を東に転じよう。

東国12か国は鎌倉殿御分国。源頼朝が鎌倉殿と敬称され、その直轄領を関東御分国と称したのと同じ構図であり、鎌倉殿御分国は一種の独立政権、「鎌倉府」という自治政府と思っていい。

代々の鎌倉公方（鎌倉殿）は足利基氏の子孫が継ぎ、室町幕府と同様の機構を備え、以下のような職制や家格を設けた。

○**関東管領**：上杉氏
○**関東八屋形**：千葉、結城（下総）、小山、長沼、宇都宮、那須（下野）、佐竹、小田氏（常陸）

［鎌倉殿御分国の範囲］

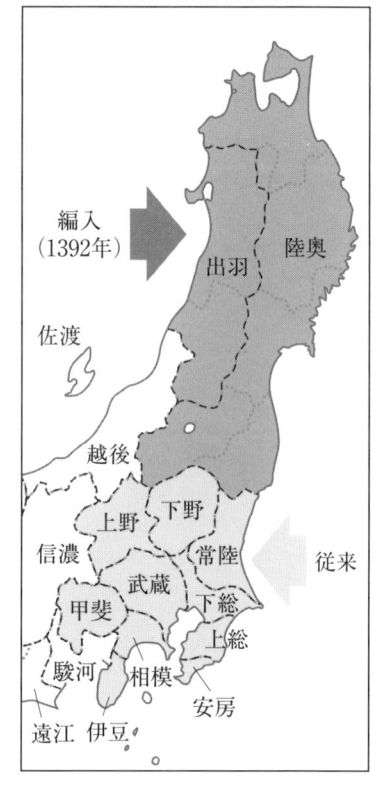

編入（1392年）
陸奥
出羽
佐渡
越後
上野
下野
常陸
従来
信濃
武蔵
甲斐
下総
上総
駿河
相模
安房
遠江 伊豆

職制ではないものの、足利一族の吉良、渋川、岩松氏は、**御一家**として家格面で優遇された。

奥州探題系の吉良氏、九州探題系の渋川氏は、職を解かれた後、関東に移って鎌倉府に出仕した。あまり知られていないが、御一家は北条五代にも関係してくるので、記憶に留めていただきたい。後年の2代氏綱は、この御一家に列することになる。

ちなみに新田一族の岩松氏は、新田義貞（南朝方）の嫡流が絶えたため、代わって一族の惣領になった名門。なお、新田一族と称した徳川家康は、北条征伐（1590年）の後、家系を取り繕うため、岩松氏に系図の借り入れを打診している。

また鎌倉殿御分国内の守護は、鎌倉府に出仕した。西国の守護が、京都に屋敷を構えたのと同様に。従って、守護は現地支配のため、有力被官を守護代として派遣することになる。

さて、**関東管領**である。その権限は京都の三管領と同様で、「八州執政」とも呼ばれた。鎌倉府の政務を代行するNo.2であり、上杉一族（犬懸家、山内家、扇谷家など）が交代で就いた。なお、諸家の名は鎌倉の居住地に由来している。

ただし関東管領の任命にあたり、室町幕府は鎌倉府に足枷をかけた。鎌倉公方には任命権を付与せず、室町将軍家の権限としたのだ。

もちろん何事もなければ、鎌倉公方が推挙した上杉一族を、将軍家は追認するわけだが、いざという場合は拒否権を発動できる。

現代風に表現すれば、「自治政府といえども、首班だけは中央政府の認可を要する」となるだろう。室町将軍家の意向は、関東管領を通じて鎌倉公方に伝えられる。もし東西でトラブルが起これば、関東管領がその調整弁を果たすことになる。

そういう政治システム、パワーポリティクスが、鎌倉公方にとって不本意だったのは間違いない。東西の両将軍、すなわち「天皇の代官ではあるが、室町将軍家の代官ではない」という意識が、鎌倉公方に存在したからだ。

このシステムが、鎌倉公方と関東管領との不和、確執を招く遠因となり、やがて泥沼のような内乱へと発展していく。その間隙を縫うように、関東へ侵入したのが、初代早雲である。

［上杉氏系図］

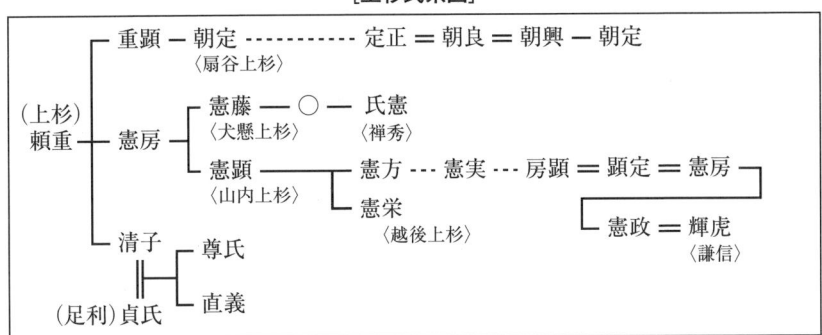

```
                重顕 ― 朝定 ……… 定正 ＝ 朝良 ＝ 朝興 ― 朝定
                     〈扇谷上杉〉
                憲藤 ― ○ ― 氏憲
(上杉)          〈犬懸上杉〉       〈禅秀〉
頼重 ― 憲房 ―
                憲顕 ― 憲方 ‥‥ 憲実 ‥‥ 房顕 ＝ 顕定 ＝ 憲房
                〈山内上杉〉  憲栄
                            〈越後上杉〉      憲政 ＝ 輝虎
                                                   〈謙信〉
       清子 ― 尊氏
       ‖       直義
    (足利)貞氏
```

I 早雲の出現以前――中世の影

▲ 関東八屋形とは？

次の関東八屋形（八館）は、聞きなれない言葉だと思うが、室町幕府の七頭に対応する関東の名門。トップブランドの証として屋形号を認められ、被官や従者からは「御屋形様」と敬称される身分である。

いずれもが、平安末期以来の有力武家で、鎌倉幕府の守護、御家人だった家柄である。鎌倉府では、四職と同様に交代で侍所所司に就任した。従って、組織上は関東管領の指示命令系統に入る。

が、鎌倉公方によるこの処遇を、八屋形が栄誉（御恩）に感じたのはいうまでもなく、やがて有力な**公方支持勢力**を形成していく。さらにいえば、八屋形は戦国期まで一定勢力を保ち、北条五代の関東侵入に伴い、親北条、反北条勢力に分かれていく。

特徴的なのは、八屋形が**利根川以東の3か国**（下総、下野、常陸）から選ばれた点だ。鎌倉殿御分国の南西に位置する鎌倉府を軸に考えれば、分国内の北方対策、懐柔策といえるのだろう。

逆にいえば、上記3か国＆甲斐（守護・武田一族）を除いた関東諸国は、上杉一族が守護に就いた。

少し後になるが、最盛期の上杉一族の守護国を挙げておこう。

伊豆、相模、武蔵、上野、上総、安房に加えて関東周辺国の越後。一時期、信濃の守護を務めたこともある。その意味合いは、これまでの叙述から理解いただけると思う。

それに伴い、上杉一族の所領（直轄領）も急増する。関東管領は鎌倉在府が義務づけられたから、上杉一族は守護代を守護国へ、代官を直轄領へ派遣した。その現地管理機能を担ったのが、執事の長尾一族などであり、越後守護代の家系から長尾景虎（上杉謙信）が誕生する。

ここで、主要な八屋形を国ごとに述べておこう。八屋形の去就も、戦国期の北条五代に大きく関係してくる。

○**下総**

勢力範囲は、現在の千葉県が千葉氏、茨城県となる一帯が結城氏となる。

まず千葉氏は、鎌倉幕府創業の功臣・常胤の子孫で、代々、守護を務めた。また常胤は、頼朝の左横の座席を与えられるという栄誉に浴した。すなわち席次（序列）で、特段の配慮をすべき家柄である。

現在は個人重視の時代だが、当時の武士の価値基準は「家、家格」にあり、もし席次を間違えたりすると、そこに恨みが生まれる。

後に3代氏康を攻めた長尾景虎（上杉謙信）が、鶴岡八幡宮で上杉氏相続＆関東管領就任の式典を催したとき、列席した千葉氏と小山氏との間で席次を巡る争いが生じたという。ともに八屋形である。

新権力者・謙信の隣にどちらが座るのか？

関東の慣例を知らない謙信サイドが、どうやら千葉氏の処遇を誤ったようだ。その結果、名誉を傷つけられた千葉氏は謙信の許(もと)を離れ、氏康陣営に加わってしまう。

次に結城氏は、八屋形の小山氏・長沼氏の同族。始祖の朝光は、源頼朝の寵臣となったが、実は頼朝のご落胤(らくいん)だった、と伝えられる。

かなり信憑性があったらしく、鎌倉幕府では足利氏と同格（席次）で遇せられたという。そして戦国末期になって、この伝説に彩られた名門を、徳川家康の次男・秀康が継ぐことに至る。

○下野

下野の勢力分布は、〈南部＝小山氏、中央部＝宇都宮氏、北部＝那須氏〉となる。代々の守護には、小山氏が就いた。武家・藤原氏の嫡流というべき名門である。なお那須氏は、源平合戦のとき、扇の的を射抜いた那須与一宗隆の後裔にあたる。

○常陸

佐竹氏は清和源氏の名門で、平安末期以来の一大勢力だが、源平合戦に際して、頼朝陣営に加わることなく、討伐された経緯がある。

そのため、鎌倉期の守護は小田氏（宇都宮一族）が務め、南北朝の動乱では、〈小田氏＝南朝、佐竹氏＝北朝〉と激しく対立した。

余談ながら南朝の重鎮・北畠親房(ちかふさ)は、関東での劣勢を挽回すべく、結城一族に南朝支持を強く働き掛けた。そのとき、親房を支えたのが小田氏であり、有名な『神皇正統記』は小田城（茨城県つくば市）で執筆された。結局、親房は成果を上げられなかったが……。

このような背景があり、北朝が勝利した結果、室町期からは佐竹氏が守護に就任する。勢力分布は、〈小田氏＝南部、佐竹氏＝北部〉となるが、両氏は所領紛争、守護争奪などから対立色が濃く、戦国期には、〈小田氏＝親北条、佐竹氏＝反北条〉と色分けされていく。

▲ 下剋上の意識

この時代、所領の相続形態が〈分割→単独〉と推移したこともあって、将軍家・公方家から有力守護・国人衆に至るまで、一族間の相克は絶えず、**家督相続問題**が頻発した。

関東でいえば、鎌倉公方、関東管領、さらには室町将軍家までもが、有力守護・八屋形などを自らの勢力圏に入れるべく、家督相続に政治介入を行った。権力抗争に伴う一種の多数派工作で、縁組を結ぶケースもある。
　初代早雲が史上に登場するキッカケも、縁戚となる駿河守護・今川氏の相続問題に介入したためである（後述）。
　たとえば、守護の嫡流が上位権力Aをバックに頼めば、庶流は、Aに対抗できる上位権力Bに支援を求める。そのような形で、権力抗争はさらに複雑化、激化していく。
　この時代の守護は世襲制ではなく、国の絶対的権力者「守護大名」にまでは進化していない。が、守護に登用されれば、軍事力をもって国人衆の上に君臨し、守護国での経済的基盤を確立できる。だからこそ、上位権力をバックに仰いで、守護ポストを奪い合う。
　しかも上位権力のみならず、守護に従う国人衆や被官（家臣）にも、さまざまな思惑が働く。主人以上の実力を有する執事もいる。
　当時、忠義が皆無だったわけではないが、「御恩、奉公」が基本概念にあり、御恩（所領、恩賞）がなければ、国人衆・被官は奉公（軍役、労役）を果たす必要はない。
　下位の者の立場を、現代風に表現すれば、「対価が得られなければ、労働力を提供しない」となるだろう。そういう契約だから、約束が履行されなければ、下位の者が主人に離反するケースも登場する。
　私たちは、どうしても江戸期の家臣のイメージに引きずられがちだが、被官と家臣は以下の違いがある。
〇**被官**：独立性が高く、主人を変更できる権利を有する。従って確執が生じ、主人に逆らったとしても、感情面のしこりは残るものの、行動自体は非難されるものではない。
〇**家臣**：主従関係は絶対で、主人（江戸期の藩主）から忠義、奉公を強く求められる。

　被官の立場をより強調した概念が、下剋上。「下が上に剋つ」である。説明を加えなくても、おわかりいただけると思う。
　関東では、上から下までが権力抗争に終始した。所領紛争、家督相続、処遇問題は、さまざまな確執や遺恨を生み、縁戚関係とともに複雑に絡み合っていく。それが合戦へ発展し、混迷の一途を辿り始める。

合従連衡といえば聞こえが良いが、実態は「昨日の敵は今日の友」。離合集散の繰り返しである。

主要な合戦を挙げると、上杉禅秀の乱（1416〜17年）、永享の乱（1438年）、結城合戦（1440年）、享徳の乱（1454〜82年）。そして、初代早雲が伊豆に侵入したのは1493（明応2）年のこと。

15世紀の関東は内乱に明け暮れた。そのポイントを押さえないと、以下の続く北条五代100年の本質、実態は見えてこないと思う。

たとえば、次のようなテーマ。
○なぜ、早雲は箱根の坂を越えたのか？
○なぜ、北条五代は関東を席巻できたのか？
○なぜ、上杉謙信は関東遠征を繰り返したのか？

⑤ 関東の内乱、勃発！

▲ 室町幕府と鎌倉公方の確執

内乱の模様は簡潔に記し、「北条五代に関連する事柄」を中心に取り上げていく。あらかじめ、ご承知おきいただきたい。

まずは**上杉禅秀の乱**（1416〜17年）。

当時は〈室町将軍＝4代義持、鎌倉公方＝4代持氏〉が東西を支配し、関東管領には犬懸上杉氏憲（法名が禅秀）が就いていた。（37ページ系図参照）

ところが、持氏と禅秀は不和状態に陥る。そして、ある所領紛争の「公方裁定」に反発した禅秀は、関東管領を辞任し、さらに挙兵を企てる。背後には、上杉一族間のポストを巡る確執もあったらしい。

おおよそ〈持氏＆山内上杉派ＶＳ禅秀派〉の構図である。

禅秀の謀反に加担したのは、鎌倉公方一門（持氏の叔父、持氏の弟）以下、妻の実家である武田氏（甲斐）、娘が嫁いだ千葉氏（下総）、岩松氏（上野）、那須氏（下野）、他に山入氏[※13]、小田氏（常陸）など。前述のとおり、いずれも関東を代表する有力者、名門であり、特に北関東とは積極的な

※13 山入氏：佐竹氏の有力一族で、室町期、嫡流と常陸守護職を争った。室町幕府が山入氏を支援したが、最後は佐竹嫡流によって滅ぼされた。

縁組政策がなされたようだ。

　禅秀自身は武蔵、上総の守護も兼務しており、〈禅秀派＝反持氏勢力〉が広範囲に及んだことがわかると思う。

　一方、室町将軍家でも騒動が起こり、「4代将軍義持の弟が謀反を企て、禅秀と気脈を通じた」とされる。

　元来、東西両政権の仲は良好とは言い難かった。原因は意識の違いにある。室町幕府は鎌倉府を属国と見なしたが、鎌倉府は同格と考えたからだ。「天皇の代官」に変わりはないと。

　旗上げした禅秀は鎌倉を攻めたので、持氏は駿河（守護・今川氏）へ、山内上杉氏は越後（守護・越後上杉氏※14）へ落ち延びる。

　ここで、東西共謀の謀反を懸念した義持は、持氏支援を決め、今川氏と小笠原氏（信濃守護）に関東出兵を命じる。その結果、敗れた禅秀は鎌倉で自害を遂げ、内乱は終息する。これら一連の動きからも、東西の境目となる駿河、信濃、越後の重要性が窺えると思う。

　ところが、勝利した持氏は勢いづき、自ら関東各地の禅秀与党を征伐し、所領を没収する。残党狩りである。それも、幕府には相談することなく。また、禅秀に代わって関東管領に就いた山内上杉氏が、諫めたにもかかわらず……。

　攻撃された名門諸家は、悲鳴を上げる。というのも、当時のルールは、「降伏し、陳謝すれば許された」からだ。持氏の独断専行を怒った幕府は、今度は禅秀与党の保護に乗り出す。秩序維持の観点と思っていい。

　具体的には、幕府が禅秀与党を甲斐守護（武田氏）、常陸守護（山入氏）に任命し、持氏を強く牽制した。さらに幕府は、持氏征討のポーズまでも示す。

　形勢不利を察した持氏は、使者を京都に派遣して、義持に謝罪する。これで、一応の講和がなされたわけだが、持氏に大きな不満と恨みが残ったのは、いうまでもない。

　さて、室町将軍家では5代義量が早世し、復帰した義持も跡継ぎを決めぬままに没する。そのため、新将軍は、有資格者の中から籤引きで選ばれるこ

※14　越後上杉氏：関東管領・山内上杉氏は越後守護を兼務したので、そこから越後上杉氏が派生した。が、越後上杉氏から山内上杉氏の当主を継いだ者は多く、両氏は実質的に一体と思っていい。なお、後年、長尾景虎（上杉謙信）が継いだのは山内上杉氏であり、その前に越後上杉氏は絶えている。

とになった。

それが籤引き将軍こと6代義教（義持の弟）。後に独裁政治を敷き、「悪御所、天魔王」と呼ばれた。戦国期の天魔王・織田信長は、この義教の所業を範としたとされる。

この跡継ぎ決定に際し、鎌倉の持氏は大層怒ったという。彼は将軍職就任を望んでいたらしく、以降、義教に反抗的な姿勢を示し出す。

具体的には、甲斐、常陸などで発生した紛争に、持氏は武力介入する。たとえば、幕府系守護に対抗する勢力を支援する形で。

事態を憂慮した関東管領・山内上杉憲実は持氏を戒め、駿河守護・今川範政（のりまさ）との連携を密にする。今川氏は幕府側（西国）の前線司令官、東国に対する警衛役と思っていい。

しかし、持氏は憲実を排斥するに至り、憲実は守護国・上野に蟄居する。さらに持氏が憲実成敗を挙行したため、義教は鎌倉退治を決する。

4代義持は東西融和方針だったが、6代義教は対決姿勢を鮮明にし、駿河守護・今川氏、信濃守護・小笠原氏、越後守護・越後上杉氏などに鎌倉公方追討令を発する。関東の諸将の多くは、持氏に背き、憲実に味方する。

その結果、持氏方は箱根・足柄関で敗れ去る。追い詰められた持氏は出家謹慎の上、講和を望む。また憲実も、持氏の助命救済を幕府に願い出るが、許されることなく、持氏は鎌倉で無念の自害を遂げる。

このとき、鎌倉を攻撃したのが、今川範政と三浦時高（後の相模守護）である。関東の喉首（のどくび）を押さえているのが、箱根の坂。いかに今川氏が重要なミッションを担っていたか、が理解いただけると思う。

そして今川範政の孫が義忠。彼の許に嫁いだのが、初代早雲の姉・北川殿である（61ページ系図参照）。

以上の合戦を**永享の乱**（1438～39年）という。その結果、4代続いた鎌倉公方は滅び去る。が、そこに持氏の怨念が残った。味方や家臣に裏切られ、かつ降伏しても許されなかったからだ。

「主人殺し」に苦悩した憲実は自殺を図るが、一命を取り止め、出家後は持氏の菩提を弔い続けた。それでも持氏の怨霊は山内上杉氏に祟り、自害や変死が相次いだといわれる。

関東での古河公方（鎌倉公方の後裔）と山内上杉氏との**確執**。

それは仇討、「恨みが恨みを呼ぶ」と形容すべき復讐戦に陥っていくが、

上記の顛末に起因している。

▲ 古河公方の誕生

　永享の乱の翌年（1440年）、関東八屋形のひとり・結城氏朝が持氏の遺児ふたりを擁して、下総結城城（茨城県結城市）において挙兵する。これが結城合戦。持氏の弔い合戦である。

　結城氏朝は持氏派で、山内上杉憲実と反目していた。そういう事情が背景にあり、関東の諸氏は二分された。有力武家の嫡流・庶流間の抗争が、結城合戦にリンクする形で再燃した。そう考えていい。

　当然、幕府は関東管領・山内上杉氏に結城退治を命じ、越後上杉氏などの関東周辺国の守護が動員される。

　合戦は半年以上続いたものの、幕府＆関東管領の勝利に終わり、捕虜となった遺児ふたりは殺害される。

　その直後、京都では「嘉吉の変」（1441年）が起こる。関東平定を祝う席で、播磨守護・赤松満祐が、なんと6代将軍義教を暗殺してしまったのだ。幕府三管領以下は、赤松成敗に躍起になる。

　東西で不穏な情勢が続く中、関東管領・山内上杉氏は越後守護・越後上杉氏とともに、鎌倉公方家の復興を幕府に働き掛ける。私的には主人殺しの禊、公的には関東の秩序回復が目的である。

　関東管領は「鎌倉公方のNo.2」だから、どうしても神輿として担ぐ公方が必要となる。鎌倉期の執権・北条氏が、名目上の将軍を掲げ続けたのと、同じ構図である。

　関東主君は、鎌倉公方家の血筋――。

　足利氏が「武家の棟梁」であり、上杉氏にも、ピラミッドの頂点に立つ、公方に取って代わるまでの意識はない。そのヒエラルキーが崩れれば、関東管領の存立基盤まで失いかねないからだ。

　また関東八屋形なども、鎌倉公方の復活を望んだ。持氏のような専制は別として、敬慕の念が強い。依然として、関東は「鎌倉殿御分国」なのだ。

　かくして、1449（宝徳1）年に幕府は公方家再興を認め、16歳の**足利成氏**が鎌倉公方に就く。成氏は信濃に匿われていた、持氏のもうひとりの遺児である。

　幕府首脳にしても、創業以来の東西分割統治の意識は濃厚にある。その当

時、単一政権が全国を支配するのは容易ではない。関東は合戦の連続であり、求心力のある新公方の許で、自治が回復するに越したことはない。

ところが、成氏もまた独断専行に陥ってしまう。たとえば、所領紛争などで、側近に有利な裁定を下すなどして。また幕府管領・細川勝元が、関東の連絡窓口を関東管領・山内上杉憲忠（憲実の子）に限定したことに、不満を覚える。

その挙句、父の恨みを晴らすべく、御所に招待した山内上杉憲忠らを、結城氏朝の遺児に謀殺させる挙に出る。仇敵・山内上杉氏への宣戦布告であり、ここに血で血を洗う**復讐劇**がスタートする。

早速、団結した上杉一族は報復攻撃を企て、成氏方と武蔵の立河、分倍河原（東京都立川市、府中市）で激突するが、戦闘は成氏方の勝利に帰す。

以降、関東は30年戦争「享徳の乱」（1454〜82年）に突入していく。少し遅れて、西国では「応仁の乱」（1467〜77年）が勃発するが、端的にいえば東西別個の大乱である。

応仁の乱については後述するとして、幕府は再び関東管領支持を打ち出し、関東周辺国の今川範忠（駿河守護）、越後上杉房定（越後守護）らに「鎌倉殿退治（成氏追討）」を命じる。そのため、今川範忠勢に鎌倉を追われた成氏は、公方直轄領だった下総の古河（茨城県古河市）へと移住する。これが古河公方の始まりで、成氏が初代となる。

というのも、利根川東部の諸国は成氏支持方（八屋形）の勢力基盤であり、公方直轄領の古河は、結城氏の所領に隣接していたからだ。

整理すれば、**利根川**を挟んで、以下の二大勢力が対峙したことになる。橋が架けられていない時代、大河を渡るのは難しく、大河が国境となる（59ページ地図参照）。

○古河公方の基盤＝利根川以東：下野、下総、常陸、陸奥南部
○上杉一族の基盤＝利根川以西：伊豆、相模、武蔵、上野、越後

上杉一族は上記諸国、加えて上総＆安房の守護を務めたが、房総方面は手薄だったようだ。内海（東京湾）を挟む地勢上、利根川以西ほどは固めてはいない。

房総半島へ赴くのは、下総から南下した方が、はるかに足の便がいい。そこで、古河公方は房総半島を支配圏とするために、側近に守護と同様の任務を与え、両国へ派遣した。

それが上総の武田氏（甲斐の武田一族）、土岐氏（美濃の土岐一族）、安房の里見氏（上野の新田一族）であり、彼らの活躍によって、次第に房総半島は古河公方の基盤となっていく。

この地勢に色分けされた勢力圏は、ぜひ記憶に留めていただきたい。

▲▲▲ 果てしなき関東の争乱

初代早雲が誕生したのは1456（康正2）年。関東では、享徳の乱に突入して間もないころ。

古河公方と全面対決中の上杉一族は、1457（長禄1）年、新たな鎌倉公方の関東派遣を、幕府に要請する。新公方のもとで古河公方包囲網を構築し、追討軍を編成する。それが、山内上杉氏の狙った局面打開策だった。

古河公方を排斥しても、それに代わる権威を導入する必要がある。No.2である関東管領の権威を守るためだ。

要請を受けた幕府首脳・細川勝元らは、8代将軍義政や義視の異母兄にあたる足利政知の関東下向を決定する（33ページ系図参照）。

そのバックアップを託されたのが、駿河守護・今川範忠。今川氏代々は幕府側の関東警衛役で、相模守護・扇谷上杉氏と縁組を重ねてきている。

ちなみに範忠は、4代将軍義持の支援を得て、今川氏の家督を継いだ経緯があり、幕府に強い恩義を感じていた。

ところが、幕府首脳や関東管領の意気込みとは裏腹に、幕命であっても参陣を渋る守護・国人衆が多く、古河公方追討軍（上杉一族＆今川勢）は逆に大敗を喫してしまう。

遠江守護・斯波氏も、幕府から追討軍への参加を命じられるが、動こうとはしない。やむなく古河公方追討軍（上杉一族）は、利根川を渡って攻撃を掛けるが、またもや敗れ去る。

鎌倉に駐屯していた今川範忠も、箱根の坂を越えて駿河へ撤退する。そのため、伊豆にいた足利政知も、古河公方勢力の攻撃を浴びたほどだ。

古河公方は、予想以上に強い。一方の上杉一族は連敗中で、追討軍編成もままならない。

その結果、政知は鎌倉に入ることができず、生涯、伊豆の堀越（静岡県伊豆の国市）に逗留したため、**堀越公方**と呼ばれる。その30数年後、初代早雲は、次代の堀越公方を攻撃する。

その経緯は後に譲るとして、当時の伊豆は山内上杉氏の守護国のひとつ。堀越公方は何ら本拠、経済基盤を有していないので、山内上杉氏が伊豆を提供した格好になる。また駿河に隣接している事情もある。
　では、なぜ政知は現地の一勢力に留まったのか？
　その理由を挙げると、次のとおり。
①古河公方成氏への崇敬：両陣営を問わず、多くの関東武士が鎌倉公方の血筋を崇めた。関東独立国意識と思っていい。
②幕府権力の衰退：幕府の軍事動員力は衰え、しかも西国では応仁の乱が起こり、東国に関与する余裕を幕府は失っていく。
③上杉陣営の内紛：一族の中でも、幕府からの新公方導入に反対の声が上がった。①と同様に、根強い抵抗感が存在したようだ。また堀越公方の執事と関東管領の権限分担が曖昧で、対立しがちになる。

　以降、紆余曲折があるのだが、上杉一族は一枚岩とは言い難い。山内上杉氏が関東管領をほぼ独占したが、扇谷上杉氏の台頭は著しく、次第に反目し始める。確実な史料は乏しいが、おおよその守護国は以下のようになる。
〇山内上杉氏：伊豆、武蔵、上野、越後※15
〇扇谷上杉氏：相模

　とはしつつも、大国の武蔵において〈主権者＝山内上杉氏〉とするのは、微妙な一面がある。形式上は関東管領・山内上杉氏の直轄国なのだが、地勢上からすると、武蔵南部は扇谷上杉氏の勢力圏に入る。
　それは、多摩川が武蔵の国土を二分していたからだ。江戸期の武蔵が、徳川家直轄領（御領）だったことはよく知られているが、江戸城詰めの役人が直接、管轄したわけではない。行政区分上、相模〜武蔵南部（多摩川以南）は伊豆の韮山代官・江川家※16が支配した。
　それほどに**地続き**とは大事な要素であり、武蔵では両上杉氏が拮抗していたことになる。

※15　越後：守護の越後上杉氏は、関東管領・山内上杉氏と実質一体。なお、越後は西国（室町殿御分国）に入るので、守護は京都に居住した。そのため、京都の幕府首脳と関東管領との連絡窓口を果たした。
※16　江川家：鎌倉期から伊豆韮山を支配し、江戸期は幕府の世襲代官となった。支配地は伊豆、相模、武蔵などの御領（幕府直轄領）。代々の当主は、太郎左衛門を名乗り、36代英龍はお台場、韮山反射炉の建造で知られる。

そして鎌倉が位置する相模は、扇谷上杉氏が押さえている。また堀越公方が、扇谷上杉氏から相模守護を奪おうとしたため、扇谷上杉氏が反発したともいう。山内上杉氏が迎え入れた堀越公方が、伊豆に留まった理由もそこに求められるのだろう。

▲ 執事の実力

さらに上杉陣営を複雑にしたのが、執事の存在。山内上杉氏の執事が**長尾氏**、扇谷上杉氏の執事が**太田氏**である。執事が勢威を増す仕組は前に触れたが、特に嫡流・白井長尾氏の実力は主家を凌ぐほどになる。

関東管領・山内上杉氏は〈憲実－憲忠＝〇＝顕定〉、代々の執事・白井長尾氏は〈景仲－景信－景春〉と続くのだが、山内上杉顕定[※17]は執事の相続問題に介入し、景信の没後、嫡子・景春をさしおいて、既に他家を相続していた景信の弟に継がせる。

それを憤った景春は、顕定に反旗を翻し、生涯を懸けて戦い続けた。景春に同調する上野・武蔵国人衆は数多く、「長尾景春党」というべき一大勢力を形成していく。

さらに景春は、従来戦ってきた古河公方と同盟を結ぶ。恨みの根は深い。怨念に彩られた反山内上杉戦線が結成され、山内上杉氏の勢力に陰りが見え始める。

一方、扇谷上杉氏の執事が、江戸城を築いた太田道灌（諱は資長）。彼は古河公方陣営＆長尾景春党との合戦で活躍し、主家の勢力伸張に努める。

両上杉氏が拮抗した一因は、この執事問題にもあるのだが、両上杉氏及び執事の動向は、北条五代の〈初代早雲－2代氏綱－3代氏康〉と密接に絡んでくるので、改めて取り上げたい。

ここでは、大きく関東の潮流を掴んでいただければ、と思う。

かくして、四大勢力が拮抗するに至る。そこに関八州ばかりでなく、周辺国（駿河、甲斐、越後）の守護などとの縁戚関係が錯綜し、合従連衡が頻発するので、複雑極まりない局面が生み出される。

その勢力分布を整理しておこう（59ページ地図参照）。

①**古河公方**：利根川以東の下野・下総・常陸を基盤とし、上総・安房を侵食

※17 山内上杉顕定：越後上杉氏の出身で、13歳で関東管領・山内上杉氏を継いだ。なお、越後守護は弟の房能が継いだ。

中。利根川以西の④と同盟。
② **関東管領・山内上杉氏**：伊豆・武蔵北部・上野・越後を基盤とし、伊豆に堀越公方を迎立。
③ **扇谷上杉氏**：多摩川以南の相模・武蔵南部を基盤とする。
④ **長尾景春党**：武蔵北部・上野を基盤とし、②と抗争中。④と同盟。

　以上の混沌とした情勢が、やがて北条五代が関東で台頭する要因となる。この中世の年輪に触れずして、私は北条五代を語れないと思う。多くの戦国関連本は関東戦乱史を省略しがちだが、それでは戦国大名が右往左往するばかりで、さっぱり実態が見えてこないだろう。
　戦国を代表する越後の長尾景虎（上杉謙信）、甲斐の武田信玄、駿河の今川義元——。東西の境を分国とする彼らにも、関東の政局は大きな影響を与える。とりわけ、山内上杉氏を継ぐ謙信に対しては。

⑥ 二大勢力の激突「応仁の乱」

▲ 室町幕府内の対立・抗争

　ここで、動乱の関東から目を転じ、西国の模様を述べたい。
　8代将軍義政には実子が誕生しなかったので、弟の義視を還俗させて後継者と位置づけた。ところが、翌年（1465年）になって、正室・日野富子が義尚(よしひさ)を産んだため、義政は義尚を将軍に立てようと考える。（55ページ系図参照）
　この将軍家の継嗣問題に加えて、三管領の斯波氏・畠山氏でも **家督相続問題** が起こり、養嗣子同士が反目し、彼らを担ぐ家中での争いが激化する。
　これらの問題を巡り、幕府の二大実力者である管領・細川勝元と有力守護・山名宗全(そうぜん)（諱は持豊）とが対立し、西国を二分する **応仁の乱**（1467〜77年）が勃発する。
　以下、両陣営の有力守護を示そう。
○ **東軍**：細川勝元、細川一族（畿内、四国諸国の守護）、斯波義敏(よしとし)※18、畠山政長※19、京極持清（近江半国守護）、赤松政則（播磨守護）……

49

○**西軍**：山名宗全、山名一族（山陰、山陽諸国の守護）、斯波義廉、畠山義就、六角高頼（近江半国守護）、土岐成頼（美濃守護）……

[応仁の乱の対立構造]

争点	東軍	西軍
将軍家後継争い	足利義尚（義政の子）	足利義視（義政の弟）
幕府の実権争い	細川勝元	山名宗全
管領家家督争い	斯波義敏	斯波義廉
管領家家督争い	畠山政長	畠山義就
動員数	24か国　16万人	20か国　11万人

　幕府執行機関の三管領・四職が激突した様子とともに、関東の守護が参戦しなかった点がわかると思う。

　すでに関東は30年戦争（永享の乱）の真っ只中。とはいえ、応仁の乱を「天下を二分した大乱」と、さながら日本を単一政権のように記すよりも、室町殿御分国での内戦と捉えるべきであろう。

　当時、守護は在京を義務づけられていたため、現地には守護代を派遣していた。が、合戦勃発とともに、守護は国許へ赴いて軍備を整える。このようにして、戦火は京都のみならず、地方へも拡大していった。

　応仁の乱は、勝敗がつかないままに終息するが、幕府の権威は衰退の一途を辿り始める。この間、将軍義政は両陣営と一定の距離を置き、日和見に終始していた。

▲ 応仁の乱と早雲

　ここで、初代早雲に関係する2点を記したい。
　まずは駿河守護・**今川義忠**。彼は、早雲の姉・北川殿を京都で娶った。い

※18　斯波義敏：斯波庶流の大野氏の出身で、斯波氏当主・義健の跡を継いだが、執事＆守護代の甲斐氏と激しく対立した。その結果、8代将軍義政から追われ、斯波氏は義廉（渋川氏の出身）が相続するが、伊勢貞親らの尽力で義敏は赦免され、当主＆3か国守護（越前、遠江、尾張）に復帰する。そのため、今度は義廉が義父・山名宗全（西軍）を頼り、守護代の甲斐、朝倉、織田氏も義廉に味方する。一方、義敏は細川勝元（東軍）を頼り、その後、守護代が義敏支持に転じたため、次第に優勢になった。

※19　畠山政長：管領・畠山持国の後継を巡って、持国の庶子・義就と一族の政長が激しく争った。当時の畠山氏は河内、紀伊、越中、山城守護である。義就は山名宗全（西軍）を頼り、政長は細川勝元（東軍）を頼る。応仁の乱が終わっても、両畠山氏は戦闘を続行した。が、後の明応の政変で、細川政元の攻撃を沿びた政長は、河内で没する。

わば早雲台頭のキッカケとなる人物だ。ちなみに、桶狭間の戦い（1560年）で敗死する義元は、彼の孫にあたる。（61ページ系図参照）

当時としては珍しく、合戦のために義忠は東西の首都（鎌倉、京都）へ赴いている。鎌倉へは、父・範忠とともに古河公方追討軍の一員として。また京都へは、自ら東軍（細川勝元方）に参加するために。

これまで述べてきたように、駿河は東西の境目にあたる。言い換えれば、東西の政治情勢が反映されるロケーション。だからこそ、義忠は享徳の乱と同時に応仁の乱を体験する羽目になる。

堀越公方支援のミッションがあるにもかかわらず、軍勢を率いた義忠は上洛を敢行する。なぜならば、関東（鎌倉殿御分国）よりも差し迫った問題が、西国（室町殿御分国）で起こったからだ。

それは、西隣の**遠江**への対応。遠江は、かつて今川一族（今川了俊の子孫）が守護を務め、東海諸国には一族の所領が広く点在している。

大胆に表現すれば、自分の足元に火がついたのだ。関東どころの話ではない。多少複雑なので、わかりやすく説明したい。

当時、三管領筆頭・斯波氏は越前（福井県）、尾張、遠江の守護を兼務していた。後に戦国大名となる朝倉氏（越前）や織田氏（尾張）は、その守護代を務めた家柄である。

応仁の乱の勃発とともに、敵対する斯波義敏（東軍）と義廉（西軍）は、3守護国を自陣営で押さえようとする。守護の権威で軍勢を調達、動員するのが目的であり、中でも遠江は西軍の義廉が基盤とした。

対抗上、義忠は東軍に属す。遠江国内の所領を、防衛するためだ。武士は一所懸命といわれ、所領に命を懸ける。さらに、「東軍が勝利すれば、遠江の守護ポストも取り戻したい」と考えた可能性もあるだろう。

もうひとつ微妙な問題がある。実は堀越公方の執事・渋川義鏡（よしあきら）が、斯波義廉の実父にあたる。その関係から、古河公方に圧倒された堀越公方は、一時期、義廉（遠江勢）の軍事支援に期待を寄せた経緯がある。

というのも、堀越公方が関東で孤立し始めたからだ。渋川義鏡は関東管領職を狙ったため、山内上杉氏との関係が冷え込む。東隣の相模守護・扇谷上杉氏との関係も微妙。

結果として、応仁の乱の当事者・義廉には余裕がなかったが、堀越公方支援の名目で、鉾先（ほこさき）を駿河に向ける懸念があった。東西両サイドで、義忠は義廉の動きを警戒せざるをえない。なお、以降の顛末は、改めて述べたい。

次に政所執事を務める**伊勢氏**の動向。

早雲こと伊勢盛時は、その一族にあたる。前に述べたとおり、伊勢氏は足利氏の側近（奉公衆の筆頭）であり、代々の将軍を養育するとともに、幕府財政を牛耳ってきた。8代将軍義政も伊勢邸で育ち、「伊勢貞親を御父、貞親夫人を御母と呼んだ」といわれる。

将軍家と一心同体で、「身内」と形容してもいい関係だから、伊勢氏は権勢を振るうことができた。将軍家の親衛隊である番衆、奉公衆の動員権も、伊勢氏が掌握している。

8代将軍義政に重用された貞親は、その意向を汲み、応仁の乱の直前（1466年）に将軍後継者・義視（義政の弟）の暗殺を企てたが、露見して失脚する。だが、義政・義視兄弟は仲直りし、貞親も幕政に復帰する。

「昨日の敵は今日の友」なので、さまざまな局面が生まれるが、貞親は東軍（細川勝元陣営）を支持した。軍事面よりも、むしろ家督相続などの場面で。

つまり現在の宮内庁長官＆財務大臣である貞親は、政治的フィクサーとしても活躍したわけで、斯波氏のケースでは義敏（東軍）の擁立に尽力した。つまり反義廉派である。

今では忘れられているが、斯波氏は将軍家に次ぐ家格を誇り、三管領の筆頭。その家督相続を巡る内紛は、当時の一大事件なのである。

この〈伊勢貞親－細川勝元－斯波義敏〉という「反斯波義廉ライン」に、上記の今川義忠が加わった形となる。

そして、義政（現将軍）や義視（次期将軍）の奉公衆は、伊勢一族が多くを占めた。それが伊勢氏代々の存在価値、といって過言ではないだろう。

早雲こと伊勢盛時の出自は項を改めるが、彼の父は幕府奉公衆で、彼自身も幕府申次衆を務めた。ちなみに申次衆とは、「諸国守護の窓口となる高級官僚」と思っていい。

▲▲▲ 東西和睦の実現

応仁の乱の最中、1473（文明5）年には伊勢貞親、細川勝元、山名宗全が相いで死去し、9代将軍には義尚（義政の子）が就任する。そのころから戦闘は下火になっていき、東軍・**細川政元**（勝元の子）と西軍・山名政豊（宗全の子）は和睦を結ぶ。

依然として斯波氏＆畠山氏は、両陣営が激しい遺恨合戦を続行するが、多くの守護は戦いを止めたので、応仁の乱は勝敗を見ることなく、1477（文明9）年に終息する。東軍・西軍ともに、長期に及ぶ合戦で戦費は嵩む一方。軍勢の調達も難しくなったからだ。
　その翌年（1478年）、歴史的な**東西和睦**が実現する。応仁の乱の「東軍・西軍」を指すのではなく、「東国・西国」の意味だ。
　当時の表現では、「都鄙御一和」「都鄙御合体」。鄙とは田舎を指し、今でも「鄙にはまれな美人」と用いられる。つまり〈都＝9代将軍義尚〉と〈鄙＝古河公方成氏〉との和平が、実現したのである。
　東西で果てしなく続く合戦に、人心が倦み、静謐（平和）を望む声が高まったからだ。まして兵農未分離の時代。戦争が続けば、穀作にも大きな支障をきたす。
　実は東西和睦の前提条件として、関東では〈古河公方ＶＳ両上杉氏〉の講和が必要となるわけだが、関東管領・山内上杉顕定は越後上杉氏経由で、〈関東講和→東西和睦〉を幕府実力者・細川政元に働き掛ける。その案に扇谷上杉定正は同調し、宿敵の古河公方も和議に応じた。
　そして政元が斡旋する形で、東西和睦（都鄙御一和）が実現の運びとなる。また仲違いしていた足利義政・義視兄弟も和する。なお、一連の和睦は、早雲が駿河に下向する9年前の出来事である。
　具体的には鎌倉府が再興され、古河公方成氏が鎌倉公方に復帰する。関東主君は成氏であって、堀越公方・政知ではない。それが東西和睦の最重要決定事項。結果として、堀越公方は梯子を外された格好になる。

　が、矛盾を越えて実現した関東の静謐も、束の間の夢に終わる。
　怨念に満ちた五大勢力（古河公方、山内上杉氏、扇谷上杉氏、長尾景春党、堀越公方）の権力抗争が、そうたやすく収束するはずもない。
　鎌倉公方になった成氏は、関東管領に同盟者・長尾景春を登用しようとする。反山内上杉路線以外の何物でもない。しかし、関東管領の選任権を持つ幕府は、一貫して山内上杉顕定を支持し、成氏の人事に反対を唱える。そのため、成氏は鎌倉に入ることができない。
　しかも上杉一族も分裂状態で、講和推進派・山内上杉顕定に対して、特に扇谷上杉定正の執事・**太田道灌**が反対派の急先鋒だった。
　そこで顕定は道灌抹殺を謀り、「道灌が謀反を企てている」と定正に吹き

込む。讒言を信じた定正は、1486（文明18）年、道灌を相模・糟谷（神奈川県伊勢原市）の居館に招き、風呂場で暗殺しまう。ちなみに、当時の東海道は海岸沿いではなく、相模の内陸部を通っていた。

主人の暴挙を憤った太田一族は、定正の許を離れて、顕定に仇討支援を求める。大義名分を得た顕定は、定正討伐の兵を起こす。

見事に顕定の謀略は成功したわけだが、弱体化した定正は、古河公方成氏を頼る。このように新たな遺恨が誕生した結果、関東は再び戦乱の巷と化していく。

が、今度の**長享の乱**（1487〜1493年）の基軸は、両上杉氏の対立抗争にあり、「反山内上杉同盟」の古河公方＆長尾景春党は、定正のバックアップに廻る。要するに、利根川以西の戦いがメインだった、と思っていい。なお、堀越公方は伊豆の一勢力として、生き残っている。

○**山内上杉陣営**：山内上杉顕定（武蔵北部、上野）、越後上杉氏（越後）、太田氏（武蔵南部）
○**扇谷上杉陣営**：扇谷上杉定正（相模、武蔵南部）、古河公方成氏（利根川以東）、長尾景春（武蔵北部、上野）

それにしても、怨念が錯綜した結果、両上杉氏代々の執事までもが、陣営をクロスしてしまうのが凄い。このようにして、関東では再び泥沼の「仁義なき戦い」に突入していく。早雲が登場する前夜の情勢である。

▲ 明応の政変

一方、早雲に関連する西国の出来事を挙げると——。

早雲の姉・北川殿を娶った今川義忠（東軍、駿河守護）は、応仁の乱の最中、駿河へ戻って遠江侵入を繰り返す。前述のとおり、遠江守護は西軍の斯波義廉。

ところが、応仁の乱の後半になって、遠江の守護は〈西軍・斯波義廉→東軍・斯波義寛〉と交代する。なお、義寛は義敏の子。この時点で、東海諸国の守護は、〈尾張＆遠江：斯波氏／三河：細川一族／駿河：今川氏〉となり、いずれも東軍に属する。

それでも今川義忠は、戦闘を続行する。この際、同じ東軍とかは関係ない。相手が変わろうと、義忠の敵は一貫して斯波氏であり、遠江での所領維

持がすべてに優先する。

　1476（文明8）年、裏切った遠江国人衆を、義忠は征伐しようとするが、逆に反撃を浴びて、戦死を遂げてしまう。残されたのは、正室・北川殿と幼児・竜王丸(たつおう)（後の今川氏親）。この義忠横死事件は、記憶に留めていただきたい。

　応仁の乱は終わったものの、1489（延徳1）年に9代将軍義尚、翌年に前将軍義政が相次いで没し、またもや家督相続問題が発生する。

[足利氏系図Ⅱ]

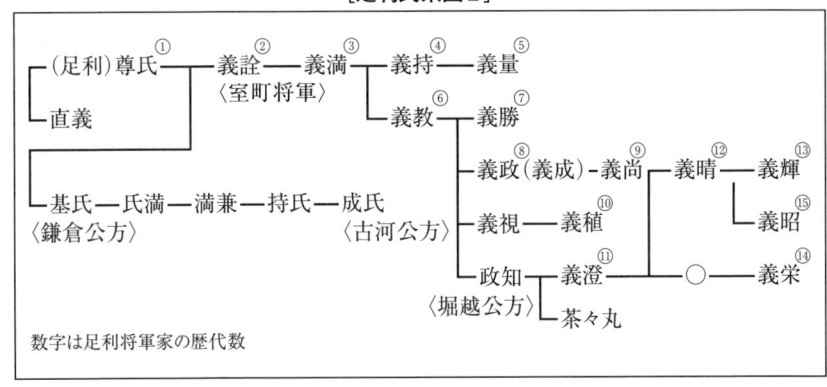

```
(足利)尊氏①——義詮②——義満③——義持④——義量⑤
  ├直義                        └義教⑥——義勝⑦
  │                                      義政(義成)⑧—義尚⑨——義晴⑫——義輝⑬
  └基氏——氏満——満兼——持氏——成氏      義視——義稙⑩           └義昭⑮
  〈鎌倉公方〉              〈古河公方〉  └政知——義澄⑪——○——義栄⑭
                                      〈堀越公方〉
                                        └茶々丸
```

数字は足利将軍家の歴代数

　結局、日野富子が応援した足利義稙(よしたね)（義視の子）が10代将軍の座に就く。しかし、反発する管領・細川政元は、政所執事・伊勢貞宗（貞親の子）とともにクーデターを起こし、義稙を幽閉する。
　この将軍廃立事件を**明応の政変**（1493年）といい、細川政元は足利一門の僧を還俗させて、11代将軍に立てた。
　新将軍の義澄は、堀越公方政知の子。かつて山内上杉氏の要請を受け、堀越公方を関東へ派遣したのは政元。そういう関係にある。
　そのころ、伊豆の堀越公方家もまた揺れている。政知は2年前に没し、その跡を茶々丸（義澄の異母兄）が実力で継いだからだ。それも、義澄の生母、実弟らを殺害して。
　そして、明応の政変と機を一にして、当時、駿河に下向していた早雲は、足利茶々丸を急襲する。政元の意向が、強く働いたのであろう。
　ここに早雲が史上に登場するわけだが、詳細は次章で述べることとしたい。

ちなみに、従来、戦国期のスタートは応仁の乱の終息時（1477年）とされてきたが、最近では明応の政変（1493年）に比定されることが多い。

　将軍廃立という下剋上によって、幕府の実権を掌握した政元は、「半将軍」といわれた。逸話に事欠かぬ異色の人物である。

○魔法修行者：愛宕権現の秘法に凝る政元は、「空を飛んだ」という。山伏姿で魔法を修行し、女人禁制。生涯不死を信じていたため、子を儲けることはなかった。

○徹底したリアリスト：朝廷から天皇即位式の費用を要請されたとき、財政逼迫を理由に、政元は「即位の儀式は無益です。仮に儀式を行っても、実体が伴わなければ、誰も国王と認めないでしょう。儀式がなくとも、臣（政元）が国王とお認めします」（意訳）と、言い放っている。

　それはともかく、政元は山伏姿で越後に赴いたことがある。政務に忙しい管領が、京都を離れることはまずない。

　ではなぜ、守護国でもない越後にまで、彼は北陸道を辿ったのか？

　飯綱権現[20]での秘法修行。それに加えて、越後上杉氏を経由して山内上杉氏と関東政局を話し合う目的もあったようだ。終始一貫して、幕府管領は、関東管領を支援し続けている。

　その政元が幕府を牛耳っているころ、早雲は西から東へと赴く。早雲が逗留したのは、西国の東端・駿河――。

※20　飯綱権現：信濃北部の戸隠山に連なる密教修行の地。武運を祈る勝軍地蔵を祀る。そのため、上杉謙信や武田信玄の信仰を集めた。

II

初代北条早雲・伊勢盛時

戦国の魁

西暦	和暦	主な出来事（※一般事項）
1456	康正2	伊勢盛時（早雲）誕生
1467	応仁1	※応仁の乱（〜77）が起こる
1486	文明18	嫡子・氏綱誕生
1487	長享1	駿河へ下向
1493	明応2	伊豆へ侵入 ※明応の政変
1496	明応5	相模へ侵入
1506	永正3	永正の乱（古河公方家の内紛）が起こる
1516	永正13	相模を平定 上総へ出陣
1518	永正15	家督を氏綱に譲る
1519	永正16	韮山城で没す

① 伝説上の早雲

▲ 覆された早雲像

　かつて早雲の生涯は伝説に彩られ、特に前半生が謎めいていた。それも良質な史料に乏しかったためだ。あるのは、江戸期に書かれた軍記物ばかり。
　軍記物によれば、早雲の享年は88。一方、事実として、没したのは韮山城で1519（永正16）年に。そのため、生年は1432（永享4）年と推定された。
　となると、東西の大乱のころ、早雲の年齢は次のようになる。
○関東・享徳の乱（1454〜82年）：23〜51歳
○西国・応仁の乱（1467〜77年）：36〜46歳
○駿河下向（1476年）：45歳

　軍記物では、早雲の駿河下向は、今川義忠が戦死した直後で、早雲が45歳のときと記される。未亡人となった「妹」の北川殿を助けるために。
　現代と異なり、人生50年とされた時代。にもかかわらず、88歳死亡を前提にしたため、「老齢にして戦国の魁となった早雲は、大器晩成型の典型」というイメージが定説化し、近年に至るまで広く信じられてきた。
　しかし、最近になって、従来の説は**俗説、虚説**だったことが判明し、今や早雲像は一新されている。
　たとえば本当の生年は、1456（康正2）年。俗説と真説の間には、実に24年もの乖離があり、実際の享年は64となる。約4分の1世紀のズレは、当然、早雲に関係する人物にも影響を及ぼす。長らく「妹」とされてきた北川殿は、本当は「姉」。そういった具合に。
　また駿河下向のタイミングも、実際はずっと後の1487（長享1）年が有力視されている。ここでも俗説との間に11年のタイムラグが生じる。
　そこで煩雑さを恐れず、早雲の実年齢を記しておこう。
○関東・享徳の乱（1454〜82年）：誕生前〜27歳
○西国・応仁の乱（1467〜77年）：12〜22歳
○駿河下向（1487年）：32歳

大器晩成どころか、早雲は「戦国の魁」にふさわしい年齢だったのだ。

その実像をこれから記すにあたり、ひとつ前提がある。というのも、伊勢氏が北条氏に改姓したのは、2代氏綱のとき。従って、在世中の早雲が北条姓を名乗るはずがない。本当は**伊勢新九郎盛時**が正しく、出家後に早雲庵宗瑞と称した。

有名な「北条早雲」とは江戸期の命名であり、混乱を避けるため、以降、本章ではリアルタイムの「伊勢盛時」で統一したい。

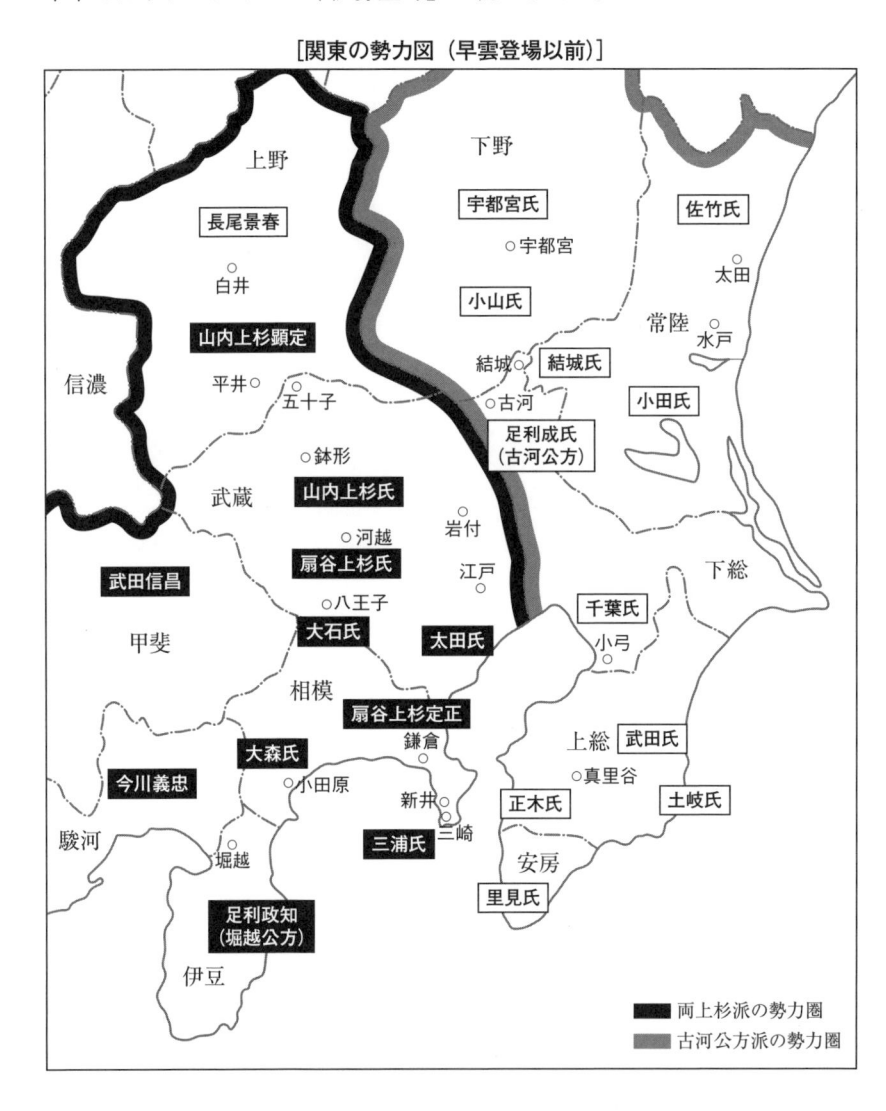

[関東の勢力図（早雲登場以前）]

■ 両上杉派の勢力圏
■ 古河公方派の勢力圏

▲ 俗説の「伊勢盛時伝」

まず江戸期の俗説（88歳死亡）の概要を述べ、真説は後で提示したい。

○出自

通称は伊勢新九郎。

それだけは確実だが、生まれた国は、西国の山城（京都府）、大和、伊勢（三重県）、備中（岡山県）説があり、諱（実名）もまた長氏、氏茂、氏盛、盛時と諸説紛々。

家柄は、伊勢氏の末流といわれるが、定かではない。要するに、前半生は謎だらけ。その中でも、代表的なのが**素浪人説**である。

応仁の乱で、都が焼け野原になったころ。京都にいた新九郎は、関東へ下って一旗挙げようと思い、6人の浪人仲間[※1]を誘う。その6人、荒木兵庫頭、山中才四郎、多目権兵衛、荒川又次郎、大道寺太郎、在竹兵衛尉に、新九郎は語る。

「永享のころより、関八州は主人が定まらないと聞く。今、この地を押さえれば、やがて天下も取れよう。一緒に東下して、功名を挙げようではないか」と。

途中、一行は伊勢神宮に詣でて、ふたつの誓いを立てる。

「どのような事があろうと、7人が仲違いしてはならない。互いに助け合って、功名を立てるべきだ。また仲間のひとりが大名になれば、残りの者はその家来になって支えよう」

都の荒廃を目の当たりにした「7人の侍」が、関東に新天地を見いだそうとする。しかも新九郎は、「文武に秀で、謀に長けた勇士」と乱世にふさわしい人物とされたので、時代小説では素浪人説が格好の題材となっている。

○第1次駿河下向（45歳）

一行は東海道を下り、ひとまず駿河で落ち着く。新九郎の妹の北川殿は、守護・今川義忠に嫁いで、竜王丸（後の氏親）を産んでいる。その縁を頼った。

※1 浪人：浪人とは、「所領を失い、諸国を浮浪する者」をいう。室町後期には、徒党を組み、盗賊になる浪人もいた。

1476（文明8）年、遠江において、義忠は戦死したばかり。残された北川殿は、兄を頼りとする。
　義忠の死後、今川家中はふたつに割れた。遺児・竜王丸擁立派と、一族の有力者・小鹿範満※2を担ぐ一派である。
　この家督紛争に介入してきたのが、隣接する関東の2勢力。堀越公方（伊豆）と扇谷上杉定正（相模）は、それぞれ駿府（静岡県静岡市）近郊へ兵を送り込み、対峙する。このとき、扇谷上杉軍を率いたのが執事の太田道灌。
　あわや両軍の間で戦闘が……、というとき、素浪人・新九郎が調停を行い、折衷案を述べる。「竜王丸が成人するまでは、範満が家督を代行してはどうか」と。将来の相続者は竜王丸。斡旋を受け入れた関東勢は、駿河から撤退する。また新九郎の説得によって、今川家中の両派も納得する。
　そして範満が駿府館に入り、北川殿＆竜王丸は、一旦、丸子城（静岡市）へと身柄を移す。このとき、新九郎の甥・竜王丸は6歳だった。

[今川氏系図]

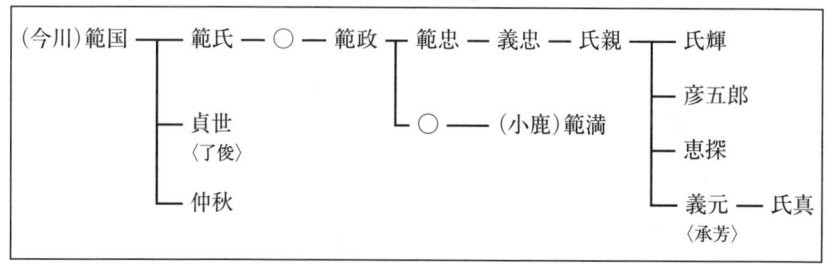

```
（今川）範国 ─┬─ 範氏 ── ○ ── 範政 ─┬─ 範忠 ── 義忠 ── 氏親 ─┬─ 氏輝
             │                       │                         ├─ 彦五郎
             ├─ 貞世                  └─ ○ ── （小鹿）範満     ├─ 恵探
             │  〈了俊〉                                          └─ 義元 ── 氏真
             └─ 仲秋                                                〈承芳〉
```

○第2次駿河下向（56歳）

　騒動が一段落すると、新九郎は京都へ引き揚げたようだ。初志と異なるが、俗説ではそうなっている。
　ともあれ、竜王丸の元服に伴い、北川殿らは家督返上を範満に申し出る。しかし範満は、約束に応じようとしない。
　知らせを受けた新九郎は、再び駿河へと下り、1487（長享1）年、駿府館を襲う。敗れた範満は、自害して果てる。
　かくして、17歳の竜王丸は今川氏の家督を継ぎ、氏親と名乗る。範満討伐の殊勲者・新九郎には、恩賞として駿東郡の所領と興国寺城（静岡県沼津

※2　小鹿範満：今川義忠の従兄弟で、母は扇谷上杉氏の出身。剛勇で、駿府近郊の小鹿を領したらしい。

市)が与えられる。老齢にして、ようやく新九郎は城主となったのである。

○伊豆侵入(60歳)
　その4年後(1491年)、伊豆の堀越公方政知が没すると、庶子の茶々丸は公方正室や異母弟を殺害し、無理やり家督を継ぐ。この暴挙に伴い、家中では内紛が起こる。
　好機到来と思った新九郎は、手勢200人と氏親から借り受けた300人を引き連れ、海路を清水(静岡県静岡市)から伊豆へと渡る。堀越御所を急襲された茶々丸は、自害を遂げる。瞬く間に、伊豆は新九郎の手に帰す。
　下剋上の典型とされる話で、新九郎は戦国大名としての第一歩を踏み出す。領土欲は膨らみ、続いて新九郎は相模を狙う。そして、小田原城へ入ったのは1495(明応4)年。このとき、彼は64歳。

　俗説はさらに続くのだが、話が先に進み過ぎるので、伊豆以降の活躍は、改めて記す形としたい。

▲ 実際の伊勢盛時

　ここからは、真説「伊勢盛時伝」となる。叙述上、多少俗説の内容と重複する点は、ご容赦いただきたい。

　伊勢新九郎の諱は盛時。現在では、ほぼ確実視されている。
　幕府政所執事・伊勢氏には、備中荏原郷(岡山県井原市)を領する一族があった。中でも備中伊勢盛定は、権勢を振るう執事・伊勢貞親の姉妹を娶ったというから、本家に次ぐ有力者だったのであろう。
　8代将軍義政のころ、幕府申次衆・盛定は、駿河今川氏との窓口を務めていたようだ。その嫡子が新九郎盛時である。
　北川殿は彼の姉で、「京公方(室町殿、将軍家)の御執事・伊勢守殿(伊勢伊勢守貞親)の御姪」(『今川記』)と記録されている。
　父の盛定に関する情報は乏しいものの、娘が駿河守護・今川義忠の正室となった事実が、盛定のステータスの高さを窺わせる。そして、前章で述べた応仁の乱・東軍ライン、すなわち〈管領・細川氏－政所執事・伊勢氏－守護・今川氏〉の一翼を担った人物と思われる(52ページ参照)。

義忠と北川殿との婚姻についても、時代小説では、実態がわからぬままに「上洛した義忠が、彼女をみそめた」とロマンティックに描写されるが、政略結婚が現実の姿である。

　要するに盛時は、名もなき素浪人どころか、**幕府高級官僚**の家に生まれたと考えていい。

　若き日の盛時の伝承は無きに等しいが、28歳（1483年）のとき、9代将軍義尚の申次衆に就任している。応仁の乱の6年後、前将軍義政が銀閣寺に移ったころである。

　俗説では、「1476年、盛時は仲間とともに駿河へ下向し、今川氏の家督相続を調停」とされてきたが、この第1次駿河下向が虚構なのは、説明を加えるまでもなかろう。盛時は、幕府へ奉公していた時期なのだから。

　盛時が東下したのは、1487（長享1）年。俗説では第2次駿河下向とされてきたが、これが最初である。盛時は32歳で、前年に2代氏綱が誕生している。ちなみに、盛時の正室は、幕府奉公衆・小笠原政清の娘といわれる。

　確かなことはわかっていないが、幕府申次衆・盛時は、今川氏との窓口機能を果たすことが目的だったと思われる。

　現代風にいえば、高級官僚（官邸秘書官）が、公務で担当エリアの政庁へ出張したことになる。当然、個人の意思ではなく、背後には管領・細川政元、政所執事・伊勢貞宗からの指示があった、と理解すべきであろう。「乱世に新天地を求めて」「一旗挙げるため」といった次元の話では、ありえない。

▲ 駿河守護・今川氏の紛争

　では、盛時の下向前に、駿河では何が起こっていたのだろうか？

　前述したとおり、盛時が駿河へ赴く11年前、1476（文明8）年、遠江に出陣した今川義忠は、戦死を遂げている。遺児・竜王丸にとって、盛時は母方の叔父にあたる。

　ただし、義忠の戦死は、幕命に基づく公戦ではなく、勝手に私戦を挑んだ結果。つまり、幕府からすれば、義忠の行動は秩序を乱すもので、名誉の戦死とは言い難い。そのことが、今回の内紛に微妙な影響を与えている。

　義忠の没後、今川一族は嫡子・竜王丸派と有力者・小鹿範満派（義忠の従兄弟）に割れる。争点を整理すれば、次のとおり。竜王丸が幼児だったこと

が、前提にある。
①誰が義忠の遺領を相続するか？：一族内での紛争ともなれば、幕府の裁定に委ねられる。まして今川氏は、足利一族である。
②誰が当主の座を継ぐか？：一族を束ねる立場であり、①＆③と密接に関係する。
②誰が守護に就くのか？：軍事動員権を有する守護は、世襲制ではない。平和が訪れた江戸期の藩主とは異なり、嫡子優先とは限らない。これまでも、幕府が有力一族を任命するケースは、しばしば見受けられる。

義忠戦死の3年後、幕府は竜王丸に亡父の所領相続を認めた。ただし、それまでに一定期間を要しており、①の問題解決には、盛定・盛時父子の尽力があったと思われる。

一方、②の当主には小鹿範満が就いた。竜王丸（6歳）の年齢を考えれば、ある意味、当然の措置だが、範満は③の守護には任命されなかったようだ。かつて範満は古河公方追討のため、関東へ出陣したキャリアがあり、彼以外に適任者はいなかったにもかかわらず……。

というのも、守護選任について、幕府が関東の政治情勢を考慮したからだ。当時の模様を、改めて整理しておこう。
○**西国**：応仁の乱後、幕府の実権は管領・細川政元が握り、関東の山内上杉氏、堀越公方を支援している。
○**関東**：紆余曲折はあるものの、大きく古河公方陣営（古河公方、長尾景春党、扇谷上杉氏）と山内上杉氏とが交戦中。

駿河のロケーションは東西の境目、守護のミッションは東国警衛。
これまで述べてきたとおりだが、上記を反映して、今川氏代々は、相模守護・扇谷上杉氏と通婚してきた経緯がある。範満の母も、また扇谷上杉氏の出身である。

実は義忠の正室・北川殿[※3]が、初めての幕府関係者（京都出身者）なのだ。ある意味、義忠は遠江の所領問題を通じて、西へ目を向けた今川氏当主だったのかもしれない。

確実な史料は存在しないが、関東色が濃い扇谷上杉系の範満を、幕府は嫌

※3　北川殿：駿府館の北を流れる安倍川。その支流が北川で、彼女の居館があった。1529年、80数歳で没したという。

った可能性が高い。室町殿御分国の応仁の乱（1467〜77年）は終息したものの、依然として鎌倉殿御分国の享徳の乱（1454〜82年）は続いている。今川一族の内紛は、その最中のことだ。

　端的にいえば、関東の戦乱が駿河に飛び火するのを懸念した。仮に範満を守護にすれば、人脈からして、享徳の乱に巻き込まれる可能性はある。

　俗説で記した堀越公方や扇谷上杉氏の駿河進駐も、盛時の活躍を除けば、事実に近い話だったのかもしれない。このような政治的思惑が、幕府に働いたためであろう。駿河守護は空位のまま、11年の歳月が過ぎる。

▲ 盛時の駿河下向

　1487（長享1）年、初めて盛時は駿河へ赴く。詳しい事情は、わからないが、幕命だったと思われる。もちろん個人の意思（姉の支援）が強く働き、職を辞した可能性も捨てきれないが……。

　その9年前には、いったん東西和睦（都鄙合体）が実現したものの、関東では古河公方、山内上杉氏などの抗争が再燃している。

　そして駿河では、竜王丸派と範満派が激しく対立していたようだ。竜王丸も、今や17歳になっている。

　盛時の目的は、甥・竜王丸の当主擁立、家督奪回にあったと思われる。その背景を、俗説では「北川殿・竜王丸が家督返上を求めても、範満にはその意思がなかった」とする。江戸期の藩をイメージすれば、「嫡子に家督返上」は当然の申し出のように映る。

　が、そういうルールが室町期にあったわけではない。従って、「範満の隆盛を前にして、亡父の名誉回復を願う竜王丸派が**クーデター**を企てた」と考えるほうが、実態に近いと思う。

　というのも、家督返上云々ならば、まず一族間の話し合い、幕府の仲裁があるはずだからだ。現在の戦争を考えてみても、まずは国連などが介入し、一気に武力衝突することはありえない。

　にもかかわらず、盛時は駿府館の範満を急襲し、殺害に成功する。

　時期的には、関東で太田道灌が謀殺されてから間がない。説明は繰り返さないが、騒動が起きた扇谷上杉氏は、縁戚の範満を応援するどころではなかったころだ。

　言い換えれば、関東から現実的に介入できないタイミングを狙って、クー

デターは挙行された。竜王丸の署名した文書には「御宿願」とあるが、家督奪回、父の名誉回復を指すのであろう。

その結果、竜王丸は諱を**氏親**とし、当主＆守護の座に就く。殊勲を挙げた盛時には、所領として駿東郡（静岡県富士市）の一部、加えて興国寺城が与えられたという。富士川以東、伊豆・相模に接する地域である。

ただし、確かなことはわからない。時点はハッキリしないが、盛時は駿河東部ではなく、逆に西部（遠江側）の石脇城（静岡県焼津市）にいた記録が残っている。下記の軍事行動からすれば、当初の本拠は駿河西部だった可能性が高い。

同時に盛時は、**今川御一門**として遇せられたようだ。氏親の母方の叔父にして、擁立の立役者だから、当然の措置であろう。とはいえ、まだ手勢は少なく、氏親の〈後見人＆属将〉の立場だったと思われる。

[北条氏・今川氏関係系図]

```
         ①           ②    ③      ④      ⑤
 ┌(伊勢)盛時 ─ (北条)氏綱 ─ 氏康    氏政 ─ 氏直
 │                              ‖      │
 └ 北川殿                         │     │ 女
      ‖                  氏親    女     ‖
                  ┌──── 〈竜王丸〉  ‖
 (今川)義忠                      義元 ─ 氏真

数字は北条氏当主の歴代数
```

以降の盛時は、氏親の名代として、軍事面で東奔西走し始める。
〇1493（明応2）年：伊豆侵入
〇1494（明応3）年：遠江乱入
〇1501（文亀1）年：三河乱入

有名な堀越御所襲撃は項を改めるとして、盛時が東海諸国を攻めたことは、あまり知られていない。

今川義忠戦死の原因は、斯波氏（遠江・尾張守護）との私戦。その決着はついておらず、宿敵・斯波氏の衰退につけこんで、氏親は再攻撃を仕掛けたわけだ。

その尖兵が盛時であり、彼の活躍によって、氏親は〈守護→守護大名→戦国大名〉のステップを踏み出し、1516（永正13）年には遠江を完全制圧する

に至る。

　軍事力に物を言わせ、分国を拡大した氏親は、今川氏発祥の地である三河へ侵入し、さらに尾張へ食指を動かす。端的にいえば、斯波氏の守護国・尾張が仮想敵国なのである。

　ここで、有名な桶狭間の戦い（1560年）について、少し触れておこう。
　駿河・遠江・三河を制圧した**今川義元**は、尾張に侵入したものの、逆に織田信長の奇襲に遭って敗死を遂げる。
　この義元は氏親の子であり、天下統一を志したとされる。「尾張は上洛途上の国」という解釈がポピュラーだが、それはかなり飛躍した話。
　むしろ義元の目的は、祖父・義忠以来の宿願「東海諸国進出・制圧」を達成すること。宿敵・斯波氏との相克にピリオドを打つこと、と考えるべきであろう。
　それが、時代の価値観といっていい。戦国期といえども、中世の影は色濃く、遺恨が忘れ去られることはない。
　事実として、尾張平定時の信長は守護・斯波氏を奉じ、その権威を巧みに活用している。『信長公記』には、桶狭間の戦いの4年前（1556年）のこととして、以下の内容が記録されている。
　「三河の吉良殿と武衛様（斯波義銀）が対面されるにあたり、武衛様のお供として上総介殿（織田信長）が出陣された」「（信長は）武衛様を国主と崇め、清洲の城を渡された」（意訳）
　実質上、斯波氏が信長の保護下にあったにせよ、旧来の尾張支配体制であ

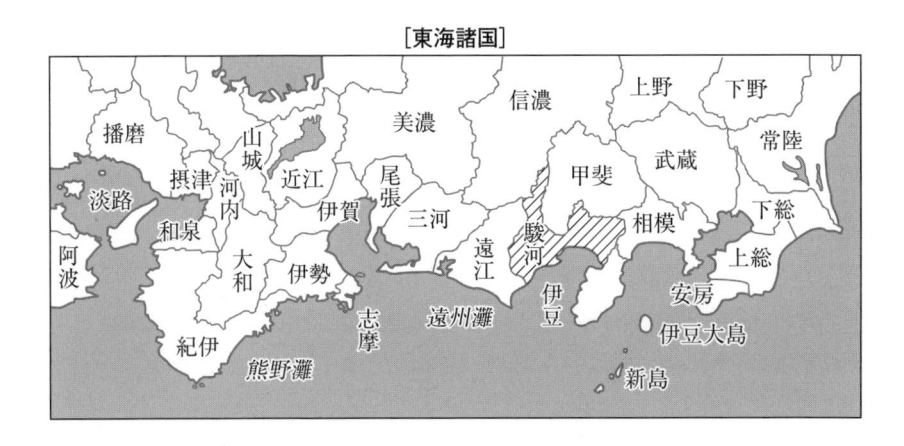

［東海諸国］

る〈守護・斯波氏－守護代・織田氏〉が垣間見られると思う。敬称にしても〈斯波氏＝様、織田氏＝殿〉である。

　義元とて、信長の台頭は無視できなかったが、意識の上では〈斯波氏－織田氏〉との交戦だったと思う。

② 盛時、関東の舞台へ

▲ 伊豆侵入の背景

　初めて、盛時が関東に入ったのは伊豆。駿河下向の6年後である。
　1493（明応2）年、彼が38歳のとき。このころ、盛時は出家して、早雲庵宗端を名乗ったようだ。実態は別にして、俗世を去ったわけだから、幕府申次衆を辞した形になるのだろう。今の盛時は、完全に今川氏の属将である。
　さて、伊豆守護は山内上杉氏だが、経済基盤に乏しい堀越公方に、所領を提供した経緯がある。
　ちなみに、上野・武蔵北部を基盤とする山内上杉氏にとって、伊豆は「飛び地」となる。中間に位置する相模は、敵対する扇谷上杉氏の守護国。このロケーションを、改めてインプットいただきたい。
　堀越公方家のことは、よくわかっていないが、すでに足利政知は死亡している。政知には3人の男子がおり、庶長子を**茶々丸**（諱は不明）といった。後の11代将軍義澄は正室の子で、茶々丸の異母弟にあたる。
　政知の没後、家督は無理やり茶々丸が継いだようだ。それも、政知の正室などを殺害して。茶々丸は凶暴な性格ゆえに、政知の代には「牢に入れられていた」という話もある。
　ただし、この「豆州（ずしゅう）騒動」は確実な史料に乏しく、どこまでが本当かはわからない。なぜならば、茶々丸の相続を支援する勢力も存在したからだ。伊豆守護を兼務する関東管領・山内上杉氏である。そうでなければ、伊豆の国人衆が茶々丸に従うはずがない。
　この茶々丸成敗に乗り出したのが、盛時である。俗説では、彼の伊豆侵入（堀越御所襲撃）は「所領拡大意欲の発露」とするが、実際はかなり政治局面を反映した行動だった。

というのも、同年、京都では「明応の政変」が起こり、〈将軍義澄－管領・細川政元〉体制が確立したからだ。

政元は、かつて堀越公方派遣を決めたひとり。また、彼が将軍に擁立した義澄の生家で、凄惨な事件が起きたのだから、茶々丸成敗は必至。

幕府からすれば、生母らを殺戮された現将軍の仇討である。その指令は、〈細川政元→今川氏親→伊勢盛時〉と流されたようだ。応仁の乱の東軍人脈(細川勝元－今川義忠－伊勢貞親)が、次世代に活かされた格好となる。

今や氏親自身の関心は遠江に向いているが、代々、駿河守護のミッションは関東警衛にある。大規模な軍事動員でなかったのは、古河公方と比較すれば、茶々丸は小勢力に過ぎず、私戦の色彩を帯びていた一面もあるのだろう。豆州騒動の本質は、デリケートな「内輪の問題」。その要素が濃い。

なお、政元は一貫して関東管領・山内上杉氏を支持してきたが、この仇討事件に限っては例外だったようだ。山内上杉氏もまた、公然とは茶々丸支援を打ち出してはいない。

ここまでは東西間の話だが、茶々丸討伐には、関東固有の対立も反映されている。『鎌倉九代後記』には、「駿河にいた伊勢新九郎長氏は、扇谷上杉定正と通謀して伊豆を取る。伊豆は、山内上杉顕定の領国だったからだ」(意訳)と記されている。

扇谷上杉定正が太田道灌を謀殺して以来、関東では両上杉氏が武蔵などで交戦中(54ページ参照)。この機会に、扇谷上杉氏が山内上杉氏の「飛び地」伊豆へ侵入を企てても、不思議ではない。

盛時の大義名分は幕命による茶々丸討伐としても、実態は関東大乱の延長線上にある。そういう視点に立つほうが、これからの記述が理解しやすいだろう。

このようにして、盛時が関東にその姿を現すわけだが、伊豆侵入は明らかに**反山内上杉氏**の行動であり、北条五代に受け継がれて行く。

▲ 足利茶々丸討伐

太閤検地の時点でも7万石と、3郡から構成される伊豆は小国である。また、半島の海岸線近くまで山が連なり、天然の港が数多くあるが、耕作には適していない。

従って国人衆の数も相対的に少ない。さらに守護・山内上杉氏によって、

関東の戦場に駆り出された国人衆もいる。要するに地元には有力者がおらず、盛時の襲撃時はかなり手薄だったようだ。

余談ながら、山内上杉一族が守護を務めた諸国では、軍事動員された国人衆が他国に所領を得て、移住したケースはしばしば散見される。たとえば、越後上杉氏の被官・宇佐美氏は、元々は伊豆国人衆。現在でも、伊東市に発祥地「宇佐美」の地名が残っている。

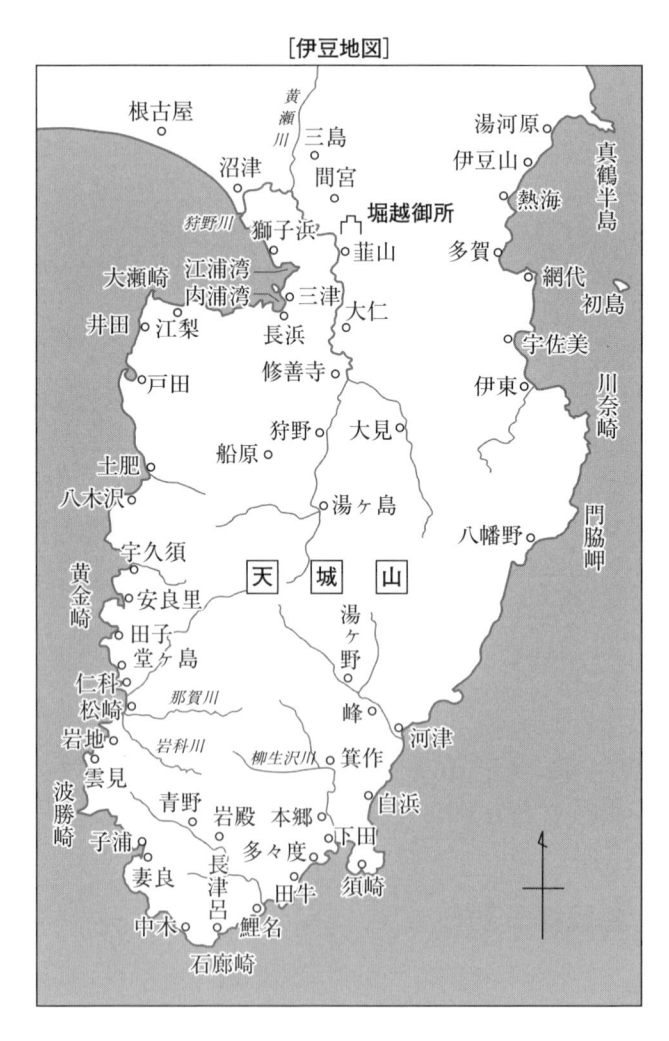

[伊豆地図]

盛時は駿河・清水から船を仕立てて、西伊豆へ渡る。駿河湾を横断し、松崎、田子などの諸港に上陸したという。

陸海同時の伊豆侵入説もあるのだが、主力は海路。東海道きっての難所・薩埵峠越え[※4]や富士川の渡河を避けたため、また盛時の本拠が駿河西部だったため、かもしれない。

その盛時勢は、今川氏親が動員した駿河国人衆から構成されている。駿東郡の有力国人・葛山氏も、娘が盛時の側室になっていた関係から、盛時勢に加わっている。その基盤からすれば、陸路を辿ったのかもしれない。ちなみに、後に葛山氏は北条五代の有力一族となっていく。

ここで、注目すべきは**海路**の登場である。知られざる事実として、北条五代は、かなり水軍を重視した。関東への陸路（東海道、東山道、北陸道）とともに、海路も記憶に留めていただきたい。なぜならば、後年の北条分国（伊豆、相模、武蔵……）は海に面し、海上攻撃に曝されるリスクが常にあったからだ。現在の駿河湾、相模湾、東京湾である。

さて、盛時が西伊豆に上陸した際、国人衆は抵抗しなかったらしい。彼らの実態は「海賊衆」であり、ある程度、盛時への加勢を約束していたのであろう。現代から想像する以上に、戦国期の水運（海、河川）は発達している。また国人衆は強きに靡き、所領を守ろうとする。

軍勢に乱暴狼藉、掠奪を戒めた盛時は、北伊豆の堀越御所を攻める。茶々丸が、攻撃を予測していたか、どうかはわかっていない。が、御所は公方の住居であって、城ではない。激しい合戦があったというよりも、御所を囲んだ盛時は火を放ったのであろう。

戦国大名にとって、軍勢の損耗は勢力の衰退に直結する。従って、できる限り、合戦を回避して軍勢を温存する。だからこそ、恩賞を約束して、敵陣営の有力者に裏切り、内応を働き掛けるのだ。

それはさておき、盛時の奇襲は見事に成功した。それは本当であろう。が、俗説の伝える「茶々丸は自害を遂げた」「盛時は短期間で伊豆を平定した」となると、事実ではないようだ。

実際の茶々丸は御所を脱し、天城山を越えて、南伊豆へ落ち延びている。現在の下田市に、茶々丸に味方する国人がいたからだ。

伊豆を4地域に分けると、盛時が制圧したのは、駿河寄りの〈西伊豆＆北伊豆〉。それに対して、関東寄りの〈南伊豆＆東伊豆〉は茶々丸支持の国人衆が多く、盛時に抵抗し続けたのである。

※4　薩埵峠：東海道の由比と興津の間の峠。山が海に突き出し、難所とされた。

伊豆制圧、厳密にいえば**伊豆奪取**は、容易なことではない。ようやく盛時が、国内の茶々丸方を掃討できたのは、侵入の2～3年後（1495～96年）。

　そして、韮山城を本拠とした盛時は、伊豆に君臨する。一方、没落した茶々丸は、海上を伊豆大島へ逃れ、さらに〈武蔵→甲斐〉へと入り、伊豆奪回を目指す。それを支援したのが、山内上杉氏である。

▲ 拡大する関東戦線

　伊豆制圧前後の盛時の**軍事行動**を、年表でまとめておこう。活動範囲は広く、かつ複雑である。
○1493（明応2）年：伊豆侵入（対茶々丸）
○1494（明応3）年：遠江侵入（対斯波氏）、武蔵出陣（対山内上杉氏）、扇谷上杉定正没
○1495（明応4）年：甲斐出陣（対武田氏）
○1496（明応5）年：伊豆制圧（対茶々丸）、相模侵入（小田原城攻撃）
○1498（明応7）年：甲斐出陣（対武田氏＆茶々丸）、茶々丸殺害
○1501（文亀1）年：三河侵入（対国人衆）、甲斐侵入（対武田氏）
○1504（永正1）年：武蔵出陣（対山内上杉氏）
○1506（永正3）年：三河侵入（対国人衆）

　この年表から、次の点が浮き彫りにされると思う。
　伊豆侵入後の盛時は、茶々丸残党の征伐のみならず、軍勢を率いて東奔西走していたことが……。西国（東海諸国）侵入の目的は前に述べたので、話は関東に絞りたい。
　関東は「長享の乱」の最中。依然として、両上杉氏の交戦が続いている。その場面に、伊豆侵入の翌年（1494年）、盛時が初めて登場する。
　扇谷上杉定正の援軍として、盛時は武蔵へと出陣し、山内上杉顕定と荒川を挟んで対峙する。この時点は、明らかに、〈親扇谷上杉氏、反山内上杉氏〉のスタンスである。
　だが、渡河の際に落馬した定正は、それが原因で死亡してしまう。当主の事故死。扇谷上杉氏は思いがけぬ事態に見舞われ、家督は朝良が継ぐ。
　10年後の1504（永正1）年、朝良の援軍となった盛時は、武蔵立河原（東京都立川市）で山内上杉氏と戦っている。その際、今川氏親も出陣した点

は、注意を払いたい。一応、氏親に対して、朝良が加勢を求めたとされるが、どういう経緯があったのか、は判然としない。

それはさておき、盛時は両上杉氏の戦闘にかかわっていく。当初は茶々丸勢力掃討がメインだったのは間違いないが、関東進出の野心も芽生え始めたのであろう。

ともあれ、山内上杉氏の立場からすれば、関東戦線は伊豆にまで拡大した。守護国を奪われた山内上杉氏は、怒り心頭である。

では、その後、茶々丸はどうなったのだろうか？

それを説明するためには、甲斐の武田氏について触れる必要がある。

甲斐も鎌倉殿御分国のひとつであり、東では武蔵、南では駿河・伊豆に接している。室町期の守護・武田氏は鎌倉府に出仕していたが、上杉禅秀の乱（1416〜17年、41ページ参照）に加担したため、以降、守護勢力は衰退し、守護代の台頭を許すことになる。

守護代勢力に敗れた武田信長は、いったん上洛するが、後に古河公方に仕える。さらに古河公方の指示で上総へ移り、その有力与党を形成する。これが上総武田氏（真里谷武田氏）の端緒である。

一方、甲斐では内乱を経て、守護・武田氏が復権するものの、15世紀の末期、信昌の跡目を巡って内戦状態に陥る。

「長男の信縄ではなく、次男の信恵を後継者に」と、信昌が画策した。それが原因であり、両陣営もまた両上杉氏をバックに仰ぐ。関東戦線は、このような形で甲斐にも拡大した。

○武田信昌・信恵＝扇谷上杉定正
○武田信縄＝山内上杉顕定

山内上杉顕定に保護された茶々丸は、実は信縄の許に移り、密かに伊豆奪回の機会を狙っていたのだ。だからこそ、盛時は甲斐を攻撃したのである。

その結果、1498（明応7）年、信縄は信昌・信恵父子と講和を結び、茶々丸を殺害した上で、今度は**扇谷上杉陣営**へ転じる。

この信縄の子が信虎、孫が信玄（諱は晴信）であり、信虎は扇谷上杉氏と縁組を結び、その陣営に属する。また信玄の最初の正室も、扇谷上杉氏の出身である。

後年、信濃で起きた川中島の戦いは、越後・長尾景虎（上杉謙信）と甲斐・武田信玄の激突として知られる。「現代の中部地方」のイメージが邪魔をす

るが、両上杉氏の抗争が、関東周辺国に拡大したという一面がある。それは、景虎が山内上杉氏を継いだからだ（後述）。

[武田氏系図]

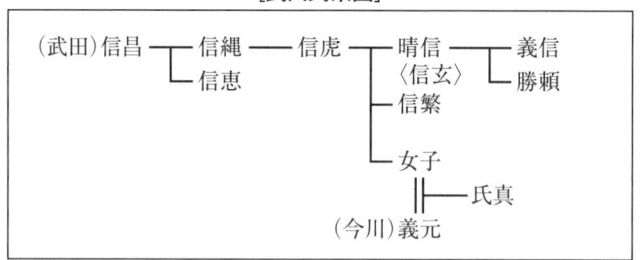

```
（武田）信昌 ┬ 信縄 ─── 信虎 ┬ 晴信    ┬ 義信
            └ 信恵              │〈信玄〉 └ 勝頼
                                ├ 信繁
                                └ 女子
                                    ┃── 氏真
                                （今川）義元
```

▲ 伊豆国主・盛時

　関東での泥沼の抗争は、伊豆や甲斐へ波及する。その間隙を衝くように、盛時は台頭していく。
　ところで、伊豆制圧前後の盛時は、どのような立場にあったのだろうか？少し整理しておきたい。
①遠江・三河侵入：西国攻めは今川氏親の意向（亡父の恨みを晴らす私戦）
　だから、明らかに盛時は主人・氏親の「属将」である。
②伊豆侵入：茶々丸征伐の幕命を受けた氏親が、「名代」として盛時を派遣した形。実際、盛時は軍勢の多くを氏親に依存している。

　ここまでは、ほぼ間違いない。明らかに①と②は、氏親の指示に基づくものだ。しかし、それ以降の位置づけが難しい。氏親が「盛時の関東侵入」にどこまで関与したのか、と言い換えてもいい。
　そもそも伊豆制圧後の盛時は、氏親経由で細川政元に報告し、指示を仰ぐのが筋。元々が幕府申次衆なのだから、手続きは通暁していたはずだが、その痕跡は見当たらない。
　「もう戦国期だから、そのようなステップを踏まなくても……」という声が聞こえそうだ。しかし、遠江から斯波氏を駆逐した氏親は、幕府に遠江守護への任命を要請し、認められた事実がある。
　だが、伊豆に関しては、特段の沙汰がない。それもそのはず。形式論では、伊豆守護は山内上杉氏に変わりはない。しかも、足元に火がついた山内上杉顕定は、従来のパイプを活かして、政元に急接近したらしい。氏親・盛

時に対する政治的牽制に他ならない。

　代わりに、盛時は「豆州」と称されたようだ。**国主**の意味である。国主とは、かつての国司と守護の権力を兼備した専制君主、と思っていい。

　逆にいえば、盛時は現実問題として守護になれなかったからだ。備中伊勢氏の「家格」では守護には就けない。

　守護に任命される家柄は、名門に限定されていた。盛時は決して素浪人ではなく、幕府申次衆という上級武士だったが、それでも「家格の壁」を越えられない。たとえば長尾氏（越後）や織田氏（尾張）は、守護代になれる家柄。だが、守護を望むのは無理筋なのである。

　実力主義が台頭しつつあるにせよ、「家格や序列」が秩序を形成していた時代である。その端境期を盛時は生きている。そして、この問題は後代まで尾を引く。端的にいえば、**分国支配**の大義名分をどうするか？

　ここで視点を変えて、関東管領・山内上杉氏（伊豆守護兼務）の立場から見ると——。

　前述のとおり、関東管領は「八州執政」であり、守護のミッションは謀反人・盗賊の討伐にある。

　となると、関東管領の立場では、盛時の伊豆侵入は、関東の秩序を乱す反逆以外の何物でもない。次いで伊豆守護の立場からすると、盛時の行為は盗みに等しい。だから、山内上杉氏は北条五代を、「南方の凶徒」「国盗人、国泥棒」と非難し続けることになる。

　一方、京都も揺れ動いている。幕府管領・細川氏では後継者問題が起こり、1507（永正4）年、奇行に走る政元は家臣によって暗殺される。翌年には、将軍義澄も退京を余儀なくされる。またもや政変が勃発し、仇討指令を〈氏親→盛時〉に下した幕府トップは一掃された。

　新首脳陣は、西国（室町殿御分国）の収拾だけで精一杯。伊豆に目を向ける余裕が、あるはずもない。

　東西ともに政治機能が失われたことが、「伊豆国主・伊勢盛時」誕生の背景にあるのだろう。

▲ 東西分担態勢

　以上を前提として、関東方面での今川氏親と盛時の関係を考えてみたい。

史料がないので、私の推測を述べると、「関東方面を氏親は盛時に託した。ただし、東海諸国（西国）への盛時出陣を条件として」。これが結論だと思う。
　氏親は東海諸国を攻めまくり、盛時の活躍もあって、版図拡大に成功している。その一方で、氏親自身の関東出陣は一度しかない。
　その頻度からすれば、〈東海諸国＝氏親、関東＝盛時〉という分担態勢が敷かれた可能性が高い。ただし、両者の立場は対等ではなく、主人、一門という準主従関係にある。その意味では、氏親が大幅な権限委譲を行った、と表現したほうがいいかもしれないが。
　駿河を軸に据えると、盛時を内包した氏親の戦線は、東西に急拡大している。西へ遠江、三河、尾張、東へ伊豆、甲斐、相模、武蔵。東海道沿いに細く長く（67ページ地図参照）。
　現在の愛知県から東京都に及ぶ広域戦線を、氏親ひとりが指揮するのは不可能に近い。
　しかも西から矢作川(やはぎ)（三河）、天竜川（遠江）、大井川、富士川（駿河）、相模川（相模）、多摩川（武蔵）などの大河が流れ、薩埵峠も交通を阻んでいる。また関東へ入る足柄峠、箱根峠は天下の難所。行軍は容易ではない。
　刻々と変わる東西情勢、拡がる戦線、それと自然が折りなす地勢が、氏親に「盛時に関東移譲」を決断させた要因だと思う。支配領域は以下のとおりで、境は富士川。この領域から盛時は、軍勢を動員した。なお、括弧内は出陣中の国を指す。
○**富士川以東**＝伊勢盛時：駿河駿東郡、伊豆、（甲斐、相模、武蔵）
○**富士川以西**＝今川氏親：駿河、遠江、（三河）

　室町時代は、東西分割統治。その「ミニチュア版」というべき考え方だ。占領地域での国人衆対応、訴訟の裁決、税・年貢の徴収……、と課題は山積している。
　後に氏親が今川分国（駿河、遠江）で定めた分国法が、有名な『今川仮名目録』（1526年）。現代の私たちが、想像するよりもはるかに緻密である。
　そこには、境界紛争、喧嘩などに対する判断基準が示され、用水路利用による借地料支払、流木の所有権までもが明記されている。分国という概念からは、「駿河・遠江の国人衆は、他国の者と婚姻してはならない」「他国の戦いに参戦してはならない」（意訳）も興味深い。

余談ながら、現在、新商品発売前のマーケティングは、静岡県で実施されることが多い。

静岡県は細長く、日本全体を縮小したような地形。〈県東部＝関東圏、県西部＝中部・関西圏〉と、東西の文化や食生活が異なる……。といった具合に、モニターに適しているからだ。

後に駿河国内の駿東郡は、今川義元と3代氏康との係争地となるが、それでも義元が箱根の坂を越えて、東へ向かうことはなかった。

③ 盛時の関東攻勢

▲ 小田原城攻撃

謀略を用いて、小田原城乗っ取り──。これも、有名な「早雲伝説」である。まずは、その内容を記そう。

早雲は隣国・相模を密かに狙う。だが、小田原城は難攻不落の要害。正攻法では難しいと考えた早雲は、城主・大森藤頼に「鹿狩りを行いたいので、箱根山中に勢子を入れたい」と申し入れ、藤頼の了解を取り付ける。勢子とは、狩猟の際に鳥獣を追い立て、捕獲する者。

実は、これが早雲の策略。勢子に扮した軍勢は、松明を片手に一気に山を駆け下り、小田原城に夜襲を掛ける。突如、放火された城は落ち、藤頼は逃亡する。こうして、早雲は瞬く間に小田原城を乗っ取った。

だが、実際の盛時が相模を制圧するまでには、20年の歳月を要している。年齢にして41～61歳（1496～1516年）。

それにしても、相模守護は扇谷上杉氏のはず。「なぜ、その同盟国を？」という疑問を抱かれるだろう。

その絵解きをするために、大雑把な相模の勢力分布から記したい。

扇谷上杉氏は、相模中央部の糟谷を守護所とし、武蔵南部までを勢力圏としている。太田道灌が武蔵に築いた河越城（埼玉県川越市）、岩付城（埼玉県さいたま市）、江戸城（東京都）などが、扇谷上杉氏の主な城である。

相模西部では小田原城の大森氏が、中央部～東部では岡崎城（神奈川県平

塚市)、新井城(神奈川県三浦市)の三浦氏が有力国人で、ともに扇谷上杉氏に従っている。三浦時高の養子は扇谷上杉氏の出身、妻は大森氏の出身と、縁組も結ばれている(後述)。

ところが、定正の事故死(1494年)以降、大勢として扇谷上杉氏は振るわず、跡を継いだ朝良は山内上杉顕定に押され気味になる。

このころ、かつて離反した太田一族は、扇谷上杉陣営に復帰したが、山内上杉氏は2代古河公方政氏(成氏の子)と手を結ぶ。それまでの古河公方勢力は反山内上杉氏を標榜し、扇谷上杉氏を応援していたのだから、関東の合従連衡は複雑極まりない。

山内上杉氏が攻勢を強めると、相模国人衆には動揺が走る。1496(明応5)年になると、山内上杉勢は小田原城まで攻め込む。

城には城主の大森氏を始め、援軍の三浦氏、太田氏なども籠った。盛時の弟・弥次郎(諱は不詳)や伊豆国人衆も籠城したらしい。

だが、攻撃を浴びた大森藤頼は城を開け、山内上杉陣営へ寝返る。当時の史料では「相模西郡一変」と記され、一気に勢力図は塗り替えられる。

衝撃を受けた扇谷上杉朝良が、小田原城奪還を図るべく、盛時に攻撃を依頼する。また盛時は、山内上杉勢の伊豆侵攻を恐れる。小田原は、伊豆の東側の喉首。

おそらく、両方の要素があったのだろう。年次を含め、詳細はわかっていないが、1501(文亀1)年までに、盛時は小田原城攻略に成功し、大森氏を放逐する。「反山内上杉氏」の一環であり、こうして彼の分国は駿河東部、伊豆、相模西部へと拡大していく。

▲▲ 相模侵入のキッカケ

小田原城奪取後も、盛時は扇谷上杉朝良と同盟関係を維持している。少なくとも、立河原の戦い(1504年)までは間違いない。朝良の援軍として、盛時は山内上杉顕定と戦闘を交えているのだから。

このころの関東勢力分布は、次のとおり。山内上杉陣営が優勢のままに推移している。

〇**山内上杉陣営**:山内上杉顕定(上野、武蔵、相模)、2代古河公方政氏(利

根川以東、上総、安房）、越後上杉房能(ふさよし)（越後）
- ○**扇谷上杉陣営**：扇谷上杉朝良（相模、武蔵）、長尾景春党（上野、武蔵）、太田一族（武蔵）、伊勢盛時（伊豆）、武田一族（甲斐）

　顕定は越後上杉氏の出身で、関東管領・山内上杉氏を継いだ。そのため、実弟の越後守護・越後上杉房能は、顕定応援の軍勢を関東へ送り込む。周辺国・越後もまた、関東の抗争に巻き込まれている。

　立河原の戦いで、顕定は大敗を喫したものの、翌1505（永正2）年、扇谷上杉朝良の居城・河越城を攻め立て、勝利を収める。降伏した朝良は隠居を迫られ、身柄を江戸城に移す。

　長享の乱はここに終息し、関東に〈古河公方－関東管領・山内上杉氏〉の態勢が復活したかに見えた。ちなみに、このころの盛時は、三河国人衆・松平氏と戦っている。

　だが、関東の静謐は一瞬のこと。今度は古河公方家で、政氏・高基父子が激しく対立する。この永正の乱については、後述する。

　さらに1510（永正7）に、越後へ遠征した顕定は、敗死を遂げてしまう。

　その経緯を簡単に記そう。伊勢盛時（北条早雲）、美濃の斎藤道三(どうさん)とともに「下剋上」を代表する**長尾為景**が、その主人公である。

　越後上杉房能との間に確執が生じた守護代・長尾為景は、1507（永正4）年、房能の館を急襲する。クーデターである。館を脱した房能は、兄・顕定を頼ろうとするが、果たせぬままに越後国内で自害を遂げる。

　怒りに燃える顕定は、為景を成敗すべく、報復戦を決意する。それを阻止すべく、為景は長尾景春党と手を結ぶ。両者は長尾一族（山内上杉氏執事）で、景春の顕定に対する恨みは根深い。

　だが、上野の長尾景春党を駆逐した顕定は、その勢いで越後へ攻め入る。確かに緒戦は顕定が強かったが、為景の逆襲に遭い、結局、顕定は現在の新潟県南魚沼市付近で討ち取られてしまう。

　為景は主人の房能ばかりでなく、主筋の顕定までも殺した。「戦国の梟雄」といわれる由縁である。長尾景虎（上杉謙信）は、この為景の次男。

　それでは、なぜ、景虎が山内上杉氏を継ぐに至ったのか？　改めて触れるが、詳細は拙著『上杉謙信』（新紀元社）を参照いただきたい。

　実は、顕定の越後侵攻を前に、為景は盛時にも味方を呼び掛けている。反

山内上杉氏を貫く長尾景春が、斡旋したのかもしれない。

盛時にとって、扇谷上杉朝良の衰退、山内上杉顕定の敗死が、大きなターニングポイントとなる。関東情勢の激変が、彼を本格的な相模侵攻（国盗り）に狩り立てた。そう考えていい。

両上杉氏の勢力後退は、相模が手薄になったことを意味する。ここに、盛時は扇谷上杉氏との同盟関係を破棄して、対決姿勢を鮮明にする。ただし、反山内上杉氏のスタンスを変えることなく。

なお、この時点で両上杉氏が滅び去ったわけではない。逆に、次世代の山内上杉憲房（顕定の養子）と扇谷上杉朝興（朝良の養子）は手を結び、新興勢力の盛時に対抗し、基盤回復を図ろうとしていた（37ページ系図参照）。

その意味では、以降の盛時の敵は両上杉氏となる。

▲ 相模攻略「三浦攻め」

盛時の相模攻めは、上田政盛の調略から始まる。上田氏は扇谷上杉氏の有力被官で、相模守護代に就いたこともある。この政盛の所領は、相模東部の神奈川（神奈川県横浜市）にあったが、主人・朝良の没落に伴い、山内上杉氏に奪われてしまう。

その不満に付け込んだ盛時は、政盛に挙兵を勧め、小田原城（相模西部）から援軍を送る。この蜂起は失敗に終わったが、盛時の影響力は相模東部にまで及び始めていた。

関東を代表する名門・三浦氏は、代々、三浦介を称し、三浦半島を基盤とした。執権・北条氏との戦いによって、嫡流は鎌倉期に滅びたものの、有力一族が三浦介を継ぎ、室町期には相模守護に就いたこともある。

相模守護に扇谷上杉氏が任命された後は、守護代になったとされるが、守護を名乗った記録もあり、その点はよくわかっていない。いずれにせよ、三浦介は武門の誉れ、関東武士の憧れであり、守護クラスの実力を誇ったと思っていい。

その勢力範囲は、現在の湘南地方。岡崎城（神奈川県平塚市）、住吉城（逗子市）、新井城（三浦市）を拠点とし、関東の首都というべき鎌倉も支配している。

かつて、関東に派遣された堀越公方が鎌倉に入れなかったのも、扇谷上杉

氏の傘下に入った三浦時高が拒んだため、といわれる。

さて、盛時と対峙したのは、**三浦道寸**。諱を義同という。扇谷上杉氏定正の甥で、母は有力国人・大森氏の出身である。

三浦時高には後継者がおらず、彼が嗣子として迎えられた。ところが、実子・高教が誕生し、時高が高教の家督相続を画策したため、不和が生じる。また実家・扇谷上杉氏とも確執があり、やむなく彼は出家して道寸と号した。

しかし、三浦家中には道寸を擁立する一派があり、1494（明応4）年、挙兵した道寸は、三崎城の時高・高教[※5]父子を攻め滅ぼし、当主の座に就く。

そのころの道寸は山内上杉陣営に属したが、扇谷上杉定正の死後、従兄弟の朝良と和睦を結び、その有力な与党となっていた。

道寸と盛時との間には、伊豆諸島の支配を巡る確執もあったようだ。また、母方の大森氏を放逐したのも盛時であり、奪われた小田原城を、道寸は攻撃したこともある。

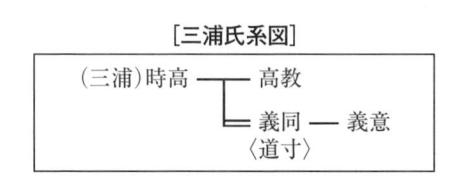

［三浦氏系図］

```
（三浦）時高 ─┬─ 高教
              └─ 義同 ── 義意
                 〈道寸〉
```

1511（永正8）年、盛時は本格的な攻勢を掛ける。今や今川氏親は介在せず、彼独自の軍事行動となっている。軍勢も伊豆衆＆小田原衆から構成された、と思われる。

以降、盛時は破竹の勢い。短期間で岡崎城を攻略したため、後退した道寸は住吉城に籠る。しかし、翌年の鎌倉での合戦に勝利した盛時は、住吉城を攻め落とす。

盛時は、次々に三浦氏の防衛ラインを突破していく。「戦国の魁」にふさわしい、武略・智略に長けた人物だったのであろう。

住吉城を脱した道寸は、嫡子・義意が守る新井城に移って、必死の抵抗を続ける。義意は通称を荒次郎といい、怪力無双と謳われた豪傑。彼の妻は、海を隔てた上総武田氏の出身である。

三浦半島に位置する**新井城**は、三方を海、断崖に囲まれた天然の要塞。

※5　三浦高教：高教は、海路、安房に逃れ、里見氏に庇護されたともいう。里見家中きっての実力者・正木氏は、その子孫とされる。

「ここを最後の砦に」と、三浦氏は抵抗を続けたため、合戦は長期化する。

危機感を抱いた扇谷上杉朝良は、1514（永正11）年に、武蔵江戸城の太田資康（道灌の子）を援軍として送る。彼は道寸の娘婿でもある。が、資康は盛時勢の前に、討死を遂げてしまう。さらに朝良は、嗣子・朝興を戦線に派遣するが、またもや撃退される。

新井城は、完全に孤立する。後詰の兵（援兵）が来ない限り、籠城策は機能しない。それでも、道寸は降伏しなかったが、1516（永正13）年、盛時の徹底攻撃を浴びて、とうとう城は陥落する。

ここに道寸・義意父子以下、三浦一族の多くの者が自害を遂げた。その血潮は海を染め、まるで油を流したようだった、と伝えられる。これが、現在も残る「油壺」の由来である。

かくして盛時は、相模をその手中に収めた。多くの国人衆が、所領安堵を前提に、盛時に従ったのだ。伊豆侵入以来、20年以上の歳月が過ぎている。

このとき、盛時は61歳になっていた。

▲▲ 内海を渡って

三浦氏の滅亡後、短期間の内に、盛時は余勢を駆って上総へ進攻する。

意外かもしれないが、扇谷上杉氏の基盤・武蔵南部を攻めたのではなく、武総の内海（東京湾）を対岸へと渡ったのだ。

伊豆・相模を分国とした盛時は、伊豆水軍・三浦水軍を傘下に入れている。従って、現実的には十分可能なのだが、それにしても、なぜ上総へ？

ここで、上総の位置づけを思い出していただきたい。古来、相模に連なる東海道の国で、その前提に海上交通があったことを。相模での石橋山の戦いに敗れた源頼朝が、房総半島で再起した事実を。

このころの房総半島は、古河公方の勢力圏となっている。前述のとおり、上総、安房は山内上杉氏の守護国だったが、古河公方が派遣した武田氏、里見氏は、山内上杉氏の所領を奪取し、現地での公方勢力の培養に成功したからだ。上総の隣国である下総は、千葉氏の守護国で、千葉氏も古河公方を支持していた（59ページ地図参照）。

利根川以東と房総は、古河公方の勢力基盤――。

そう思ってよく、関東南部の伊豆・相模を制圧した盛時とは、版図そのものは接していない。盛時の当面の敵は、両上杉氏だったはずだ。

が、ここに関東の政治情勢が複雑に絡んでくる。**古河公方家**の内紛であり、これを永正の乱（1506〜12年）という。

初代成氏の後、2代公方には政氏が就いたが、政氏は嫡子・高基と激しく対立する。高基が公方の座を望んだため、という。それに伴い、公方支持勢力も二分される。

いったん、当時の関東管領・山内上杉顕定の斡旋により、両者は和解するが、越後で顕定が敗死（1510年）すると、再び抗争が勃発する。

最終的に高基は、父の政氏を無理やり隠居させて、3代公方に就くのだが、高基の弟・義明（後の小弓公方）が新たな火種となる。

政氏派の義明は、この措置に強く反発する。そして、両上杉氏と結んだ高基に対し、義明は房総で独自の勢力拡大を目指す。その中心勢力となったのが、上総武田氏である。

[古河公方家系図]

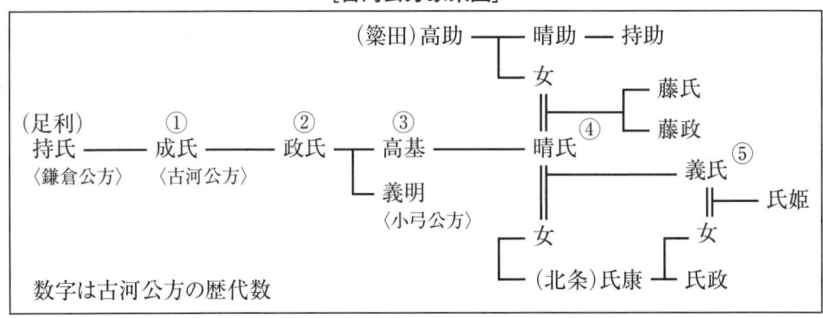

（足利）持氏〈鎌倉公方〉 ― ①成氏〈古河公方〉 ― ②政氏 ― ③高基／義明〈小弓公方〉

（簗田）高助 ― 晴助 ― 持助／女

④晴氏 ― 藤氏／藤政／⑤義氏＝氏姫／女＝（北条）氏康／女＝氏政

数字は古河公方の歴代数

以降の展開は、2代氏綱の項で述べるが、要するに古河公方家の確執が、房総に大きな影響を及ぼす。

上総真里谷城（千葉県木更津市）の上総武田氏と下総小弓城（千葉県千葉市）の原氏とは、所領を巡って激しく対立した。原氏は、有力な千葉一族である。

海路を辿った盛時が、原氏の出城を攻めたのは事実。ただし、それまでの盛時には房総との接点を見出しえないから、積極的な紛争介入というよりも、上総武田氏が派兵を求めた、と考えるのが自然な流れだと思う。

となると、「なぜ、盛時が上総武田氏を支援したのか？」という疑問が浮上する。実は上総武田氏は、滅亡したばかりの三浦氏と縁組を結ぶ間柄。にもかかわらず、出馬を要請し、盛時も応じている。しかも、三浦攻めからの

連戦にもかかわらず……。

　合戦は翌年も続き、最終的に盛時は、上総に所領（千葉県茂原市）を獲得しているので、一定の勝利を収めたのは間違いないようだ。

　ここからは、推測である。

　合戦の原因は所領紛争とされるが、古河公方家内部の抗争も大きな影響を与えていたのではなかろうか？　すなわち、〈上総武田氏＝2代古河公方政氏＆小弓公方義明、原氏＝3代古河公方高基〉という構図。現地での代理戦争である。

　関東の一画を奪った以上、早晩、盛時は古河公方に対するスタンスを決めなければならない。古河公方は、「関東主君」鎌倉公方の後裔で、両上杉氏と並ぶ一大勢力。それと、元々、伊勢氏は足利氏の家臣の家柄なのである。

　両上杉氏に敵対したからには、2代公方政氏＆小弓公方義明を支持するのは、ある意味、当然のこと。その意思表示が、上総武田氏支援。そういう流れだったのであろう。

　なお、本格的に古河公方家へ接近したのは2代氏綱であり、以降、北条五代は房総に大きくかかわり始める。

◆4 晩年の盛時

▲ 関東の情勢

　盛時の関東登場のキッカケは、幕府管領・細川政元の茶々丸追討指令（1493年）だった。しかし、山内上杉顕定の政治的巻き返し、政元の横死（1507年）以降は、盛時の行動に質的な変化が生じたと思う。

　京都での政変勃発により、盛時は政治的バック、行動の拠り所を失った。

　というのも、これまでに述べてきたように、幕府の基本姿勢は山内上杉氏支援。形骸化しているとはいえ、「幕府が任命した関東管領に、関東の秩序回復を託す」という考え方だからだ。

　当初、盛時の伊豆侵入には、幕命が大義名分としてあったが、幕府新首脳からは、行為そのものが否定される可能性が高い。当然、山内上杉氏は守護

国の回復を主張して、奪還を企てる。

　理は顕定にあり、盛時は「他国の凶徒（不法侵入者）」の烙印を押されてしまう。そのような焦燥感が、彼を独自の行動に駆り立てたのだと思う。

　ここまでを西国情勢とすれば、関東情勢の推移は、**関東管領・山内上杉顕定**を軸に据えたほうが、全貌を把握しやすい。

　顕定は、関東で扇谷上杉氏を圧倒し、古河公方と和睦する。細川政元との関係も修復する。こうして、関東に君臨するかと見えたが、大きな蹉跌が待ち構えていた。

　越後に出陣したものの、逆に顕定は敗死（1510年）。それが関東情勢の、大きな転換期となる。もちろん、盛時の「国盗り」にとっても。

　そこで、顕定を主体に置き、国別に情勢を示しておこう。

○**上野**：守護国。執事問題が原因にあり、顕定は長尾景春と争う。ただし、彼の敗死後も、山内上杉氏の最有力基盤に変わりはない。一方、景春党は次第に衰えていく。

○**武蔵**：守護国。顕定、扇谷上杉定正、長尾景春は三つ巴の抗争を展開したが、定正の事故死後、顕定は扇谷上杉朝良を圧倒したため、扇谷上杉勢力は衰退する。しかし、伊勢盛時の台頭もあって、彼の敗死後、両上杉氏は和睦に至る。

○**相模**：顕定は、相模守護である扇谷上杉定正・朝良父子と争うが、朝良没落＆顕定敗死を契機として、伊豆から侵入した伊勢盛時に奪われる。

○**伊豆**：守護国。足利茶々丸（山内上杉系）を追放した伊勢盛時が、奪取に成功する。そのため、顕定は盛時を「国盗人」と見なす。以降の山内上杉氏も、一貫してそのスタンスである。

○**越後**：一族の守護国。顕定は守護代・長尾為景を成敗しようとしたが、逆に敗死を遂げる。その結果、山内上杉氏の勢力は大きく後退する。一方、為景は長尾景春や伊勢盛時との連携を図る。

○**上総、安房**：旧守護国。古河公方が派遣した上総武田氏、里見氏などによって、完全に侵食される。なお、利根川以東では、下総の千葉氏（守護）・結城氏、下野の小山氏（守護）・宇都宮氏、常陸の小田氏（旧守護）などが有力な公方支持勢力を構成している。古河公方は両上杉氏と和睦したものの、内部で激しい権力闘争が起きている。

○**甲斐**：守護・武田氏は、扇谷上杉氏と縁戚関係があり、その与党に転じている。境を接する駿河の今川氏親、伊豆＆相模の伊勢盛時との間には、所

領を巡る紛争が絶えない。

権力抗争、家督相続、怨念、復讐、所領紛争……。
公方家・両上杉氏から諸国の守護・国人衆に至るまで、関東は**確執**によって覆いつくされている。
そして諸勢力は、目先のリスクを回避するために、怨念を抱きつつも、一時的な野合を繰り返す。だから、関東ではオセロゲームのような盤面が展開される。
その世界に新たな楔(くさび)を打ち込んだのが、盛時である。当初は幕命だったにせよ、実力で関東2か国を奪取したのだから。

▲ 盛時の死

伊豆・相模の国主となった盛時は、「太守」とも呼ばれた。その彼は、地域統括者である郡代を任命し、分国統治の要とした。

郡代は、有力家臣の中から選ばれた。両国の国人衆は登用されることなく、盛時の所領があった備中の出身者、京都・駿河以来の随従者が多い。西国出身の子飼いで、郡代を固めたのが特徴である。

長年の奉公に対する恩賞。その要素が濃い。

なぜならば、他国者である彼らは、関東に所領を有していなかったからだ。言い換えれば、経済的基盤に乏しい。だが、郡代という政治的権力は、経済力に直結する。たとえば、何らかの事情で没収した寺社や国人衆の所領があったとしよう。その配分権は、郡代に帰属するのだから。

今川氏を例にとれば、長年培われた守護の権威がある。また駿河には、一族や有力被官が根付いている。それと比較すれば、よく理解いただけると思う。要するに、盛時＆家臣団は一種の**占領軍**。

国主・盛時を律令制の「守」（一等官）とすれば、郡代は「介、掾」（二等、三等官）に相当する。前述のとおり、盛時は現実的に守護に就けないので、守護代を設置できない。それに代わるものとして、郡代制を導入したと思われる。

○**伊豆**：天城山で南北に分割し、南伊豆を奥と称した。北郡代には笠原氏、奥郡代には清水氏が就いた。
○**相模**：西郡は石巻(いしまき)氏、中郡は大藤(おおふじ)氏、東郡は伊勢氏時（盛時の次男）が郡

代を務めた。鎌倉は現代でいう特別区と位置づけられ、鎌倉代官には大道寺氏が就いた。かつての「7人の侍」のひとりである。

　占領軍だからといって、盛時が分国で圧政を行ったわけではない。むしろ、北条五代は民政に意を注ぎ、善政に努めた。たとえば、百姓への課税額を抑えるなどして。
　盛時自身も几帳面で、ストイックな性格だったようだ。それは、彼が遺した家訓『早雲寺殿廿一箇条』からも窺える。
　第1条「神仏を信じ、奉れ」から始まり、以下、武家奉公の心得（早寝早起きの励行など）が列挙され、第21条「文武弓馬が武士の常道」で締められている。この家訓を、よく北条五代は守り続けた。

　盛時が隠居したのは、1518（永正15）年。上総攻めの翌年で、盛時は63歳になっている。伊勢氏の新当主には、嫡子・氏綱が就いた。
　この代替わりの事情も、よくわかっていない。ただし、古河公方家の確執を軸とする「関東情勢」が絡んでいたのは間違いない。
　この年の出来事を挙げてみよう。扇谷上杉朝良は逝去し、養子の朝興が跡を継ぐ。2代古河公方政氏が隠居を迫られ、高基が3代公方に就く。それに反発した弟の義明は、上総武田氏に擁立されて小弓公方を名乗る。新公方家の創出である。
　今後、伊勢氏が関東で生き残るためには、〈親古河公方高基 or 親小弓公方義明〉のスタンスを決めなければならない。上総での軍事行動からすれば、盛時は**親小弓公方**を打ち出したことになるが、「新公方への奉公は、新当主が」と考えたのであろう。
　新当主氏綱は相模の小田原城を本拠とし、盛時は伊豆の韮山城を居城とした。翌年（1519年）、上総へ出陣する氏綱を見送った盛時は、三浦半島で船遊びを行ったという。そこで、体調を崩したようだ。1か月後、彼は64歳で逝去する。
　葬儀は伊豆・修善寺で実施されたが、盛時の遺命により、菩提寺となる金湯山早雲寺が相模・箱根湯本に創建された。それ以前、箱根湯本に盛時は、「早雲庵」という庵を設けていたという。

　盛時は4男2女を儲けた。男子は嫡子・氏綱以下、氏時、氏広、宗哲。

氏綱については、次章で述べるので、それ以外の子女を記そう。次男・氏時は相模東郡の郡代を務め、玉縄城（神奈川県鎌倉市）を居城としたが、詳しい事績はわかっていない。
　3男・氏広は、駿河駿東郡の国人衆・葛山氏を継ぎ、今川氏親に属した。氏親の「御一家」として、今川一族の瀬名氏、関口氏、堀越氏などとともに優遇された。
　4男・宗哲は幻庵宗哲といい、幼くして僧籍に入り、箱根権現の別当に就いた。
　つまり盛時は、伊勢氏の分国における行政権を氏綱に、祭祀権を宗哲に託したことになる。家訓の第1条は神仏崇敬であり、かつて「武家の棟梁」源頼朝が箱根権現を信仰したことは、前に記したとおり。
　ただし、宗哲の実態は僧衣をまとった武将であり、代々の当主を補佐し、合戦でも活躍した。97歳まで長生きした彼は、北条征伐（1590年）の前年に死去する。北条五代の興隆と挫折を見守った人物である。
　最後に、今川氏の有力被官・三浦氏に嫁いだ長女は、氏満を産んでいる。
　余談ながら、当時の戦国大名は有力被官や国人衆の序列に頭を悩ました。分国支配のために、軍事力の担い手である彼らを、常に懐柔する必要があったからだ。
　そこで戦国大名は、所領安堵＆新恩給与とともに、恩賞のひとつとして序列（席次）を活用する。身分、地位、格式の違いを、座る席で明示するわけで、有力被官＆国人衆にとっては、上位の席が名誉となる。
　が、その対応を誤ると、劇薬にもなりかねない。たとえば、名誉を傷つけられた国人衆に恨みが生まれ、敵陣営に走るケースはしばしば見受けられる。
　実は、今川氏親もこの問題に頭を痛め、「三浦二郎左衛門尉と朝比奈又太郎が館に出仕する際の座席は定めるが、それ以外の者は定めない。お互いが判断するように。座席を気にし、そのことで遺恨を持ってはならない。なお、神仏勧進の田楽などのときは、籤引きで座席を決める」（意訳、『今川仮名目録』）とした。
　ふたりの重臣以外は、自由席──。逆にいえば、それほど重視された三浦氏と、盛時は縁組をしたのだ。
　以上の点からして、私には盛時が**ヤヌス**（双頭神）のように思えてならない。ヤヌスとは、ローマ神話に登場する時間、歴史の神。前後にふたつの顔

を持ち、ひとつは過去を、ひとつは未来を表すとされる。

　盛時は東西に顔を持ち、西（過去）では今川氏親を主人と仰ぐが、東（未来）では独立した戦国大名として活躍している。そして、彼が東にシフトしたのは、いうまでもない。

III

2代北条氏綱

有能な後継者

西暦	和暦	氏綱関連の主な出来事
1486	文明18	2代氏綱誕生
1515	永正12	嫡子・氏康誕生
1518	永正15	2代当主を継ぐ
1524	大永4	武蔵江戸城（扇谷上杉氏）を攻撃
1532	天文1	鎌倉鶴岡八幡宮の再建工事を開始
1537	天文6	武蔵河越城（扇谷上杉氏）を攻撃
1538	天文7	第1次国府台合戦で勝利
1541	天文10	小田原城で没す

① 古河公方へのスタンス

▲ 氏綱の分国支配構想

　伊勢氏綱は、1518（永正15）年、33歳のときに家督を譲られ、2代当主となった。通称は、父・盛時と同じ新九郎。諱の「氏」は、今川氏親からの偏諱※1であろう。以降、代々の当主は「氏」を通字としていく。

　北条五代の中で、氏綱は華やかさに乏しく、語られる機会も少ないが、実は重要な役割を果たした。その事績のポイントは、次の5点に集約できる。

○**改姓**：1523（大永3）年、伊勢氏を北条氏に改めたこと。
○**分国拡大**：1524（大永4）年、扇谷上杉氏の拠点・江戸城を攻略し、分国を武蔵南部まで拡大したこと。
○**宗教対策**：1532（天文1）年から10年以上の歳月を掛けて、荒廃した鎌倉の鶴岡八幡宮を再建したこと。
○**第1次国府台の合戦**：1538（天文7）年、3代古河公方の命を奉じ、小弓公方＆里見氏連合軍を撃破したこと。
○**関東管領就任**：同合戦の殊勲に伴い、3代古河公方から関東管領に任命されたこと。

　氏綱は父に従って、相模侵攻で活躍したが、当主となった翌年（1519年）、内海を渡って上総へ出陣した。父と同様に、上総武田氏支援のためである。

　領土拡大意欲の発露ではなく、政策的な参戦と考えていい。その原因となった古河公方家の内紛については、前章でも少し触れたが、ここで詳述しておこう。

　氏綱・氏康父子や長尾景虎（上杉謙信）の行動は、古河公方の存在を抜きにしては、ほとんど理解できないと思う。

※1　偏諱：諱（実名）を授けること。もらう立場の氏綱からは、「氏」の一字拝領となり、「氏綱」のように諱の上部分に掲げて、今川氏への敬意を示す。主従関係に近い面がある。なお、「氏」を代々受け継ぐことを、通字という。

[関東の主要地]

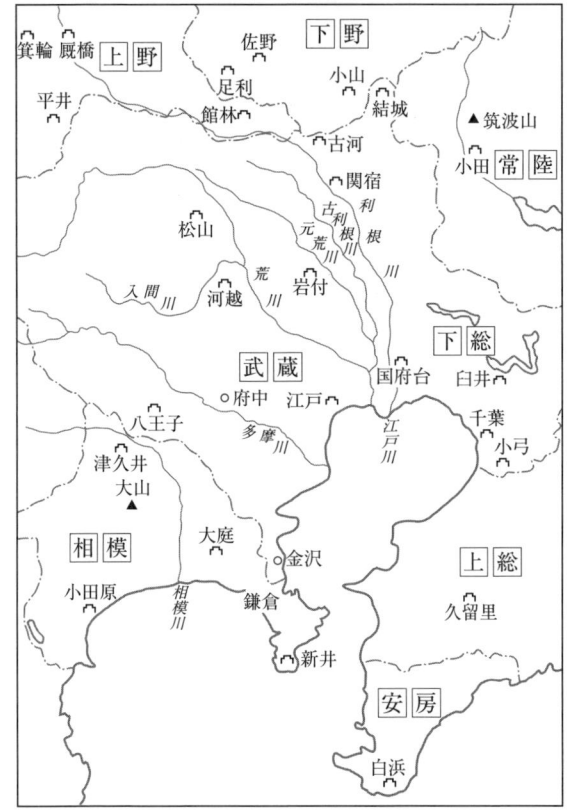

　他国者の伊勢氏は、どのような形で関東支配を目論んだか？
　確かに合戦が手段なのだが、忘れてならないのは、合戦には大義名分がいる点だ。むやみに侵入すれば、それは盗賊、泥棒の類いとされてしまう。現実に、盛時は「国盗人」と、両上杉氏から非難されている。
　加えて伊勢氏が制圧した分国（伊豆・相模）の統治問題も、クローズアップされる。ここでも、支配にあたっての大義名分が必要となる。言い換えれば、「正当な支配者」という証である。
　その問題をクリアするために氏綱は奔走し続け、当初は小弓公方に、後には古河公方に接近した。もちろん両上杉氏と並ぶ軍事勢力の面もあるが、**公方の権威**を活用しようとしたのだ。公方とは将軍の意味で、御所ともいう。
　「関東主君」に就けるのは、鎌倉公方の血筋を引く者だけ——。
　それが時代の通念であり、対立する関東管領・山内上杉氏も、最終段階に

なると和睦を結び、公方の権威を担ぎ出さざるをえない。それは「身分、家格の壁」といってよく、いくら下剋上とはいえ、No.2の管領はNo.1の公方にはなれない。

だからこそ、次世代の3代氏康や上杉謙信も、古河公方のNo.2となって、実質的に関東を支配しようとしたのだ。わかりやすく表現すれば、彼らが目指したのは、実権を掌握する**副将軍**のポスト。

武家政権の端緒は鎌倉幕府であり、その〈将軍・源氏－執権・北条氏〉体制を、戦国期でも構造的に引き継いでいる。

▲ 小弓公方・足利義明

義明は2代古河公方政氏の子で、兄に3代公方高基がいる。後の小弓公方（小弓御所）である（83ページ系図参照）。

若くして僧籍に入り、出家名を空然（くうねん）。鶴岡八幡宮若宮の別当を務め、「雪下殿（ゆきのした）」と呼ばれた。鎌倉将軍家の雪下殿・公暁と同じ境涯であり、初めは彼も古河公方家・足利氏の祭祀権を司ったと思われる。

鶴岡八幡宮は、源頼義以来、源氏の氏神で、武家の信仰を集めたことで知られる。が、鎌倉公方の後裔・古河公方の氏神でもある。鎌倉将軍家が絶えた後は、源氏の嫡流は足利氏となっているからだ。

憶測ではあるが、鎌倉の空然時代に、盛時との間に接点が生まれたのではなかろうか？　そうでなければ、盛時・氏綱2代の上総出陣の動機が見出しづらい。

ともあれ、古河公方家で父と兄とが激しく対立したため、空然は還俗（げんぞく）して義明を名乗り、父の政氏を支援する。かなりの豪将だったようだ。

結局、永正の乱に勝利した高基が、3代公方の座に就くが、義明は従おうとはしない。

その彼を擁立したのが、上総武田信保（のぶやす）。地名にちなんで、真里谷武田氏ともいう。

［上総武田氏系図］

```
（武田）信長 ------ 信保 ┬ 信隆
                        └ 信応
```

政氏派の信保は、所領紛争もあって、隣接する下総の原氏（千葉一族）、守護・千葉氏と抗争を繰り返していたようだ。そして、前述のとおり、盛時に加勢を求めた信保は、原氏との合戦に勝利して、本拠・小弓城を奪取する。
　1517（永正14）年、信保に擁せられた義明は小弓城に入り、小弓公方と呼ばれる。ただし、古河公方家の正式な分家ではなく、自称である。
　やがて義明は、房総（下総南部、上総、安房）を基盤とする一大勢力となっていく。安房の里見氏も、その有力な与党である。
　氏綱は、この**小弓公方＆上総武田氏**をバックアップするために、父に続いて、上総出陣（1519年）を果たしたのだ。この時点で、〈両上杉氏＆3代古河公方〉と対立する陣営にあったのは、明らかであろう。

　ところが、上総武田氏に内紛が起こる。またしても、家督を巡る騒動だ。信保には庶長子・信隆がおり、後継者とされていた。しかし信保は、正室との間に嫡子・信応（のぶまさ）が誕生したため、跡継ぎにしようと画策する。
　この相続問題に介入した小弓公方は、信応支援を打ち出す。反発した信隆は、古河公方陣営に走る。どうやら氏綱は信隆支援の立場にあり、この事件をキッカケとして、**反小弓公方**に転じたようだ。
　実はもうひとつ要素がある。それは、安房の里見氏の内訌（ないこう）。

▲ 安房の戦国大名・里見氏

　江戸期の『南総里見八犬伝』（曲亭馬琴）では、「結城合戦（1440〜41年）に敗れた里見義実[※2]が安房に落ち延び、やがて国内を従えた」と描かれるが、事実とは言い難い。実際の安房入国は、もう少し後年のことで、古河公方が勢力培養のために、側近の里見氏を派遣した。
　それが奏功し、安房を平定した里見義通（よしみち）は、鶴ヶ谷八幡宮（千葉県館山市）を造営した。鎌倉の鶴岡八幡宮を模したもので、2代古河公方政氏への忠誠が込められている。
　その証拠が、1508（永正5）に義通が掲げた棟札（むねふだ）[※3]である。天下泰平、国土安全などに続き、鎮守府将軍・源朝臣（あそん）政氏の武運長久を、「副帥（ふくすい）・源義通」

※2　里見義実：「安房を平定した」とされる伝説の武将だが、実際に里見氏が登場するのは、孫とされる里見義通の代だ。

が祈願したものだ。里見氏は新田一族で、本姓は源氏である。

　公的な職制ではないが、義通は2代古河公方政氏の副将軍を任じていた。その権威があったからこそ、安房を平定できたのだと。

　正式な守護ではないものの、実質的な国主。微妙な表現になるが、これが安房における里見氏の立場。伊勢氏と同様に、守護ではない他国者が、国内を平定するのは容易ではない。特にバックのない伊勢氏は、「他国の凶徒」と見なされても、仕方がない一面がある。

　1518（永正15）年に義通は没し、家督は嫡子・義豊が継いだが、次第に叔父にあたる実堯（さねたか）との間に確執が生まれ、小弓公方は義豊を支持したようだ。ただし、まったく逆の説もある。

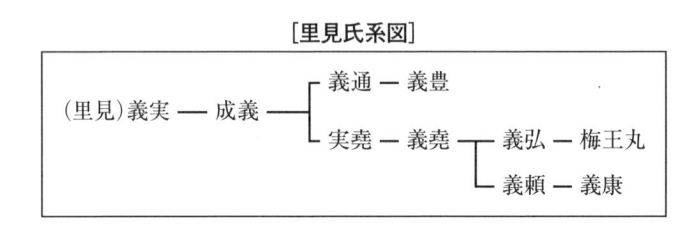

[里見氏系図]

```
(里見)義実 ─ 成義 ┬ 義通 ─ 義豊
                  └ 実堯 ─ 義堯 ┬ 義弘 ─ 梅王丸
                                 └ 義頼 ─ 義康
```

　一応、房総の勢力図は次のようになる。
○小弓公方派：上総武田信応、里見義豊
○反小弓公方派：上総武田信隆、里見実堯、伊勢氏綱

　話は少し先に進むが、1526（大永6）年、軍勢を引き連れた義豊は内海を渡り、氏綱の水軍を破る。さらに三浦半島に上陸した義豊は、鎌倉まで侵入する。このとき、戦火によって鶴岡八幡宮が焼失した、といわれる。

　さらに7年後（1533年）、義豊は、叔父の実堯と有力者の正木時綱[※4]を殺害するに至る。詳細は不明に近いが、里見義堯（よしたか）（実堯の嫡子）＆正木時茂（時綱の嫡子）は報復戦を挑み、義豊を討つ。代わって、義堯が当主に就く。

　この合戦に際し、氏綱は義堯に加勢している。小弓公方への対決姿勢とともに、鎌倉侵入への報復措置だった、と思われる。実際、討たれた義豊の首級は、小田原城へ送られている。

※3　棟札：寺院の建築記録として、建物内部に取り付けられた札。建造目的、建築者などが記され、史料的価値が高い。
※4　正木時綱：相模三浦氏の出身とされ、通綱ともいう。安房正木郷を領し、里見氏を支えた。その長男・時茂は、「槍の大膳」といわれた猛将で、広く知られた。

このようにして、義堯は安房を手中に収めたわけだが、その後は一転して、小弓公方に接近する。氏綱からすれば、敵対行為に等しい。これが、第1次国府台合戦（1538年）の伏線となっていく。

どこもかしこも、**家督**を巡る不和、内紛のオンパレードである。
では、なぜ争いが勃発するのか？
さまざまな事情があるが、武家の「相続ルール」が基本にある。相続の対象は、家督と所領。

鎌倉期では、「家督は嫡子が継ぎ、当主（惣領）として庶子や一族を束ねる」とされた。一方、所領に関しては、鎌倉期は庶子や女子の分割相続を認めていた。

しかし、分割相続を認めれば、所領の細分化は必至であり、一族の結束力も弱まる。そこで室町期に、嫡子単独相続へと移行し始める。

嫡子（跡継ぎ）についても、長男、次男……といった長幼ではなく、「相続権を有する者の中から器量人を嫡子に」という考え方が浮上する。

一種の能力主義だが、これが絶対というわけではなく、血筋の上から正室の産んだ子が優先される。

当主ともなれば、絶対的な権力と所領を相続できる。官位などの名誉も独占できるから、権力の座を巡る争いは熾烈になる。そこに嫡子庶子、長幼の順が複雑に絡み、子が父に隠居を迫る場合もある。当然、一族や有力被官にもさまざまな思惑が働く。彼らも、構造的に同じ問題を抱えているからだ。

現代でたとえれば、地方の企業オーナーの家で、子供同士が社長ポスト、個人財産、企業利権を奪い合う。この機会に出世を目指し、恩恵に与ろうとする役員や従業員もいる。そういう名誉と欲が交錯している。

さらに、かつての怨念も渦巻いている。だから、どこも揉め続けるのだ。

なお、やむなく所領を分割する場合、駿河の戦国大名・今川義元は、『今川仮名目録』の追加項目で、「庶子の相続分は、知行地（所領）の1～2割が目安。統領（当主）の奉公に支障をきたさないように」（意訳）としている。有力被官、国人衆に対する判断基準の明示である。

② 氏綱の攻勢

▲ 武蔵侵攻作戦

　上総の情勢を見つつ、氏綱は本格的な武蔵侵攻を開始する。

　当時、扇谷上杉朝興は山内上杉憲房と対立していたらしく、縁戚の甲斐・武田氏との連携強化に努めている。小仏峠を越えれば、武田氏は武蔵へ派兵できるし、氏綱の分国（伊豆・相模）を北方から牽制できる。なお、相模を奪われた朝興の主要拠点は、前に述べた武蔵の河越城、岩付城、江戸城。

　一方の山内上杉憲房は、3代古河公方高基と和睦を結んでいる。当時の関東勢力図を示すと、次のとおり。

○3代古河公方（下野南部、下総、常陸南部）、山内上杉氏（上野、武蔵北部）
○扇谷上杉氏（武蔵南部）、武田氏（甲斐）
○小弓公方（上総、安房）
○伊勢氏（伊豆、相模）

　かつて〈古河公方ＶＳ両上杉氏〉の戦線は「利根川」だったが、今や四大勢力は「武総の内海」を挟む戦いに移行している。

　地図を見れば一目瞭然だが、氏綱が武蔵（内海の北西）を制圧すれば、利根川を挟んで、江戸城の対岸に広がるのは下総（内海の北東）。下総は古河公方の基盤である（59ページ地図参照）。

　また武蔵南部を攻略できれば、軍事・物流の両面で、氏綱の内海支配を可能にする。たとえば、内海を回航させた水軍を利根川に入れれば、軍勢の渡河問題がクリアできる。

　当初、盛時・氏綱父子が小弓公方に与し、上総出陣を繰り返したのも、実は大規模な軍事構想が背景にあったのだと思う。小弓公方と氏綱が共同戦線を張れば、古河公方の拠点・下総へ本格的な攻勢が仕掛けられる……。

　正確な年次はわかっていないが、上総出陣が一段落した後、氏綱は武蔵へ

侵入する。どれほどの戦闘があったのかも、定かではない。

というよりも、扇谷上杉陣営の武蔵国人衆が氏綱に靡いた。彼らが〈降伏→帰属→所領安堵〉の道を選択した、と思っていい。

国人衆にとっては、所領保全が第一義であり、もし扇谷上杉朝興が優勢に転じれば、同陣営に復帰すればいい。打算的で、「寄らば大樹の陰」。

このようにして、1523（大永3）年ごろの氏綱は、多摩川以西の地域（現在の神奈川県川崎市、町田市、東京都多摩市、八王子市、青梅市）を、その勢力圏に入れる。

対抗措置として、扇谷上杉朝興は山内上杉憲房に和議を申し込む。しかし、1524（大永4）年、多摩川を渡った氏綱は、江戸城を攻撃する。高輪原（東京都港区高輪）で合戦があったという。

江戸城は、1457（長禄1）年に太田道灌が築いた城。当時、扇谷上杉定正の執事だった道灌は、対立する初代古河公方成氏への前線として、境界を形成する利根川の西岸（武蔵）に城を築いた。東岸は古河公方の勢力圏となる。古河公方を牽制するのが、中流の岩付城。そして、古河公方の支持勢力・千葉氏への抑えが、江戸城となる。

このような経緯から、**太田氏**はふたつの城を居城とし、道灌の横死後、岩付太田氏と江戸太田氏に分かれる。ちなみに岩付太田氏が嫡流とされ、次世代に三楽斎資正が登場する。

ついでながら、「現在の東京都大田区は、太田道灌に由来する」という俗説があるが、戦前の大森区と蒲田区を統合した表記である。

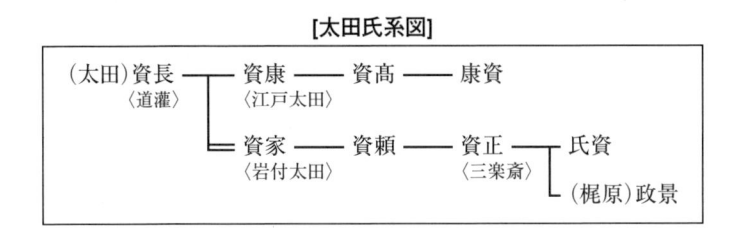

[太田氏系図]

```
（太田）資長 ┬ 資康 ─── 資高 ─── 康資
   〈道灌〉  │ 〈江戸太田〉
            └ 資家 ─── 資頼 ─── 資正 ┬ 氏資
              〈岩付太田〉      〈三楽斎〉│
                                      └（梶原）政景
```

江戸太田氏は〈道灌－資康－資高－康資〉と続き、北条五代と密接に絡むのだが、現時点の当主は資高。扇谷上杉陣営の実力者で、江戸城を守備している。三浦氏支援に向かい、敗死した資康の子である。なお、このころ、江戸城にいた扇谷上杉朝興は、河越城に移っている。

どういう工作があったのか、は判然としないが、この資高が氏綱に内応し

たため、江戸城は落ちる。江戸は内海北方の要地で、利根川水系の出入り口にあたる。その攻略は、軍事的な効果大。

以降、氏綱の娘を娶った資高は、所領を安堵され、「江戸衆」として、氏綱の重臣・遠山直景らとともに城を守る。こうして江戸城は、氏綱の下総に対する橋頭堡（きょうとうほ）となる。

それにしても、資高は「父の仇」に寝返ったのだから、朝興との間に相当な確執があったのかもしれない。

というのも、江戸太田資高に呼応するように、一族の岩付太田資頼も氏綱陣営に加わり、古河公方陣営に占拠されていた岩付城を奪回したからだ。ただし、この資頼も所領最優先で、強きに靡くタイプ。

ここに至り、山内上杉憲房と結んだ朝興は、甲斐の武田信虎（信玄の父）に援軍を求め、武蔵中央部で逆襲に出る。

岩付城のケースを追ってみよう。

城の奪回を果たした資頼は、信虎の攻撃を浴びると、降伏して扇谷上杉陣営に帰参する。今度は資頼が城を固めるわけだが、江戸から北上した氏綱が激しく攻める。そして、翌1525年に岩付城は氏綱の手に落ちる。他にも白子原（しらこがはら）の戦い（埼玉県和光市）など、一進一退の戦いが展開された。

▲ 氏綱の改姓

ひとまず合戦を置いて、氏綱の分国に目を向けよう。

注目すべきは、大規模な寺社造営事業と北条氏への改姓である。宗教政策を展開し、その一方で政治的立場の確立を目指す。ともに分国支配を正当化することが、氏綱の狙いである。

関東を侵略する盛時・氏綱父子は、両上杉氏からすれば「他国の凶徒」。そのダーティなイメージから脱却しなければ、分国支配、他国侵入は覚束ない。

言い換えれば、**イメージクリア政策**。分国内の国人衆、領民からの崇敬はもとより、分国外からも敬意が払われるような……。

武蔵侵攻とほぼ機を一にして、1522（大永2）年の相模一之宮・寒川神社（神奈川県寒川町）を皮切りに、氏綱は分国内の寺社再建に精力的に取り組む。そして、最後のビッグプロジェクトが、鶴岡八幡宮の造営となる（後述）。

○**相模**：寒川神社宝殿、箱根権現宝殿、六所明神（神奈川県大磯町）、鶴岡八幡宮
○**伊豆**：伊豆権現（静岡県熱海市）、伊豆一之宮・三嶋大社（静岡県三島市）

　これらの寺社再建にあたり、氏綱は「相模太守」と称した。国主の意味である。公的権威を背景に持たない彼は、律令制の国司、幕府の守護を冠することはできない。他国者の氏綱にとっては、かなり切実な問題だ。
　そこで、彼が考えたのが、以下の「権威付け」。智略と形容すべき政治的な武装である。元々、伊勢氏が幕府の高級官僚であり、武家の故実に精通していたことも見逃せないだろう。
　現代では「戦国大名は合戦に終始した」と思われがちだが、実際は「自らの行動を正当化するため、権威付けや外交政策にかなりのエネルギーを注いだ」と思っていい。

○**北条氏への改姓**

　〈伊勢氏→北条氏〉への改姓を、氏綱は朝廷に願い出て、認められる。もちろん、多額の礼金と貢物を添えて。
　父・盛時が逝去した伊豆韮山城は、鎌倉幕府執権・北条氏の発祥地に程近い。そこで、その末裔と称した氏綱は、北条氏の名跡を再興することで、分国支配の正当化を図ろうとしたのである。
　前述のとおり、執権・北条氏は関東のNo.2で、相模国司を務め、公的な「相模守」に就いた。かつ伊豆守護や武蔵守護なども兼任した。
　約200年前、新田義貞によって執権・北条氏は滅ぼされたが、氏綱は〈北条高時－時行－行氏－時盛－行長－長氏（盛時）－氏綱〉という系図を創作する。また、家紋も執権・北条氏の「三つ鱗」[※5]に改める。
　その結果、氏綱は公的に「相模・伊豆などの潜在的支配権を有する」と認められたことなる。「他国者・伊勢氏綱」ではなく、「正統後継者・北条氏綱」として、分国支配の大義名分を内外にアピールできるのだ。伊豆守護・山内上杉氏、相模守護・扇谷上杉氏よりも前の時代に、北条氏はそれらの国を支配していたのだから。
　さらにいえば、この時点の氏綱はすでに関東を視野に入れ、公方（将軍）を担ぐ執権をも意識したと思われる。鎌倉期の執権とは、室町期の管領。わ

※5　三つ鱗：執権・北条氏の家紋で、戦国期の北条氏はそれを継承した。鎌倉期、北条時政（頼朝の舅）が江ノ島での祈願を終えたとき、「龍の鱗3枚」が残されたことに由来する。

かりやすく表現すれば、「副将軍」であり、後の上杉謙信は副将、里見義通は副帥と記している。

鎌倉期の〈将軍・源氏―執権・北条氏〉体制は、室町期の関東では〈鎌倉公方・足利氏―関東管領・上杉氏〉に代わったが、戦国期の氏綱は〈小弓公方・足利義明―執権・北条氏綱〉体制を意識した可能性が高い。

ただし、あくまでも当初の話であり、小弓公方陣営を離れた氏綱は、権威の象徴というべき古河公方へ接近していく。

○正式な官位を獲得

少し後のことになるが、氏綱は幕府経由朝廷に申請して、従五位下左京大夫に叙任される。これは家格アップ策の一環。

国司の権限は守護大名に編入されて久しく、分国を固めた守護大名は、さらに戦国大名へ変貌しつつある。確かに国司は有名無実の存在になったが、それでも守護大名、戦国大名は律令制以来の官位（○○守）に固執した。

それが、身分社会の序列を反映した権威、名誉のひとつで、現地支配に効果があったからだ。たとえば、相模守、上総介、三浦介などは地方官の官職だが、改姓した氏綱は、中央官の左京大夫を望んだ。

多くの守護大名、戦国大名が、その肩書きを獲得している。氏綱以外にも、たとえば伊達稙宗（陸奥守護）、武田信虎（甲斐守護）、六角義賢（近江守護）などである。

おおよその室町幕府の官位ルールでは、「右京大夫」には代々の幕府管領・細川氏が、「左京大夫」には侍所別当が就いた。応仁の乱以降、侍所は実態的に機能していないが、左京大夫は軍事司令官で、武門の誉れ。要するに、人気が集中したポストである。

一方、荘園などからの年貢が滞った朝廷は財政難に陥り、天皇の即位費用もままならない。そこで、官位を守護大名や国人衆に濫発し、その礼金で財政補填を図ってきた事情がある。氏綱も多額の献金を行い、海路、糧米を伊勢経由で京都へ送っている。

武家の人気集中と官位の切り売りが、何人もの左京大夫を誕生させた背景にあるのだが、氏綱の任官は諸国の守護クラスと肩を並べた点でも意味がある。官位の上で氏綱は、対立する甲斐守護・武田信虎と同格なのだから。

このようにして、「相模太守、小田原城主」北条氏綱は支配の大義名分を

確立後、公的な「左京大夫」に任官した。そしてこの官位は、北条氏代々に受け継がれていく。

戦国乱世にもかかわらず、まわりくどいことを……、と思われるかもしれないが、すべては「伊勢氏が守護の家柄ではない」ことに起因している。

実は、次世代の徳川家康も三河支配にあたって、まったく同様の手法を用いている。三河の国人だった松平元康は、新田一族と称し、改姓を朝廷に申請する。それとともに、諱も改めた徳川家康は、「三河守」への任官も働き掛け、朝廷から認められた。

それも、ひとえに三河支配のため。実力で台頭してきた家康にしても、支配の大義名分はどうしても必要であり、バックとなる権威を欲したのである。

ちなみに徳川氏への改姓は、三河の有力者だった足利一族・吉良氏への対抗措置。南北朝対立の構図を反映している。また、改名は、新田一族の先祖である「武家の棟梁」源義家にちなんで、とされる（22ページ系図参照）。なお、それまでの「元康」は、「元」が今川義元からの偏諱で、「康」が祖父の清康に由来している。

▲東西諸国の情勢

分国支配態勢を整えた北条氏綱。

その彼を取り巻く情勢を、国別で記そう。すべてが因果関係にあり、同時並行的に起きているから、氏綱の戦線は広範囲に及ぶ。

○**上総**（対小弓公方）

小弓公方を擁立する上総武田氏に対して、氏綱はしばしば加勢してきた。が、上総武田氏に内紛が起こると、それを機に氏綱は小弓公方陣営を離れる（前述）。

○**安房**（対小弓公方）

小弓公方を奉じる里見義豊は、海路、相模侵入を図る。それに対して、氏綱は里見義堯（義豊の従兄弟）を支援する。数年後、里見氏は内乱状態に陥り、義堯が勝者となるが、彼は小弓公方陣営に転じる（前述）。

○**武蔵**（対扇谷上杉氏）

氏綱は江戸城攻略に成功し、岩付城などを攻める。それに対して、扇谷上杉朝興は、山内上杉憲房や武田信虎と同盟する（前述）。

さらに朝興は、小弓公方陣営の上総武田氏＆里見氏に対して、海路、「氏

綱攻め」を要請する。

　どういう経緯があったのか、判然としないが、両上杉氏は古河公方と結びながら、その一方で、小弓公方とも友好関係を築き、氏綱包囲網を敷く。今や、両上杉氏の憎悪は、氏綱に向けられている。

　なお、内海を辿って攻撃してきたのは、時期が相前後するが、上総武田信応＆里見義堯と思われる。

○上野（対山内上杉氏）

　山内上杉憲房は、扇谷上杉朝興とともに武蔵で氏綱勢と交戦を続け、相模を脅かし始める。

　周囲が敵だらけとなった氏綱は、長尾景春残党と結び、憲房の基盤・上野を攪乱しようと図る。さらに越後の長尾為景に贈答品を贈り、誼(よしみ)を通じようとする。いずれも、憲房を背後から牽制するためのアクションだ。

　ただし、憲房は1525（大永5）年に没し、家督は養嗣子・憲寛(のりひろ)（3代古河公方高基の次男）が継いだが、後に憲房の実子・憲政を擁立する有力被官によって、憲寛は追放される。このため、古河公方と山内上杉氏は、またもや不和状態に陥る。

○甲斐（対武田氏）

　乱国とされた甲斐を制圧した武田信虎は、扇谷上杉朝興の要請に応じ、1524（大永4）年、相模北部の津久井郡を攻め、自らは武蔵へ出陣した。前述の岩付城攻めであり、さらに山内上杉氏とも和睦を結び、氏綱包囲網に加わった。

　甲斐南部は駿河＆伊豆と接しており、しばしば今川氏親＆伊勢盛時が侵入した経緯がある。所領紛争とともに、足利茶々丸騒動の余波もある。信虎にとって、氏綱は宿敵以外の何者でもなく、両者の抗争は長期化していく。

　反北条陣営の包囲網構築によって、氏綱の戦線（武蔵、相模）は延びきっており、決して有利な展開ではなかった。

○駿河

　氏綱にとって唯一の同盟者・今川氏では、1526（大永6）年に氏親が没し、嫡子・氏輝が跡を継いだ。14歳の若き当主の誕生である。このとき氏綱は41歳。

　両氏は「**骨肉の間柄**」とされたので、氏輝は氏綱との同盟関係を維持し、1535（天文4）年には、揃って甲斐を攻める。ただし、その隙を狙って、扇谷上杉朝興は相模中央部までを攻略している。

ところが、翌年になって、今川氏に一大事件が勃発する。
　氏綱が小田原城で歌会を開催したとき、「駿府の御屋形」氏輝と実弟の彦五郎も参加した。歌会は熱海などでも開かれ、長らく北条分国内に逗留した氏輝兄弟は、駿府へと戻る。
　しかし、その半月後、氏輝は24歳で変死を遂げる。のみならず、後継者と見なされた彦五郎までもが、同じ日に……。現在でも真相不明の奇怪な事件である。その後、氏輝の弟ふたりが家督を巡って争うことになる。これを花蔵の乱という。

③ 関東での成果

▲「河東一乱」の勃発

　時系列として、北条分国の西で起きた花蔵の乱（1536年）から記そう。
　長兄・次兄の変死に伴い、今川氏の家督を争ったのは、僧籍に入っていた弟の恵探と承芳（61ページ系図参照）。
　花蔵（静岡県藤枝市）の寺にいた恵探は、年長ながら、側室の子。一方、末弟となる承芳は正室の子。同腹に氏輝や女子（3代氏康の正室）がいる。
　恵探の母の実家は、遠江の有力国人・福島氏。高天神城（静岡県掛川市）を本拠としている。
　福島氏に擁せられた恵探は、承芳のいる駿府館を攻めるが、敗退後は遠江に逃れ、花蔵城で自刃を遂げる。
　通説によれば、この合戦で氏綱は承芳を支援したとされる。その結果、家督を継いだ承芳は、還俗して諱を義元とする。
　しかし、新当主・**今川義元**は同盟政策の一大転換を図り、新たに武田信虎と結び、氏綱との関係を断つ。義元が信虎の娘を娶ったからだ。先代までは、常に今川氏＆北条氏は歩調を合わせて、信虎を攻めていたにもかかわらず。
　この花蔵の乱は不明な点が多いが、どうやら氏綱の行動は通説とは逆だったようだ。本当は〈北条氏綱＝恵探支持、武田信虎＝承芳支持〉の構図であり、それならば、義元が信虎にシフトするのもよく理解できる。

内乱に敗れた福島氏の遺児は、後に氏綱を頼り、その娘婿となる。それが、武勇の誉れ高き**北条綱成**。彼の出自については諸説あるものの、〈氏綱＝恵探支持〉の証左といえるだろう。

[花蔵の乱]

通説	恵探派	承芳派	→	実際	恵探派	承芳派
	福島氏	武田信虎 北条氏綱			福島氏 北条氏綱	武田信虎

　1537（天文6）年の甲駿同盟締結。
　すでに信虎は、同盟する扇谷上杉朝興との縁組を重ねている。というよりも、「氏綱と対抗するために、朝興が信虎にすがった、歓心を買おうとした」というほうが適切かもしれない。
　1530（享禄3）年、朝興は叔母（山内上杉憲房の後室）を、信虎の側室に差し出す。露骨な行為であり、当時でも非難されるべき事件だから、甲斐国人衆が信虎に叛乱を起こしたほどだ。
　それを信虎は討伐するのだが、3年後、朝興は同盟強化のため、今度は信虎の嫡子・晴信（後の信玄）に娘を嫁がせる。なお、この最初の信玄正室は、翌年に懐胎するものの、死去してしまう。
　要するに甲駿同盟とは、「扇谷上杉・武田同盟」に今川氏が加わったことを意味し、朝興を軸として、関東～東海の諸勢力は氏綱包囲網を敷く。
　今川義元との間に亀裂が生じた氏綱は、駿河に出陣し、富士川以東（駿東郡、富士郡）を占拠する。かつて父の盛時が支配した一帯である。
　義元は駿河一円支配を企てる。それに対して、氏綱は実弟・葛山氏広とともに所領を守ろうとしたのであろう。これを**河東一乱**という。
　と同時に氏綱は、遠江の今川一族・堀越氏や三河国人衆にも働き掛け、義元を東西から挟撃しようと謀る。このように経過を追うと、〈花蔵の乱→河東一乱〉の背景には、今川分国の中には〈駿河ＶＳ遠江〉という対立も存在し、氏綱が「親遠江」のスタンスだったことが窺えよう。
　さらにいえば、花蔵の乱を機に、氏綱は駿府御屋形・今川氏への従属的立場を脱し、相州太守・北条左京大夫として**自立**を目論んだ可能性が高い。なお、富士川を挟んでの両氏の抗争は、以後、数年間続く。

　続いて目を東に転じよう。

西の河東一乱（1537年）とともに、氏綱の大きな転換点となったのは、同年の扇谷上杉朝興の死である。

朝興は本拠・河越城で没し、嫡子・朝定が跡を継ぐ。小弓公方からの離反を決した氏綱は、この代替わりを好機と捉え、河越城を攻め立てる。まさに東奔西走である。

緒戦で敗れた朝定は城を脱し、武蔵松山城（埼玉県吉見町）へ逃れる。もはや扇谷上杉氏の主要拠点は、松山城と岩付城を残すのみ。

氏綱にとって、宿敵の本拠奪取の意味は大きく、3男・為昌を配備する。形勢を観望していた武蔵国人衆は、氏綱に靡き出す。

その後、朝定は山内上杉憲政（憲房の実子）と和睦し、さらには今川義元に加勢を求め、河越城奪回を目指すが、城の守備は固く、実現しないままに時が過ぎる（後述）。

▲ 第1次国府台合戦で圧勝

小弓公方義明に敵対する氏綱は、3代古河公方高基に接近するが、高基は氏綱を小弓公方の与党と見なしたらしい。前述のとおり、高基・義明兄弟の対立の根は深く、義明は古河公方の座、ひいては鎌倉公方の復権を狙ったとされる。

しかし、1535（天文4）年に高基が没し、嫡子・晴氏が跡を継ぐと、**4代公方晴氏**は氏綱を頼りにしだす。代替わりに伴い、関係が好転したのである。

氏綱が河越城を攻めているころ、小弓公方は上総＆安房の軍勢を動員して、古河城攻めを企てる。同盟を結ぶ扇谷上杉朝定の支援とともに、晴氏と雌雄を決するためだ。

1538（天文7）年、義明が下総国府台城（千葉県市川市）へ兵を進めると、晴氏は氏綱・氏康父子に「小弓御退治」を命じる。

小田原城から江戸城へ進軍した北条勢は、現在の千葉県市川市〜松戸市に広がる台地で小弓公方＆里見義堯勢と戦い、圧勝する。意外とあっけない幕切れである。

北条勢の主力は、伊豆衆（清水氏、笠原氏、狩野氏、伊東氏）と江戸衆（遠山氏）であり、数倍の兵力で敵を圧倒したらしい。ロケーション的には、江戸川の東岸が国府台城、西岸が江戸城（93ページ地図参照）。

この第1次国府台合戦で、義明は戦死を遂げる。その遺児を伴って、里見

義堯は安房へ逃げ帰る。ただし、壊滅したのは小弓公方勢で、義堯の兵力は決定的なダメージを蒙(こうむ)っていない。

それを追うように、氏綱は小弓城に入る。かつて義明に追われ、氏綱の許に亡命していた上総武田信隆が、当主の座に返り咲く。それに伴い、上総国人衆は一斉に氏綱に靡く。

が、やがて氏綱が撤兵すると、上総武田氏では再び内紛が起こり、態勢を整えた里見義堯は、安房から上総へと侵略を繰り返す。

というのも、上総には強大な戦国大名がいない。代わりに、弱小の国人衆がひしめきあっている。しかも、安房の国力は5万石規模。それに引き換え、上総は38万石の大国だから、飽くことなく里見氏は上総を狙い続ける。（19ページ表参照）

これまで、上総国人衆は小弓公方に服属してきたが、氏綱に駆逐されると、今度は氏綱に従う。しかし、氏綱が兵を引き揚げれば、元の木阿弥で、所領紛争を始める。そして義堯の勢力が増せば、そちらに靡きだす。やがて勢力を回復した義堯は、上総侵略を果たすとともに、内海を渡って北条分国への侵入を企てる。

国人衆にとっては、自領保全、家名存続が第一義。そのために形勢を読み、兵力を損耗することなく、強い方へ鞍替えする。要するに、所領を安堵してくれる強き保護者が登場すれば、それを頼る。そして、保護者を神輿として担ぎ上げる。

現代風にいえば、ドメスティックな行動が当たり前。前述の太田一族の動きも、また然り。これが**戦国の常識**であり、戦国大名の直臣や旗本（親衛隊）を除けば、「主人へ忠誠を尽くす」という意識は極めて乏しい。有力被官＆国人衆が、敵陣営に内応するのは、日常茶飯事のこと。

従って戦国大名は、権威、軍事力、恩賞などによって、「いかに国人衆を自陣営に靡かせるか？」に腐心し続ける。

それと「分国を侵犯されるリスクを回避するために、当面、誰と同盟を結ぶか？」。目先の外交政策である。

だからこそ、過去の怨念や経緯はあるものの、古河公方や両上杉氏は、果てしない離合集散を繰り返してきている。

▲ 氏綱、関東管領に就任

　第1次国府台合戦に勝利した氏綱を、4代古河公方晴氏は、関東管領に任命する。古河公方の権威・正統性を保ったことへの論功行賞、と思っていい。

　実際の合戦に晴氏は出馬していないが、建前は〈古河公方VS小弓公方〉の戦い。あくまでも氏綱は、晴氏の命を奉じて出陣している。そのことを、忘れてはならない。

　さて、関東管領の任命権は幕府に帰属し、山内上杉氏がそのNo.2ポストをほぼ独占したことは、前に述べた。その後、関東では〈山内上杉氏当主＝関東管領〉と一体化して権威を保ち、現時点でも山内上杉憲政が関東管領となっている。にもかかわらず、氏綱もまた……。

　ということは、晴氏が「自分にNo.2の任命権がある」と考えたからであろう。この「関東管領並立問題」は、次代にまで影響を及ぼす。

○**古河公方系**（旧鎌倉公方系）：関東管領・北条氏綱
○**室町将軍系**：関東管領・山内上杉憲政

　翌1539（天文8）年、晴氏は氏綱の娘（芳春院）を正室として娶る。彼女が産んだのが、後の**5代古河公方義氏**。

　すでに晴氏は、執事・簗田氏出身の側室との間に、藤氏、藤政らを儲けており、これが後に紛争の火種となっていく（83ページ系図参照）。

　古河公方と縁組を結んだ氏綱は、「御一家」（36ページ参照）に列する。古河公方を頂点とする序列（政治的地位）ではNo.2になり、さらに家格（身分）の上でも山内上杉氏と肩を並べたのである。身分社会でのこの意義は大きく、ある意味、政治的勝利といって過言ではない。

　元々は他国の出身でありながら、氏綱は「西の権威」に働き掛け、北条左京大夫としての分国支配体制を確立したばかりでなく、「東の権威」によって、実質的に関東を支配できる地位をも獲得したのだから。

　このようにして、氏綱は、北条氏が〈伊豆・相模→関東一円〉へ飛躍する政治的態勢を整えた。以降、北条氏は**八州併呑**（関八州制覇）を志向し始める。

④ 晩年の氏綱

▲ 寺社再建プロジェクトの背景

　諸国での合戦の最中、氏綱は寺社再建プロジェクトのラストを飾るべく、鶴岡八幡宮の再建に着手する。その社殿は、1526（大永6）年、里見義豊が鎌倉を襲った際に焼失していた。

　着工年次は1532（天文1）年で、以降12年の工期を要した。完成時には、すでに氏綱は没し、氏康の代になっている。

　鎌倉将軍家（源氏）、鎌倉公方家（足利氏）の氏神である鶴岡八幡宮は、関東武士の崇敬を集めた。

　ちなみに、明治期までは神仏混交なので、正しくは鶴岡八幡宮寺となる。源実朝を暗殺した公暁、小弓公方義明となった空然も僧であり、八幡宮寺の別当（長官）を務めている。詳細は繰り返さないが、行政と宗教の両面で君臨するのが、将軍家（公方家）なのである。

　着工時の氏綱は小弓公方を擁しており、その了解を得たのだろう。別当だった小弓公方は、鶴岡八幡宮に強い影響力を持っている。

　ここで憶測を逞しくすれば、当初の氏綱は、「小弓公方を鎌倉に迎え入れ、その副将軍に就く」という意図を有していたのではなかろうか？

　氏綱が伊豆・相模で寺社造営に励んだのは、「分国内での権威確立が目的」とされる。確かにそのとおりだが、さらに鎌倉幕府、鎌倉府の再建までも視野に入れていた、と私は思う。

　なぜならば、氏綱は執権・北条氏の末裔と称することで、相模・伊豆の行政支配権とともに、「祭祀権の考え方」も継承したからだ。執権・北条泰時が制定した『御成敗式目』（貞永式目）の第1条には、「神社を修理し、祭祀を専らにすべき事」とある。

　前に記したとおり、氏綱の造営事業には箱根権現、伊豆山権現、三嶋大社が含まれ、最終プロジェクトが鶴岡八幡宮となる。いずれもが、鎌倉幕府・源氏三代の信仰を集めた寺社。

　中でも源氏の氏神・鶴岡八幡宮は、別格のシンボル的存在で、鎌倉幕府の

行政支配権を握った執権・北条氏でも、祭祀権を侵すことはできなかった。
　氏神の祭祀を司るのは、源氏嫡流の血筋。従って、北条姓を称する氏綱には祭祀の資格がない。そういう理屈になる。
　ならば、還俗した小弓公方義明を新たな鎌倉公方に担ぎ上げ、その子弟を鶴岡八幡宮別当に据える。氏綱自身は、No.2の「公方様管領」(関東管領、執権)に就く。それが、当初、彼が描いた壮大なシナリオだった、と思う。伝統的な〈古河公方－関東管領・山内上杉氏〉に、新興勢力が対抗するための方策である。
　が、小弓公方と敵対したため、氏綱は独力で造営事業を推進した。「中世の延長線」「関東の抗争」の視点に立てば、ありえない話ではない。

▲ 鶴岡八幡宮の造営

　長期の造営事業を遂行するには、現代の大型プロジェクトと同様に、多額の資金、大量の物資、高度の技術力が求められる。
　1532(天文1)年、氏綱は八幡宮小別当を小弓公方の許に派遣し、上総武田氏への協力指示を依頼する。具体的には、造営に必要な大木の提供。上総は良材の産地であり、膨大な木材は内海を渡って運ばれる。大量の物資輸送は、陸運よりも水運のほうが適している。
　もちろん、相模でも伐採されるが、相次ぐ寺社造営のため、木材は不足している。「現在の神奈川県には、樹齢数百年という大木がない」とされるのも、氏綱によって大量の木材が消費されたからだ。
　翌年以降、関東諸国の守護・国人衆の許へ、氏綱は神主を派遣して、寄付集めを開始する。**敵味方**を問わず、関東武士の信仰する鶴岡八幡宮再建を前面に打ち出して。
　このような寺社建立・修繕の寄付集めを、当時の言葉で奉加、勧進という。歌舞伎十八番『勧進帳』[※6]も、それに由来する。
　武蔵、上野では奉加に応じる国人衆も多かったが、両上杉氏は奉加を拒否した。やはり、「他国の凶徒に……」という強烈な意識が働いたのであろう。また、氏綱の行動に「野心」を覚えたともいえる。

※6　勧進帳：源義経と弁慶らの一行は、寄進を集める山伏の格好で、安宅関を通ろうとするが、関守の富樫泰家に見咎められる。そこで、疑いを晴らすために、弁慶が強力姿(人夫)の義経を棒で打つ。弁慶の忠義に感じ入った富樫は、一行を通過させる。

Ⅲ　2代北条氏綱──有能な後継者

実は、ある八幡宮の僧が造営記録を残している。
「上杉氏は東8か国（関八州）を従えながら、主従や親子は利（利権）だけを求め、相争っている」（意訳）
　上杉氏への非難の一方で、氏綱が称賛されたのは、いうまでもない。第1次国府台合戦（1538年）の後では、「（氏綱は）8か国の大将軍に必ずなられるだろう」（意訳）と記されている。
　このころになると、氏綱が古河公方家との関係を深めるので、下総の千葉氏などの公方支持勢力も、造営の奉加に応じている。
　このように、他国に木材提供＆奉加を要請する一方で、氏綱は分国内に税負担（特別課税）、労役（労務提供）を課した。膨大な戦費を考え合わせれば、氏綱が獲得した権力、財力の凄さが窺えると思う。
　上総で伐採された大木は、現在の千葉県富津市から、諸港を経由して鎌倉由比ヶ浜へ輸送された。それを、数千人の人手で曳き上げ、鶴岡八幡宮に運ぶ。回航には、壮大な事業への**パフォーマンス**の意味が込められている。国人衆・民衆のプロジェクト参画意識を高めるために。
　分国内からは、多くの職人（高度専門技術者）が集められる。遠く京都、奈良からも招かれる。現在の建築でいう壁塗り、屋根葺き、瓦葺き、石切、畳……。奉納用の太刀を鋳る刀鍛冶もいる。
　番編成の職人、人手を監督するのが奉行で、総責任者である造営奉行には、鎌倉代官・大道寺盛昌が就いた。「盛」は初代盛時からの偏諱で、「7人の侍」のひとり・大道寺太郎の子。大道寺氏は、創業以来の「御由緒家」として、北条家中で重きをなしている。
　それらの職人に交じって、氏綱は自ら門柱に色を塗り、酒を振舞う。これも上記同様のパフォーマンスであろう。
　ただし、後年の豊臣秀吉を別にすれば、パフォーマンス自体を他の戦国大名に見出すことはできず、氏綱が相当程度、「民衆の目」を意識したのは、間違いない。
　武家と寺社との所領紛争が起きたとき、氏綱は寺社側からの目安（直訴）を認めた。江戸期の目安箱は、これに起因する。このように、民衆の声を聞く姿勢は次代へと引き継がれていく。

▲ 氏綱の遺訓

　氏綱の代になって、北条分国は「伊豆・相模」に加え、「武蔵南部・下総・上総・駿河の一部」にまで拡大した。東へシフトしているにもかかわらず、本拠は相模西部の小田原城のままである。
　ここで浮上する疑問点が、「なぜ、氏綱は鎌倉に移らなかったのか？」。
　曖昧にされてきた問題だが、本書の読者であれば、もうおわかりいただけるだろう。もちろん鎌倉が、「軍事上、防御が難しい場所」という戦略上の問題もあるのだが、No.2を志向した氏綱にとって、関東の首都・鎌倉は、鎌倉公方の居住するところだったからだ。
　一種の敬意であり、自らの**分際**(身分)を考えた、と思っていい。そして首都を守る軍事拠点を、鎌倉北方の玉縄城とした。
　盛時に至るまでの備中伊勢氏は、「西」の室町将軍家・足利家に仕えた。その血筋を引く北条氏綱が、「東」の鎌倉公方家を主人と思って、何ら不思議ではない。それが今は古河公方であるにせよ……。足利氏あっての伊勢氏、鎌倉公方あっての関東管領なのだから。

　北条五代の中にあって、氏綱の知名度は低いものの、北条氏が関東へ飛躍する基盤、方向性を確立した戦国大名である。合戦での勝利や分国の経営もさることながら、「身分の壁」を乗り越える智略を有し、政治判断力に富んだ人物だと思う。
　1541（天文10）年、鶴岡八幡宮の完成を見ることなく、氏綱は病没した。享年56。
　死去する2か月前、氏綱は嫡子・氏康に遺訓を残している。前置きには、「そなた（氏康）は、父よりも優れていると思いますので、特段、言うことはありませんが、親として書き残します」と記され、かなり氏康を「器量人」と評価している。
　長文にして例示も多いので、以下、ポイントを絞って意訳するが、現代にも十分通用する内容となっている。
○**義を大切に**：大将のみならず、侍は義を守るべきです。義を違えて、1、2か国を切り取っても、後世の恥辱になります。……大将が義を心掛ければ、侍もそれを第一と思います。無道の働きで名利（名誉と利益）を得た者は、天罰を免れないのです。

Ⅲ　2代北条氏綱──有能な後継者

○**人材を活かす**：侍から百姓に至るまで、不憫(ふびん)に思うべきでしょう。……人は用い方によって、重宝(ちょうほう)することも多いので、それぞれを何かに用立てるのが、良い大将といえます。

○**分際を守る**：侍は分際を守るのが、良いのです。大身（知行の大きい者）の真似をしてはいけません。華麗を好み、身分不相応のことをすれば、百姓や民衆に迷惑を掛け、借金は増え、博打に走る者も出てきます。……それが重なれば、出仕する侍は減り、国（分国）は貧しくなって、大将の鉾先（攻撃力）も弱くなります。上杉殿の家中のように。

○**倹約をモットーに**：万事、倹約を守るべきです。華麗を求めると、民衆から貪(むさぼ)ってしまいます。倹約さえ守れば、民衆を痛めることなく、侍から百姓までが富貴になります。国中が富貴になれば、大将の鉾先も強くなり、合戦に勝利できます。……亡父・早雲寺殿（盛時）も倹約を守り、華麗を好みませんでした。

○**驕(おご)ることなく**：合戦に大勝利すると、驕りの気持が生じ、敵を侮(あなど)りがちになります。それは慎むべきです。そのようにして滅亡した家は、昔から多いので、「勝って兜の緒を締めよ」を忘れてはなりません。以上の訓戒を守れば、当家の繁盛は間違いないでしょう。

▲ 氏綱の家族

　氏綱の前妻は1526（大永6）年に没したため、氏綱は後妻を娶っている。前妻は出自不詳ながら、3代氏康の生母らしい。

　後妻の近衛殿は、関白・近衛尚通(ひさみち)の娘といわれる。京都の近衛家と幕府政所執事・伊勢氏は親しい間柄。鶴岡八幡宮造営の最中、氏綱は幕府奉公衆・伊勢一族を鎌倉に招待し、酒宴を催した記録がある。当然、京都の本家とのパイプも続いていたのだろう。

　また、骨肉の間柄・今川氏を通じて、氏綱は公家との交流があった。応仁の乱のころ、戦火を避けて駿府に身を寄せた公家を、今川氏親が庇護した経緯がある。氏親の正室（氏輝、義元の母）は公家・中御門家出身、氏親の娘が公家・正親町(おうぎまち)三条家に嫁いだのも、その縁である。

　とはいっても、公家の頂点に立つ摂関家とは、わけが違う。近衛家は、天皇家や将軍家と婚姻を結ぶ名門。今川氏の縁組先は、高級公家（公卿）どまり。

ならば、いくら北条氏の家格がアップしたにせよ、今川氏を飛び越えるような縁組は不釣合いで、違和感を覚える。それが、氏綱のいう「分際」だ。

何か氏綱の後妻・近衛殿には、事情があったのではないか？　具体的根拠はないが、そういう印象を受ける。

氏綱には、4男6女の子女がいた。どちらの母が産んだのかは、よくわかっていない。

長男・氏康は家督を継ぎ、次男は早世した模様。3男の玉縄城主・為昌は若くして逝去したので、氏綱の娘婿・綱成（遠江の福島氏出身）がその名跡を継いだ。この流れを玉縄北条氏という。4男の小机城主・氏尭(うじたか)については、詳細不詳。

女子はいわゆる「政略結婚」であり、それぞれ太田資高（旧扇谷上杉氏の執事、江戸太田氏）、北条綱成、吉良頼康※7（足利一族、古河公方の御一家）、4代古河公方晴氏、堀越六郎（遠江の今川一族）、葛山氏元（駿河東部の有力国人）の正室となった。

その事情や背景は、これまでの叙述から理解いただけると思う。

ポイントは古河公方の外戚になったことだが、縁組先は東西にまたがり、今川分国との縁組が多い点が目を引く。河東一乱の際、堀越氏や葛山氏は氏綱の有力与党を形成している。

※7　吉良頼康：古河公方足利氏の御一家で、武蔵世田谷城主。家格が高く、2代氏綱は娘を頼康に嫁がせる。後に堀越氏（遠江今川一族）から氏朝を養子に迎える。氏朝も3代氏康の娘を娶った。その子孫は、江戸幕府で高家に列した。なお、有名な吉良上野介義央とは同族ではあるが、別の家系である。

【北条氏ゆかりの地】

名称	所在地	主要トピックス
興国寺城	静岡県沼津市	初代早雲が最初に与えられた城
堀越御所	静岡県伊豆の国市	堀越公方の居館、初代早雲が攻撃
韮山城	静岡県伊豆の国市	初代早雲が築城、死没地
下田城	静岡県下田市	北条水軍の拠点
駿府館	静岡県静岡市	駿河守護・今川氏の居館
三嶋大社	静岡県三島市	崇敬を集めた伊豆国の一之宮
小田原城	神奈川県小田原市	北条氏代々の居城、北条征伐の舞台
石垣山城	神奈川県小田原市	豊臣秀吉が築いた一夜城
早雲寺	神奈川県箱根町	2代氏綱の創建、代々の墓あり
鶴岡八幡宮	神奈川県鎌倉市	源氏の氏神、2代氏綱が再建
玉縄城	神奈川県鎌倉市	北条早雲が築城、鎌倉を警衛
新井城	神奈川県三浦市	三浦氏の居城、早雲が攻撃
江戸城	東京都千代田区	太田道灌が築城、下総攻撃の拠点
八王子城	東京都八王子市	北条氏照が築城、小仏峠を警戒
岩付城	埼玉県さいたま市	太田道灌が築城、太田氏の居城
松山城	埼玉県吉見町	武蔵北部の要地
忍城	埼玉県行田市	成田氏の居城、浮き城として有名
河越城	埼玉県川越市	太田道灌が築城、河越夜戦の舞台
鉢形城	埼玉県寄居町	北条氏邦が籠城
厩橋城	群馬県前橋市	上野の要地、攻防戦が展開
沼田城	群馬県沼田市	北条氏と真田氏の係争地
名胡桃城	群馬県むらかみ町	北条征伐のきっかけとなった城
古河城	茨城県古河市	渡良瀬川東岸、古河公方の居城
小田城	茨城県つくば市	関東八屋形・小田氏の居城
祇園城	栃木県小山市	関東八屋形・小山氏の居城
佐野城	栃木県佐野市	下野の要地、謙信が10回も攻撃
関宿城	千葉県野田市	公方執事・簗田氏の居城
小弓城	千葉県千葉市	小弓御所義明の居城
国府台城	千葉県市川市	太田道灌が築城、2回の合戦あり
久留里城	千葉県君津市	安房・里見氏の上総拠点
御館	新潟県上越市	上杉氏家督争いの舞台

IV

3代北条氏康
中興の祖

西暦	和暦	氏康関連の主な出来事（※一般事項）
1515	永正12	3代氏康誕生
1538	天文7	第1次国府台合戦で勝利
1541	天文10	嫡子・氏政誕生
1546	天文15	氏康、家督を相続
1554	天文23	河越夜戦で勝利
1560	永禄3	武田・北条・今川三国同盟、締結　※桶狭間の戦い
1561	永禄4	上杉謙信が小田原城包囲　※第4次川中島の戦い
1564	永禄7	第2次国府台合戦で勝利
1569	永禄12	武田信玄が三国同盟破棄 上杉・北条同盟を締結
1571	元亀2	家督を氏政に譲る 小田原城で没す

① 氏康への代替わり

◆ 北条氏の支配体制

　北条五代で特筆されるべきは、家督紛争が起こらなかったこと。
　これまで見てきたように、いずれの守護大名家や戦国大名家も、家督紛争で揉めに揉め続け、内乱の引鉄(ひきがね)となった。北条氏がレアケース、といっていい。
　一族、有力被官、国人衆の団結力も強く、下剋上を企てる者、敵陣営に内応する者も登場していない。その要因としては、北条氏が分国統制に優れ、仁政に努めたことが挙げられよう。

　「中興の祖」とされる3代氏康は、初代盛時の在世中の1515（永正12）年に生まれた。従って、誕生したころは伊勢氏である。ちなみに**関東三国志**と形容され、氏康のライバルといわれる武田信玄の生年は1521（大永1）年、上杉謙信の生年は1530（享禄3）年。
　氏康の幼名は伊豆千代丸、通称は新九郎といった。幼少期のことは不明だが、16歳で初陣を飾ったようだ。父・氏綱の武蔵侵攻（1530年、扇谷上杉朝興攻め）のときである。
　その後、程なくして氏康は、今川氏親の娘（端渓院殿(ずいけい)、氏輝・義元の姉妹）を正室に迎える。駿相同盟の証である。そして、氏綱の死去（1541年）に伴い、氏康は27歳で家督を継ぐ。代替わりである。
　このようにして、氏康は北条分国を継承したわけだが、当時の分国統治体制を見てみよう。
　まずは一般論から。
　たとえば、戦国大名が軍事動員（軍役）を掛ける場合、実際に兵力を依存するのは、傘下の有力被官・国人衆。彼らの一族郎党が軍勢の大半を構成する。戦国大名の親衛隊（馬廻衆、旗本）は、小規模に過ぎない。
　従って、被官＆国人衆の帰趨(きすう)が、ある意味、戦国大名の死命を制す。そこで戦国大名は彼らの所領を安堵し、戦功に応じて新恩を与える。そればかりでなく、序列を配慮したり、縁組を結んだり、諱を与えたり……、とさまざ

まな優遇策を用いて、彼らを取り込もうとする。

一方の被官・国人衆も情勢を見ながら、所領保全＆家名存続を第一義に行動する。当時の感覚では、裏切りは決して不名誉ではない。

要するに戦国大名と被官・国人衆とは、「御恩＆奉公」を介在とするビジネスライクな関係にある。しかし、それを、「忠義」を媒介とする主従関係と同一視すると、大きな誤解が生じてしまう。「家臣は主君に忠義を尽くす」とされたのは、江戸期の幕藩体制以降の話。

意外と戦国大名の基盤は脆弱であり、武田勝頼の滅亡がその典型例といえる（後述）。主人の選択権を有する被官と、主人に忠誠を尽くす家臣とは、同じ従者の立場とはいえ、微妙な違いがある。その点を理解いただきたい。

この被官・国人衆への対応で、悩まされ続けたのが上杉謙信。また、明智光秀も織田信長の被官と考えれば、「本能寺の変」もわかりやすい。所領が奪われそうになれば、謀反は当然の行為だから……。

さて、**他国者**・北条氏のケースは特殊である。占領軍が、地元生え抜きの国人衆を支配する構図。分国内の郡代に任命されたのも、京都・駿河以来の従者で、彼らは譜代の家臣と思っていい。

占領軍による統治は、イメージとは異なり、高圧的なものではない。むしろ、基本は融和策を採り、国人衆や民衆の意に沿おうと努める。たとえば税負担や軍役などで。もし彼らの反感を買えば、瞬く間に分国は崩壊しかねないからだ。しかも、北条氏の周囲は敵だらけ。

そのハードルを乗り越えて、2代氏綱、3代氏康は分国の基盤を固め、版図を関東へ拡大していく。

▲ 北条分国の状況

軍事面では小田原城が本城、分国内の重要拠点が支城。支城には、有力被官が城主として配備される。その城主が、地域単位の**衆**を統率する。

西から主要な衆を挙げると、「伊豆衆、小田原衆、玉縄衆、江戸衆、河越衆……」であり、被占領地域の国人衆が衆を構成する（133ページ地図参照）。

たとえば、江戸衆の場合。

扇谷上杉氏の有力被官・太田資高が2代氏綱に内応したことに伴い、武蔵南部の国人衆は〈扇谷上杉陣営→北条陣営〉とスライドし、北条氏傘下の江

戸衆として再編される。「主人・扇谷上杉氏のために討死を」といった意識は、極めて希薄である。

なお、分国内の行政を担うのが郡代で、城主が兼ねるケースが多い。また分国内の宗教面は、箱根大権現の北条宗哲が管轄している。
○**相模**：西部の小田原衆は、小田原城代＆西郡郡代の石巻氏が統括する。相模東部〜武蔵南部の玉縄衆は、玉縄城主・北条綱成の傘下。他に三浦郡の三浦衆（三崎城）、相模北部の津久井衆（津久井城）などがある。鎌倉には重臣の大道寺氏が鎌倉代官として置かれ、鶴岡八幡宮の造営総奉行を兼務している。
○**伊豆**：北部の郡代・笠原氏が韮山城主、南部の奥郡代・清水氏が加納城主をそれぞれ務め、南北の国人衆を束ねている。
○**武蔵**：西部の小机衆は小机城主・笠原氏が、中央部の河越衆は河越城主・北条綱成もしくは大道寺氏が統率する。東部の江戸衆は最大規模であり、江戸城代の太田氏・遠山氏などが束ねる。また拠点攻略後には、松山衆（松山城）、岩付衆（岩付城）などが編成される。
○**下総**：江戸城の対岸に位置する葛西城を拠点とする。なお、小弓城も占拠していたようだ。
○**駿河**：駿東郡・興国寺城主を垪和（はが）氏が務めている。

時期によって流動的な面があるが、以上がおおよその分国支配体制となる。とは言っても、上記の城主は、戦国ファンでも知らない者が多いだろう。そう、主家を凌駕するような有力被官・国人衆がいない。それが北条家臣団の特徴である。

そして、氏康の代に、**三宿老**が定まる。旧幕府奉公衆の松田氏、御由緒家の大道寺氏（鎌倉代官、河越城主）、江戸城代の遠山氏であり、それに次ぐのが垪和氏（興国寺城主）、石巻氏（小田原城代）など。

では、氏康が家督を継いだ時点で、北条氏を取り巻く情勢はどうなっていたのか？　諸勢力の模様を、簡潔に記しておこう。
○4代古河公方晴氏：伝統的な関東八屋形の支持を集め、利根川以東（下野南部、下総、常陸南部）を勢力圏としている。一時期、対抗した小弓公方は、すでに滅びている。晴氏は氏綱の娘（氏康の姉妹）を娶り、氏綱を関東管領に任命した。

○扇谷上杉朝定：武蔵の江戸城、河越城を氏綱に奪われたため、現在は松山城、岩付城を拠点とし、山内上杉憲政や武田信虎と「反北条同盟」を結んでいる。
○山内上杉憲政：本来の関東管領で、上野・武蔵北部を支配。扇谷上杉朝定と同盟を結び、古河公方晴氏に接近している。朝定が突破されれば、戦線は北上し、山内上杉分国が北条氏の攻撃を浴びるのは必至。
○里見義堯：第1次国府台合戦後、安房に戻った義堯は、「反北条勢力」として、上総を侵攻している。
○武田信虎：信虎は、縁戚関係のある「東」の扇谷上杉氏、「西」の今川義元と結んでいた。しかし、氏康の家督相続の1か月前、甲斐では政変が起こる。嫡子・晴信（信玄）が、信虎を国外に追放してしまったのだ。やむなく信虎は、娘婿の今川義元を頼る。
○今川義元：かつての同盟者・今川氏も、義元の代に河東一乱（1537年）が起こり、戦争状態に突入している。なお、甲駿同盟は信玄との間で継続中。

▲ 両上杉氏の巻き返し

　1541（天文10年）、氏綱が没してから3か月後、扇谷上杉朝定＆山内上杉憲政連合軍は、**河越城**を攻める。氏康への代替わりを好機と捉え、反撃を企て、朝定の本拠奪還を目指したのだ。
　しかし、河越城の北条勢はよく城を守り、連合軍を撃退する。両陣営の衝突は武蔵各地で起こり、氏康も武蔵北部（山内上杉分国）まで出馬している。
　戦局は、氏康優勢で展開したようだ。
　押され気味の憲政は、「北条氏の八州併呑（関東制覇）の気性は、未だ止みません。代々の八州執政（関東管領）である憲政は、哀しいことに天性不幸です」（意訳）と嘆き、常陸の鹿島神宮に加護を祈願している。
　ところが、1544〜45（天文13〜14）年にかけて、武蔵以外の反北条勢力の攻勢が強まる。
○上総
　里見義堯の攻撃を浴びた上総武田氏は、氏康に支援を要請する。それに応えた氏康は、1544年に上総出陣を果たす。三浦半島から富津へと、内海を渡って。ただし、義堯を撃退できたわけではない。
　また、義堯が両上杉陣営と連携していたか、は定かではない。「所領拡大

意欲とともに、小弓公方滅亡の恨みを晴らす」と、独自行動の可能性もある。
○駿河

　1545年8月、今川義元は駿河東部（河東）の奪回を狙い、駿府から出陣する。援軍を率いた武田信玄も、富士川へと向かう。河東一乱勃発（1537年）後、初めての本格的軍事行動であり、背景には両上杉氏の要請があった。

　この報に接した氏康は自ら出馬し、今川・武田連合軍と吉原付近（静岡県富士市）で戦うが、押されて伊豆の三島まで撤退する。当時の史料では、氏康は「相模屋形」と記され、鶴岡八幡宮に戦勝祈願を行っている。

　両上杉氏の策は、同時期の東西挟撃――。

　氏康を駿河東部戦線に張り付かせ、その隙に河越城へ再攻撃を掛ける。9月末のことである。

　その前に、4代古河公方晴氏の動きを語る必要があるだろう。彼もまた、両上杉氏とともに、河越城攻めに出陣したのだから。北条氏綱の娘を娶り、氏綱を御一家に取り立て、しかも関東管領に任命したにもかかわらず。

　当時の関東情勢は、利根川以西の武蔵で繰り広げられた〈北条氏ＶＳ両上杉氏〉の戦闘がメイン。第1次国府台合戦で小弓公方が壊滅した後、房総半島は余波が残るにせよ、利根川以東の公方勢力圏は比較的安泰なのである。

　北条氏との関係を深めたといっても、小弓公方退治の恩賞の色彩が濃く、晴氏が北条氏と同盟を結んだわけではない。武蔵での合戦でも、晴氏は氏康に加勢していない。彼岸の様子を観望している。

　実は古河公方家では、親北条派と反北条派が対立中。親北条派の代表が、公方家執事を務める**簗田高助**（拠点は下総関宿城、千葉県野田市）で、北条氏との縁組を積極的に推進した経緯がある。

　83ページの系図を参照いただきたいが、晴氏の長男・藤氏は高助の娘が産み、末子・義氏は氏綱の娘が産んでいる。公方家の後継者は藤氏と目されてきたが、氏康は甥の義氏を跡目に推す。

　高助の立場は、微妙である。なぜならば、公方家安泰のために、彼は親北条派を守り、氏康とも盟約を結ぶ。が、反北条派は藤氏（高助の孫）を担ごうとしたからだ。

　「氏康とは不仲」とされる晴氏も、反北条＆藤氏擁立派。跡目などで、公方家に干渉する「他国者」氏康を嫌ったのだろう。この対立に付け込んだ山内上杉憲政は、晴氏・藤氏父子に接近し、氏康との分断を画策する。

動きを察知した氏康も、高助に所領を提供するなどして、高助経由で晴氏に釘を差す。「一方へ御懇切にされるのは、迷惑です。どちらへも御発向されないように」(意訳) と。

要するに、古河公方への**中立要請**である。氏康にとって、政治情勢は、決して有利ではなかった。その証左であろう。

古河公方を支持する勢力は、「関東八屋形」である下野の小山氏・宇都宮氏、下総の結城氏・千葉氏、常陸の小田氏や、「御一家」である上野の岩松氏など。公方が旗色を鮮明にすれば、利根川以東の大軍が動く。

氏康の要請を受けた晴氏は、いったん局外中立を約束する。それにもかかわらず、最終的には両上杉氏の誘いに乗り、河越城攻めに出馬する。

関東は、反氏康で固まる――。

◆2 河越夜戦の勝利

▲ 氏康の大逆転

1545 (天文14) 年9月末、両上杉氏が河越城を包囲する。そこに4代古河公方晴氏が加わり、軍勢は8万人もの規模に達したという。

河越城では、氏康の義弟・綱成が籠城している。河越衆と合わせ、その数は約3000人。いずれも軍記物特有の過大数値と思われるが、実数は把握しがたい。軍勢には大幅な差があった、「多勢に無勢」と理解いただきたい。

東西で窮地に陥った氏康は、和睦を志向する。彼の判断力は、迅速にして的確だったと思う。

まず「西」では、武田信玄に仲介を依頼し、今川義元との停戦に漕ぎ付ける。駿河東部の割譲 (所領放棄) を前提として。

駿河戦線から撤退した氏康は、「東」の晴氏に翻意を求めるとともに、山内上杉憲政に和睦を申し入れる。河越城の明け渡し、綱成以下の助命を条件として。

しかし、圧倒的に優勢な**反北条連合軍**は、和睦を拒否し、城の包囲網を解こうとはしない。一方、城将の綱成もよく防いだため、城は容易に落ちることなく、戦局は膠着状態へ入っていく。

［河越夜戦］

凡例：■ 北条方　□ 反北条方

上野／下野／常陸／武蔵／甲斐／駿河／伊豆／相模／下総／上総

山内上杉憲政／扇谷上杉朝定／足利晴氏／小田政治／河越城／太田資正／北条綱成／武田信玄／今川義元／北条氏康／里見義堯

　河越城籠城から7か月後、1546（天文15）年3月、寒川神社に戦勝を祈願した氏康は、合戦の意思を固める。

　そのころ、氏康は扇谷上杉陣営の有力者・太田資顕（すけあき）（岩付城）を、味方に引き込んでいる。彼は資頼の子で、弟の三楽斎資正は城攻めに参戦中。いわば兄弟分離策である。

　3月下旬、氏康は8000人の兵を引き連れ、小田原城から河越城救援に向かう。ほぼ敵勢の10分の1の兵力である。

　城の近郊に布陣した氏康は、再び城明け渡しなどを条件に和睦を申し出るが、「晴氏の逆鱗（げきりん）に触れた」という。激しい拒否反応は、氏康への憎悪すら感じさせる。

　すでに氏康は決戦を覚悟しており、敵陣営を油断させる策、パフォーマンスとも考えられるが、真摯に一抹の望みを託した面もある。土壇場での和平交渉が実現すれば、城兵の命が助かるからだ。

　現代に根付いた感覚からすれば、奇異に思うかもしれない。

　しかし、「平気で兵を使い捨てにする」習慣は明治政府からであり、戦国大名は極力、合戦を回避し、兵の損耗を免れようとする。なぜならば、軍勢の大半を国人衆などに依存しているためだ。小競り合いは別として、大規模な会戦は最終手段。

　もしも氏康が見殺しにすれば、服属している河越衆は、彼に恨みを抱き、敵陣営に鞍替えする。そして、武蔵全域の国人衆の離反も招きかねない。

それはさておき、和睦交渉と同時に、氏康は偵察隊に敵情を視察させると、油断し切っているという。

早速、氏康は行動を起こし、夜陰に紛れて扇谷上杉朝定の陣（城の西・南側）を急襲する。同じ陣場の山内上杉勢も崩れる。それと連携して、城からは綱成が出撃し、古河公方（城の東側）を蹴散らす。後年、その模様を、氏康は「両口において同時に切り勝ち」と記している。

「地黄八幡」の旗指物を掲げた猛将・綱成は、「勝った！勝った！」と手勢を鼓舞したという。黄絹に「八幡大菩薩」と大書された旗指物は、神の加護を祈るものである。

断片的な話が多く、一大決戦にしては、全貌がよくわかっていないが、結果は北条勢の完勝。

「山内上杉勢の戦死者は、3000人を数えた」と後世の軍記物は伝えるが、夜襲を掛けられた連合軍は、恐怖心のあまり、雲散霧消してしまった。それが実態に近いと思う。指揮命令系統が定まらぬ混成軍の悲劇であり、特に古河公方に従った兵にどこまでの戦意があったのだろうか……。

この夜戦で、扇谷上杉朝定は戦死を遂げ、扇谷上杉氏は滅び去る。山内上杉憲政は分国・上野に逃げ、晴氏は古河城へ退く。

▲▲ 関東の勢力図、一変

河越夜戦での軍事的勝利は、関東の勢力図に**地殻変動**をもたらした。新興勢力の前に、「関東の権威」を代表する旧勢力が完敗を喫したからだ。

両上杉陣営に属していた武蔵の有力被官＆国人衆は、一斉に氏康に靡く。前述した岩付城の太田氏を始め、松山城の上田氏、忍城（埼玉県行田市）の成田氏、天神山城（埼玉県長瀞町）の藤田氏、滝山城（東京都八王子市）の大石氏などである。

これらの諸氏は、これからも登場するので、記憶に留めていただきたい。氏康の次男・氏照は大石氏を、3男・氏邦は藤田氏を継ぐことになる。

合戦後、氏康は古河公方家の晴氏・高助主従を非難する。

公方家の宿敵・小弓公方を退治したのは北条氏。にもかかわらず、公方が敵陣営に加担し、北条氏を滅ぼそうとするのは、「逆道」（背信行為）ではないか、と。

怒りは高助にぶつけられる。なぜ、執事として公方晴氏の行動を諫止しな

かったのか、と。

　山内上杉憲政の後ろ盾を失った晴氏は、長男・藤氏とともに公方家の威信を守ろうと躍起になるが、支持勢力の間にも動揺が広がり始める。

　夜戦の半年後、上総武田氏を支援する氏康は、上総へと渡って里見義堯と戦う。その間に、岩付城で親北条派の太田資顕が没する。

　この機会に、実弟・資正（反北条派）は、旧扇谷上杉氏の重要拠点を奪回し、〈岩付城＝太田資正、松山城＝上田朝直〉態勢を敷く。しかし、反撃の烽火（のろし）も束の間。帰陣した氏康は、朝直の内応を図り、翌1547年には資正を降伏へと追い込む。

　かくして氏康は、ほぼ武蔵（旧扇谷上杉分国）を手中に収める。戦線は利根川西部を北上し、「八州併呑」を目指す氏康にとって、山内上杉分国の上野が次のターゲットとなる。

　以降、氏康と山内上杉憲政の**攻防**を年表形式で記そう。

〇1547（天文16）年

　劣勢に陥った憲政は、信濃北部の有力国人・村上義清[※1]と手を結ぶ。碓氷峠を挟む隣国同盟、と思ってよく、義清からすれば武田信玄への対抗措置。

　当時、信濃を侵略していた信玄は、河東一乱で対立した氏康とは停戦している。義清からの要請を受けた憲政は、信濃へ出陣するが、信玄に手痛い敗北を喫する。軍事能力に乏しい憲政にとっては、「弱り目に祟り目」。

〇1548（天文17）年

　氏康は、上野国峰城（くにみね）（群馬県甘楽町（かんら））の有力国人・小幡（おばた）憲重を内応させる。憲政の本拠・平井城（群馬県藤岡市）を窺う要地である。

　余談ながら、「西上野の小幡一党は赤武者」（赤揃えの騎馬武者）と謳われた憲重・信貞父子は、まさに国人の典型である。というのも、情勢に敏感に反応し、生き残りを懸けて、目まぐるしく主家を変えたからだ。

　具体的な変遷は、〈山内上杉憲政→北条氏康→長野業正（なりまさ）（山内上杉氏の与党）→武田信玄・勝頼→滝川一益（織田信長の重臣）→北条氏直〉と、実に凄まじいかぎり。勝頼に属したとき、信貞は長篠の戦いで活躍し、最後は5代氏直の許で小田原城に籠城している。

※1　村上義清：信濃埴科郡の葛尾城を拠点とした国人衆。やがて佐久郡、小県郡なども侵略し、北信濃最大の勢力となる。しかし、武田信玄の猛攻を浴びた義清は、長尾景虎を頼って、越後へ落ち延びる。それが第1次川中島の戦い（1553年）の発端となる。

○1551（天文20）年

　平井城に迫る氏康は、武蔵で唯一残っていた憲政の拠点・御嶽城（埼玉県神川町）を攻略する。

　御嶽城の落城は、山内上杉陣営に大きな衝撃をもたらし、上野国人衆はもとより、憲政の馬廻衆（家臣、親衛隊）までもが氏康に寝返る。

　なにも平井城で合戦があったわけではなく、実態は家臣が憲政を見限り、**追放**してしまったのだ。『甲陽軍鑑』では、憲政を「上杉殿乱行無道」「臆病なる大将」と評している。

　御嶽城にいた嫡子にも援軍を送ることなく、見殺しにした。ならば、憲政が愛想を尽かされるのも無理はない。

　労せずして平井城を占拠した氏康は、弟の氏堯を城に置き、三国峠に通じる北上野侵攻（沼田城など）、碓氷峠に連なる西上野攻略（箕輪城など）の拠点とする。上野は大国で抵抗勢力は根強く、制圧までには時間を要する。

　さて、城を追い出された憲政は、常陸の戦国大名・佐竹義昭を頼る。山内上杉氏＆関東管領の相続を提示して、庇護してほしいと。かつて佐竹氏が、山内上杉氏から養嗣子を迎えた経緯があるからだ。しかし、義昭は申し出を断る。

　次いで憲政は、下野の国人・長尾当長（足利城）[※2]、東上野の国人・由良成繁[※3]（金山城）を頼ろうとするが、氏康の攻勢は激しく、入城することができなかった。また、拒絶されたともいう。

　今や身の置き所を失った憲政は、やむなく越後の戦国大名・**長尾景虎**に保護を求める。かつて祖父の顕定は、景虎の父・為景のために敗死した。その恨みがあるにもかかわらず……。

　関東から西国圏への政治亡命。その提示条件は、佐竹氏と同様。

　憲政を迎え入れた景虎は、春日山城の近くに御館（新潟県上越市）を建造する。20数年後、ここが「御館の乱」（上杉謙信没後の内乱）の舞台となる。

※2　長尾当長：足利長尾氏の当主で、景長ともいう。下野足利城と上野館林城を領した。後に、ともに越相一和（上杉・北条同盟）締結に努めた由良成繁の子を養子に迎える。それが長尾顕長である。

※3　由良成繁：元は横瀬成繁。主人の岩松氏から所領を奪い、上野中央部を支配した。上杉謙信に従った後、新田直系を名乗り、由良姓に改めた。その後、3代氏康に属し、越相一和の締結に奔走した。

▲ 古河公方の衰退

　山内上杉憲政の没落（1551年）と同じころ。氏康は、古河公方家執事・簗田晴助（高助の子）に起請文を送る。
　いくら裏切られたとはいえ、立場上、氏康は父から「関東管領」（古河公方選任）を引き継いでおり、「御一家」に変わりはない。氏康の姉妹は、4代公方晴氏の正室にして、義氏の生母。
　当時、唯一の連絡手段は書状なのだが、「身分の壁」を反映したさまざまなルールがある。
　特に貴人宛ての書状は、直接送付することはできない。それは非礼になるので、書状は**取次**の者が貴人に披露する。逆に貴人の意向も、取次経由で伝えられる。初代盛時が務めた幕府申次衆は、この取次が職務であり、現代の官房、秘書スタッフをイメージしていい。
　文章にするとややこしいが、氏康が晴助に送った書状は、実質的に晴氏に宛てたものになる。執事（取次）から公方への披露が、前提にあるためだ。
　「公方家との交誼を深めます」「関東中の諸侍から簗田氏を守ります」と、氏康は起請文で約束する。その一方で、「晴助が覚悟を違え、表裏（裏切り行為）があるときは、御身に神罰が下ります」（意訳）と圧力を加えている。
　執事を味方に付ければ、公方家をコントロールできるから、氏康は「飴と鞭」で晴助に臨む。
　氏康の狙いは、外甥である義氏の公方擁立にあり、翌1552（天文21）年、圧力に屈した晴氏は、家督を義氏に譲る。12歳の若さで、義氏は5代古河公方に就く。なお、このころに氏康は、父と同じ左京大夫に任官している。
　関東管領・憲政の没落、4代公方晴氏の隠居――。
　その代わりに、**北条氏の血筋**で〈5代公方義氏 - 関東管領・氏康〉体制を樹立したのだから、関東の権力抗争に氏康が勝利したといっていい。
　公方の権威は政治的利用価値が高く、何よりも合戦の大義名分が立つ。上野制圧を目指す氏康は、「他国の凶徒」といわれることなく、「公方様の上意（命令）」を掲げることができる。
　また氏康は、利根川以東の公方勢力圏（下野南部、下総、常陸南部）も視野に入れることができる。利根川以西（相模、伊豆、武蔵、上野半国）をほぼ支配する氏康にとって、八州併呑はもはや夢ではない。
　しかし、古河城における反氏康勢力（晴氏・藤氏系家臣団）の抵抗は激し

く、1553（天文22）年、鎌倉の一画・葛西に移った義氏は、「御家門、葛西様」と称される。ちなみに、葛西を下総葛西城とする説もある。

いずれにせよ、氏康の庇護下に入った義氏は、微妙な立場となる。

なぜならば、北条方以外の関東諸侍は、「氏康系の新公方」義氏を「5代古河公方」と、必ずしも崇めたわけではない。一応、形式要件は満たしているが、関東諸侍は「氏康の野望」「傀儡政権」を感じ取り、反発する者も多かったからだ。

その後、義氏は氏康の娘（浄光院殿）を娶る。既定路線だったのであろう。新公方にとって、氏康は二重の外戚となる。

1558年（永禄1）年、「従四位下　右兵衛佐」に叙位任官した義氏が、鶴岡八幡宮に詣でたとき、執事・簗田晴助が太刀役として随従している。

これは、明らかに鎌倉幕府、鎌倉府を意識したセレモニー。鎌倉幕府の初代将軍源頼朝は「佐殿」と呼ばれ、3代将軍実朝は任官の都度、鶴岡八幡宮へ参拝している。そして、氏康は執権・北条氏の末裔を称しているのだから。

鎌倉将軍家の再来というべき義氏を、最終的に鎌倉公方に据える。つまり、〈鎌倉幕府：将軍・源氏 − 執権・北条氏〉体制を再現し、〈新鎌倉府：鎌倉公方義氏 − 関東管領・北条氏康〉体制を構築する。それを鶴岡八幡宮で、大々的にアピールする。

貴種である鎌倉公方が権威を取り戻し、頂点に立ってこそ、関東の秩序＆静謐は回復する。それを補佐し、実質上、関東を支配するのはNo.2の北条氏。これが、氏康が描いた絵図であろう。

さて、古河公方家の執事＆関宿城主の簗田晴助は、歴史上、知られた存在ではないが、かなりの重要人物。数年後、氏康と上杉謙信とは関東で激しく争うが、実は晴助の奪い合いだった一面もある。氏康や謙信にしても、家臣団筆頭の晴助の意向を無視して、「公方」という名の神輿を担ぐのは難しい（後述）。

この時点では、氏康は引き続き晴助と連携していたようだ。関宿城の晴助を古河城に入れ、義氏を関宿城に移している。居城交換の詳しい事情はわからないが、古河城には反義氏派が残っていたため、義氏はストレートに古河城復帰を果たせなかったのであろう。

話は少しさかのぼるが、前公方晴氏は、長男・藤氏や家臣団とともに挙兵し、1554（天文23）年、古河城を占拠する。依然として下野の小山氏などは、前公方を支援しており、晴氏には氏康に隠居させられた恨みが、藤氏に

は家督を義氏に奪われた恨みがある。

　しかし、氏康は鎮圧に乗り出し、晴氏を現在の神奈川県秦野市に幽閉する。さらに幽閉地を転々と移された晴氏は、失意の中に没する。

③ 関東への雄飛

▲ 関東諸国の情勢

　時代は激しく動いている。

　旧来の古河公方は権威を失い、関東管領・山内上杉氏は没落する。渦中にある氏康は、その後もめまぐるしく動く。

○**房総**

　安房の戦国大名・里見義堯は、上総侵入を継続中。それを討つべく、1553（天文22）年、氏康は上総へ出陣する。下総有吉城（千葉県千葉市）にいた義弟・綱成も、上総へ向かう。

　詳しい事情はわからないが、氏康は上総に一定の所領（旧上総武田領）を有し、「反里見」の上総国人衆に対しては、支援を約束していたようだ。

　「氏康は、義堯の本城・久留里城（千葉県君津市）を包囲した」「その後、義堯は有吉城を攻撃した」と伝えられるように、合戦は各地で断続的に続き、最終決着を見ることはなかった。

　執拗なまでの房総の戦闘は、旧小弓公方系の里見氏が、第1次国府台合戦などで、終始、北条氏に敵対したからだろう。この段階での里見氏は、前公方晴氏の与党になっていた、と思われる。

　一方、氏康には「2代氏綱の支援のおかげで、義堯は当主になったにもかかわらず、裏切るとは……」という思いが、間違いなく存在する。

　それに対する報復行為が、里見義堯の嫡子・義弘による**鎌倉攻撃**。1556（弘治2）年の出来事とされ、義弘にまつわる戦国版ロマンスが伝えられる。

　里見水軍を率いる義弘（31歳）は、三浦半島に上陸し、鎌倉まで攻め入る。が、彼の目的は、どうも報復攻撃だけではなかったらしい。

　当時、小弓公方義明の娘が、鎌倉の尼寺・太平寺の住職を務めていた。青岳尼という。第1次国府台合戦（1538年）で小弓公方が戦死した後、その

子女は安房に逃れ、里見義堯に庇護された。

そのとき、若き義弘は初めて彼女に会ったものの、やがて彼女は尼になるために、鎌倉へ移った経緯がある。おそらく義弘にとって、憧れの女性だったのであろう。10数年経っても、忘れることのない……。

鎌倉に入った義弘は、太平寺を訪れ、青岳尼に安房への同行を求める。彼女は突然のプロポーズに応じ、何もかも捨てて船に乗る。安房で還俗した彼女は、義弘の正室となるが、間もなくして逝去したという。

この出来事を、氏康は断片的に書状に記している。氏康も、小弓公方の遺児の保護者を任じていた。そういう雰囲気を感じさせる内容だ。

「太平寺殿（青岳尼）が向かい地（安房）に移られたのは、まことに不思議なるお企てです。どうしようもないことです。太平寺の建物は、絶やす以外にありません」（意訳）と。

なお、その後の義弘は、前公方晴氏の娘を後妻に迎えている。前妻にしても、多少、自由結婚的な要素があるとはいえ、前提には血筋重視がある。

このふたつの縁組から窺えるのは、公方の権威が房総の支配に欠かせない事実であろう。なぜならば、代々の里見氏は公方の副将軍を任じていたのだから。

そして4年後（1560年）、再び氏康の攻撃を浴びた義堯・義弘父子は、越後の長尾景虎（後の上杉謙信）に関東出陣を要請するに至る。

○利根川以東

下野、下総、常陸で起こった諸紛争に触れるのは、膨大にして煩雑でもあり、一例を挙げたいと思う。

常陸南部を支配する**小田氏**は、古河公方家の有力与党であり、小田政治（まさはる）河越城攻めにも参戦した。が、氏康の前に総崩れとなり、晴氏とともに引き揚げた経緯がある。

その後、古河公方の権威が失墜し始めると、与党の間でも所領紛争が頻発し、小田氏治（うじはる）（政治の子）は近隣の国人衆（下総・結城氏、常陸・大掾（だいじょう）氏[※4]）と激しく争う。

1553（天文22）年、結城政勝は氏康に支援を要請する。それに応じた氏康

※4 　大掾氏：平安後期、常陸の「掾」（介の次官）を務めた平氏の後裔。鹿島、塚原、芹沢氏などに分かれ、常陸南部に勢力を有したが、北条征伐（1590年）の直後、佐竹義宣に滅ぼされた。

が、援軍を派遣したため、氏治は合戦に敗れる。

その結果、政勝の分国は拡大したが、小田氏が壊滅したわけではなく、氏治は小田城（茨城県つくば市）から土浦城（茨城県土浦市）へ逃れ、程なくして小田城を回復する。氏康の援軍が引き揚げてしまうと、政勝の軍事力では占領地を維持できなかったからだ。

一方で小田氏は、常陸北部の佐竹氏とも〈戦闘→和睦〉を繰り返しているので、以降、強大な勢力（北条氏康、上杉謙信）の間を右往左往することになる。その場、その場で強きに靡く。それが国人のサバイバル戦略である。

重要なのは、利根川以東（古河公方勢力圏）の紛争に、氏康が介入した点だ。新公方を擁する関東管領ならば、その「上意」を掲げることで、紛争への介入＆調停の大義名分が成り立つのだ。紛争や訴訟の裁定は、関東管領の重要職務である。

確かに関東管領は形骸化しており、義氏・氏康体制へ敵対する者は数多いが、ひとつの権威であることも、また事実なのである。実際に新公方の誕生に、祝意を表明する国人衆（利根川以東、陸奥）も相当数いたのだから。

もし、権威の裏付けがないまま、氏康が利根川を越えれば、またもや「他国の凶徒」と見なされる。国人衆の反発は必至。

▲三国同盟の締結

北条分国の「東」へ戦線を拡大する氏康は、「西」を侵略する意思がないことを駿河の今川義元、甲斐の武田信玄に表明する。そのころ、義元は三河を、信玄は信濃を攻略中だから、彼らが「東」を窺うことはない。

大きく、北条・今川分国間の境は箱根峠、北条・武田分国間の境は小仏峠、信玄の信濃制圧後は碓氷峠が境に加わる。

ここに分国拡大を志向する3者の利害は一致し、1554（天文23）年、**甲相駿三国同盟**が結ばれる。

「河東一乱」停戦条約（1545年）が、より強固になった同盟と、思っていい。河越夜戦に代表される合戦もさることながら、**外交戦略**の巧拙が戦国大名の死命を制するのだ。ちなみに同盟は、当時の言葉では「一和」という。

軍記物では「歴史的な3戦国大名の会談が、駿河であった」と記すが、実際は「相互不可侵」を謳う誓詞と婚姻の約束が交わされ、順次、3氏の間で縁組が挙行された。（135ページ相関図参照）

[北条氏康の分国（河越夜戦の前）]

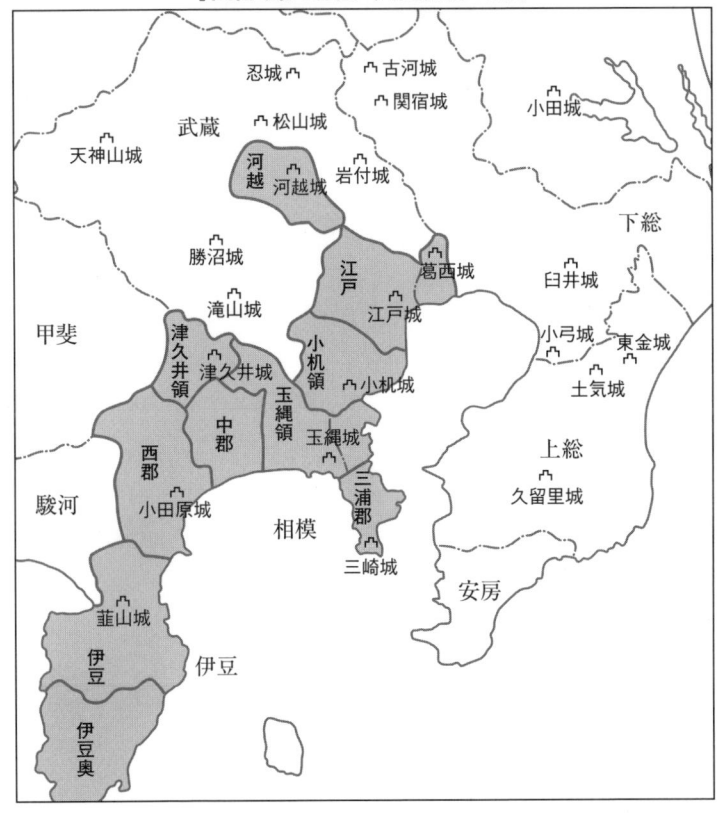

○北条氏政（氏康の嫡子）が、武田信玄の娘（黄梅院殿）を迎える。
○北条氏康の娘（早川殿、蔵春院殿）が、今川氏真（義元の嫡子）に嫁ぐ。
○武田義信（信玄の嫡子）が、今川義元の娘を迎える。

　黄梅院殿の輿入れを出迎えるため、小田原城からは宿老の遠山直景、松田盛秀らが甲斐国境へ出張した。「このような婚儀は、将来もありえない」と記録されるほど、豪華だったと伝えられる。また早川殿の輿入れに際しては、見物人が殺到し、「前代未聞」と記されている。
　しかし、今川義元は氏康への疑念を拭いきれず、氏康の4男・氏規を人質に求めている。駿河東部争奪の後遺症とともに、かつての主従関係意識が残っていたためであろう。
　この氏規と同時期に、駿府で人質暮らしを送ったのが松平元康（後の徳川

家康)。北条氏と家康の接点は、ここに始まる。

かくして、背後を脅かされることなく、氏康が「東」に専念できる環境が整う。義元が尾張へ出陣できたのも、後顧の憂いがなかったからだ。

実は三国同盟締結の背景には、もうひとつ、越後国主・長尾景虎の存在がある。

すでに信玄は戦闘を交えており、氏康にとっては仮想敵国である。なぜならば、景虎は宿敵・山内上杉憲政を庇護しているからだ。早晩、衝突は必至である。

同盟締結が練られている最中、1553（天文22）年のこと。

信玄の攻撃を浴びた北信濃の有力国人・村上義清らは、越後へ落ち延び、景虎を頼る。

そこで、景虎は「義」のために信越国境を越え、信玄に合戦を挑む。有名な**川中島の戦い**の発端である。ただし、かつて憲政と義清が反武田同盟（1547年）を結んでいたことも、見逃せないと思う。

いったん、義清の所領を回復した景虎は、1回目の上洛を果たす。目的は叙位任官（従五位下　弾正少弼）と、朝廷から綸旨を授かることにある。

一言でいえば、権威付け。前述のとおり、幕府・朝廷は地に落ちたとはいえ、権威は権威。そうでなければ、国内情勢が不安定で、かつ北信濃戦線を抱える景虎が、遠く京都まで赴くはずもない。越後は、室町殿御分国のひとつである。だから、景虎は「西」の権威を頼ろうとした。

綸旨の内容は、「平景虎[※5]は、住国ならびに隣国で敵対する者を討伐せよ」（意訳）。住国は越後だが、隣国は信濃、上野……と、情勢に応じて、いかようにも解釈できる。

このようにして景虎は、当面の敵である信玄を「他国の凶徒」と非難し、川中島出陣の大義名分を獲得した。当然、憲政の旧分国（上野＆武蔵北部）の奪回も、視野に入れている。

そして6年後の1559（永禄2）年、景虎は再上洛を敢行する。幕府から、関東管領就任の内諾を得るために。氏康にとって、景虎は大きな脅威となっている。

※5　平景虎：長尾氏は関東八平氏のひとつで、本姓は平氏。なお、上杉氏の本姓は藤原氏。

[三国同盟相関図]

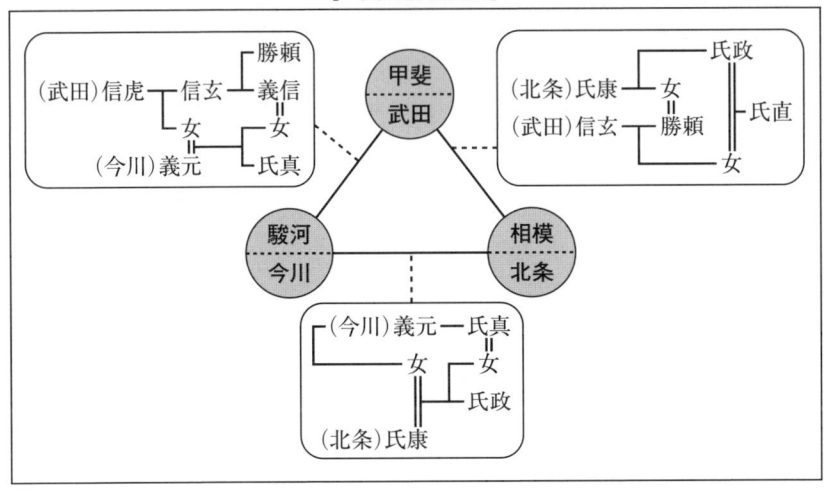

```
(武田)信虎─┬─信玄─┬─勝頼
          │      ├─義信
          │      └─女
          └─女      ‖
         (今川)義元─氏真

        甲斐
        武田

(北条)氏康─┬─氏政─┬─女
                  └─氏直
(武田)信玄─┬─勝頼  ‖
          └─女    女

駿河          相模
今川          北条

(今川)義元─┬─氏真
          ├─女   ┬─女
          │     └─氏政
          ‖
(北条)氏康
```

4 上杉謙信との対決

▲ 北条氏の代替わり

　1560（永禄3）年早々に、氏康は当主の座を嫡子・氏政に譲る。

　このとき、3代氏康は46歳、4代氏政は23歳。人生50年の時代だから、氏康はすでに老境にある。

　この代替わりについて、氏康は「一代の内で、周辺で何もないときに退くのが、聖人の教えです」（意訳）と書状に記す。隠居するにふさわしいタイミングと、判断したようだ。

○北条分国：宿敵の両上杉氏を掃討し、利根川以西を制圧した。分国は、相模・伊豆・武蔵の全域、上野半国、下総・上総の一部まで拡大している。

○関東支配：古河公方義氏を擁立し、自らは関東管領を任じている。

○外交政策：三国同盟締結が実現したため、「西」からの脅威はない。

　氏康の代で、名実ともに北条氏は関東で認知された。次代は〈娘婿・義氏－実子・氏政〉体制が担い、念願の鎌倉府再興、八州併呑を実現させる。

が、敵対勢力が蜂起する可能性も大いにある。

そのためにも、氏康は後見人の立場で、若輩の両人を育成する必要がある。これが代替わりの政治的な理由であろう。

具体的には、関東における**東西分割統治**を意図した面もあったのではなかろうか？　あえて義氏を関宿城に置いた理由は、そこにある。
○利根川以東（下野、下総など）：義氏が旧公方勢力圏で影響力を増す。
○利根川以西（相模、武蔵など）：氏政が北条氏本拠などを固める。

もうひとつ理由があると思う。宗教的、社会的な意味合いである。

そのころ、関東の天候は不順続きで、北条分国は飢饉に見舞われた。疾病のため、多くの死者が出たらしい。代替わりには、そういった現世の救済的側面がある。

人心の一新、自然災害の抑制祈願……、現世の「ゼロクリア」と表現すれば、わかりやすいだろう。

その証拠に、翌1561年、新当主・氏政は分国内で徳政令（経済政策）を発布している。徳政令とは、民衆の貸借関係（債権、債務）を破棄すること。要は貧困化する民衆を救済する措置で、借金の棒引きと思っていい。

また、氏康が意識的に代替わりしたことは、諸家で頻発する父子相克、家督紛争、下剋上の火種を消す効果があった、と思う。関東で展開された「仁義なき戦い」は、氏康にとって反面教師だったのかもしれない。

氏康は智勇兼備にして、自らの分際を心得た3代当主だった、と思われる。智謀の父・氏綱が、彼を「器量人」と評したのも首肯できよう。

ただし、隠居したといっても、氏康は**御本城様**と呼ばれ、依然として実権を掌握している。叔父の北条宗哲は、氏康・氏政父子を「小田原二御屋形」と記している。

このふたりの御屋形は、長尾景虎の関東出陣（1560年9月）によって、一大危機を迎える。情勢の劇的変化が、氏康の事実上の隠居を許すはずもない。

▲ 長尾景虎の関東出陣

関東出陣の前年（1559年）、長尾景虎は2回目の上洛を果たしている。畿内や四国ならばいざ知らず、遠国では非常にレアなケースだ。

今回の上洛目的はふたつ。いずれも喫緊にして重要な問題であり、それを

幕府に相談する。遠路はるばる莫大な献金、贈物を持参して。

余談ながら、日本では昔から収賄行為は、贈る方も、受領する方も当たり前のこと。まるで罪悪感がない。それでいて、当時の窃盗(せっとう)は、少額であっても重罪（死罪）が科せられた。

○関東管領問題

景虎は、憲政から山内上杉氏＆関東管領の相続を打診されている。それを受ける意思があるからこそ、幕府に相談したのだ。前述のとおり、本来の関東管領の任命権は、幕府に帰属する。

幕府からの通達は、「関東上杉五郎（憲政）の進退は、今後、景虎の分別(ふんべつ)、意見に任せますので、奔走されることが肝要(かんよう)です」（意訳）という内容だった。

単に「憲政の件は一任しますので、頑張ってください」と伝えるだけで、正式な相続を承認しているわけではない。

しかし実態的に、幕府は白紙委任状を渡し、相続の判断を景虎に委ねたに等しい。これが、景虎の望む内容だったのだろう。今の幕府には、関東情勢を気にする余裕はない。ただし、献金や賄賂は欲しい。

なお、この上洛時に、景虎は関白・近衛前久(さきひさ)と懇意になる。翌年、血気盛んな前久は、越後経由で関東へ入る。関白の関東下向は、前代未聞の出来事である。

○信濃対策

1558（永禄1）年、信玄は甲斐に加えて信濃の守護に就く。ここでいう守護とは、行政統治権をも備えている。この幕府の措置に伴い、信玄の侵略行為は後追いながらも、正当化される。

川中島で戦い続ける景虎は、それでは合戦の大義名分を失うので、上洛時に幕府に相談する。その回答が、「信州の諸侍（国人衆）には、景虎が意見を加えなさい」（意訳）。

文脈からすれば、関東管領への就任含みで、景虎は「信濃調停権」を獲得した。信玄の「信濃統治権」よりもワンランク上の扱いである。

端的にいえば、景虎は巻き返しに成功したのだ。実効性は別として、その考え方を説明しよう。机上の論議に近いと思われるかもしれないが、これが当時の身分、秩序を構成している。

建前上、関東管領の執政権は、関東10か国に及び、甲斐はその1国。また関東管領は、守護の上位職にあたる。

従って、景虎が関東管領に就任すれば、甲斐守護・信玄の上に立ち、その行動を規制しうる。さらに、景虎は関東周辺国・信濃の紛争に介入し、調停できる。
　言い換えれば、景虎はいくらでも信玄を非難し、宣戦布告できるのだ。景虎の権威活用策も、氏康と同様に巧みである。

　翌1560（永禄3）年は激動の年——。
　北条氏は1月に代替わりし、5月に上総久留里城の里見義堯を包囲する。猛攻に窮した義堯は、有力者・正木時茂を景虎の許に派遣し、関東出陣を求める。
　公方家執事・簗田晴助と、越後在住の山内上杉憲政とが連絡を取り合い、里見氏の仲介を果たしたのであろう。どうやら古河城在城の晴助は、反北条に転じていたようだ。
　西国では、この5月に桶狭間の戦いがあり、尾張を攻めた今川義元は敗死を遂げる。以降、織田信長の勢力は急速に伸張していく。
　さて、里見氏からの要請を受けた景虎は、山内上杉憲政を奉じ、9月に上越国境の三国峠を越える。この関東出陣を「越山」という。そして彼らは小田原城を目指す。
　ここで注意すべきは、「景虎は、憲政の関東入国に供奉して」という点。形式上、遠征軍の大将は憲政であり、景虎は補佐の立場となる。あくまでも関東管領・憲政が旧分国を回復し、再び関東に号令を掛ける。それを前面に打ち出している。
　なぜならば、現時点で景虎は関東管領に就任しておらず、越後守護代・長尾氏の家格では、関東八屋形などが、容易に服属するはずがないからだ。
　現代風にいえば、今の景虎はまだ家格・地位の両面で、ブランド力を欠いている。政治的な〈親北条 or 反北条〉もあるが、それ以前に関東諸侍のプライドの問題がある。
　だからこそ、北条氏代々は家格・地位の向上を志向し続け、古河公方の「御一家」「関東管領」まで辿り着いた。そうして関東諸侍の認知を受けたが、それでも、依然として敵対勢力からは「他国の凶徒」と非難されている。

[長尾景虎（上杉謙信）の関東出陣]

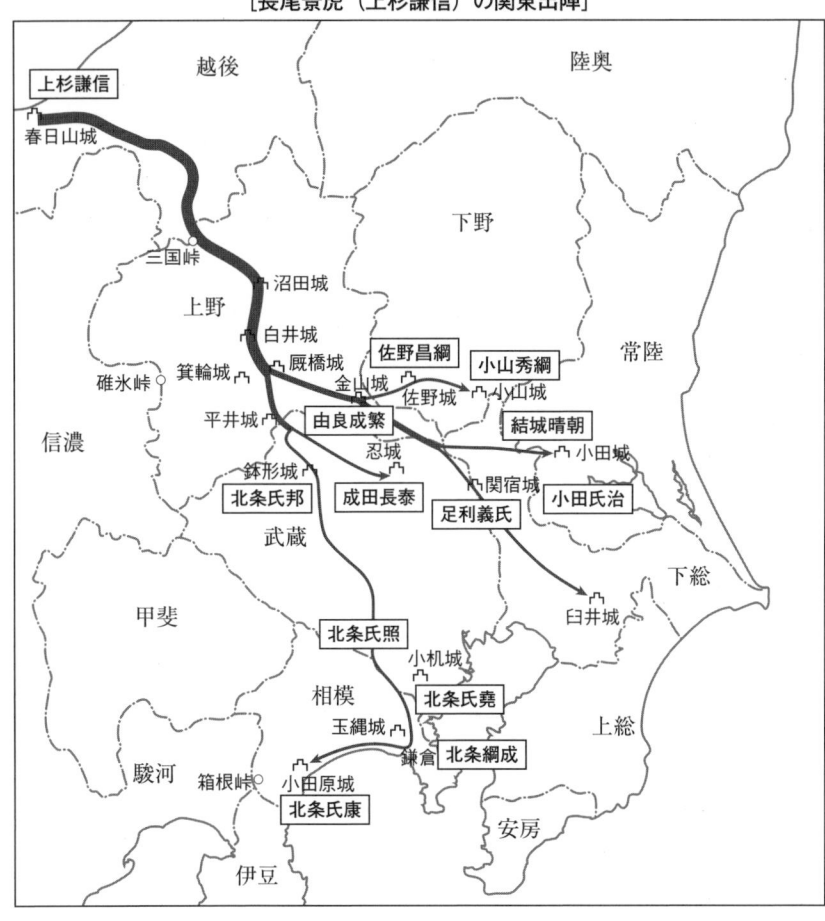

景虎か、氏康か？

　上野に進攻した景虎は、関東諸侍に参陣を催促する。早速、旧山内上杉分国（上野、武蔵）の国人衆、長尾一族が跋扈する下野の国人衆が陣営に馳せ参じる。なお、国人衆は「諸侍」と表記されることも多い。

　このようにして、勢威を増した景虎勢は、沼田城（群馬県沼田市）、厩橋城（群馬県前橋市）と南下し、上野・武蔵一帯の北条方の拠点を攻める。

　上野制圧後、厩橋城で越年した憲政＆景虎は、1561（永禄4）年早々に『関東幕注文』を取りまとめる。正しくは『関東衆幕紋書付』といい、景虎陣営に連なる国人衆（300人弱）の名と家紋がリストアップされている。た

とえば「上州　白井衆　長尾孫四郎（白井長尾憲景）　九ともへ（巴）……」といった具合に。ちなみに諱は記されておらず、景虎を含めて長尾一族の家紋「九曜巴」である。

　たぶん『関東幕注文』は、各衆の識別、行軍、陣立てに用いたのだろうが、憲政＆景虎支持勢力がわかる貴重な史料である。以下、国別に「衆」を掲げよう。

　ただし、国人衆は強きに靡くことを忘れてはならない。もちろん山内上杉氏の回復を願う忠義者も存在するが、「小田原城へ向かう景虎へ抵抗すれば、退治されてしまう」と考える通行途上国の衆も多い。

　突如、〈山内上杉氏 or 北条氏〉の選択を迫られた国人衆の多くは、取りあえず、氏康陣営を離れ、勢いのある景虎陣営に転じる。潜在的な「北条嫌い」も少なくない。が、氏康が反撃に転じれば、また新たな展開が生じる。

　結局、両陣営の戦いとは、思惑とプライドで動く国人衆の奪い合い。

○**上野**：白井衆（白井長尾氏など）、惣社衆（安中氏など）、箕輪衆（長野氏など）、厩橋衆（長野氏など）、沼田衆（沼田氏など）、新田衆（由良氏など）、岩下衆（斎藤氏など）

○**下野**：足利衆（足利長尾氏など）、小山衆（小山氏など）、宇都宮へ寄衆（皆川氏など）、桐生衆（桐生氏・佐野氏など）、古河衆（簗田氏など）

○**武蔵**：武州之衆（成田氏など）、岩付衆（岩付太田氏など）、勝沼衆（三田氏など）

○**その他**：常陸之国衆（小田氏など）、上総衆（酒井氏など）、安房衆（里見氏など）、下総衆（高城氏など）

　それに遅れて、常陸の佐竹氏、下野の宇都宮氏なども景虎陣営に加わったため、軍勢は雪だるま式に膨らみ、16万人を数えたという。話半分にしても、かなりの大軍である。

　別途、安房・上総の里見義堯は、下総の北条方（小弓城、葛西城）を攻めると同時に、義弘（義堯の嫡子）と正木時茂は、海路、〈三浦半島→鎌倉・小田原〉を目指す。

　その一方で、氏康は──。

　景虎の上野進出（1560年9月）に伴い、氏康は武蔵を守るべく、重要拠点の河越城、松山城などを固める。

だが、松山城は太田資正（岩付衆）によって攻略され、戦局は著しく不利に転じる。余談ながら、岩付城・松山城間の連絡に際し、知恵者といわれた資正は犬50匹を用いたという。日本初の軍用犬である。

河越城にいた氏康・氏政父子は、撤退せざるをえない。武蔵では、河越城、江戸城の他に、滝山城（東京都八王子市）と鉢形城（埼玉県寄居町）が重要拠点。両城は、氏康の子である氏照、氏邦が固めた。

河越夜戦後、山内上杉氏の有力被官だった大石定久（滝山城）、藤田氏（鉢形城）は、北条方に転じた経緯がある。

まず大石氏は、武蔵、伊豆、上野などの守護代を歴任し、武蔵西部（多摩地方）を基盤としていた。その家督を、氏康は次男・氏照に継がせている。

次に藤田氏は、猪股党（武蔵七党）以来、武蔵中部に所領を有していた。この名門を、氏康の3男・氏邦が継いだ。現当主を隠退させ、その娘婿に入る形で。この氏照（大石源三）・氏邦（藤田新太郎）兄弟は重要人物なので、記憶に留めていただきたい。

氏康にとっては、思いがけない事態の到来。まさしく**四面楚歌**であり、北条分国は最大の危機に瀕する。

何よりも、占領地（上野、武蔵）の支配体制が予想外に脆弱で、自陣営から敵陣営への寝返り組が続出したことだ。

特に太田資正の動きは、堪えたようで、北条陣営復帰を強く求める書状を送っている。というのも、氏康は資正を自陣営につなぎとめるため、彼の嫡子・氏資に娘を嫁がせ、諱を与えたばかり。

同じころ、関宿城にいる公方義氏は、下野の小山秀綱（関東八屋形、古河公方の有力与党）に対して、「越後の凶徒が上州へ乱入したので、速やかに自ら参陣せよ」（意訳）と命じるが、秀綱は景虎陣営に加わってしまう。

「関東主君」の義氏からすれば、景虎のほうが凶徒扱い。双方ともに、権威の正統性を主張しているのが、おわかりいただけると思う。ちなみに『関東幕注文』で、秀綱は「小山殿」と敬称で記されている。殿が付くのは、ごくわずか。名門の証である。

義氏は、氏康にとって利根川以東の要。あえて彼を関宿城に移したのも、旧公方支持勢力への影響力を発揮させるためであろう。

しかし関東八屋形では、結城晴朝※6だけが公方義氏に従い、他の小山氏、

宇都宮氏、佐竹氏、小田氏、那須氏などは、景虎の許へ参陣する。

簗田晴助も「反義氏＆氏康」に転じ、この機会に藤氏（義氏の庶兄、母は晴助の姉妹）の公方擁立を画策する。またもや内紛の勃発であり、氏康の擁した公方は脆弱だった。やがて義氏は関宿城を退去し、古河城の晴助が同城を接収する。

景虎旋風が吹き荒れ、結局、氏康陣営に留まったのは、「上野の赤井氏（館林城）、武蔵の上田氏（旧松山城）、下野の壬生氏、下総の結城氏（結城城）、千葉氏、常陸の大掾氏など」に過ぎなかった。なお、北条氏の本拠である相模・伊豆は除く。

留まった彼らにも事情がある。たとえば、常陸中央部を基盤とする大掾氏は、「国内で競合する佐竹氏（北部）と小田氏（南部）が景虎に属したから、それへの対抗上」という一面がある。陣営を決める場合、現地での勢力バランスは大きな要素となる。

▲ 景虎の小田原城攻撃

1561（永禄4）年2月、武蔵を突破した景虎勢は、相模へと進む。その破竹の勢いを見て、参陣する国人衆は数多い。

かつて、「南衆」と評された北条氏は北上を重ね、両上杉氏を葬り去った。これを「第1次関東南北戦争」と例えれば、今回の第2次戦争は、怨念に彩られた北からの逆襲である。

しかも景虎勢は、烏合の衆と化したため、各地で乱暴狼藉を働き、放火して廻る。武蔵の某神社では「北条勢に焼かれた社殿を、景虎（上杉謙信）が再建した」という伝承があったが、実際調査してみると、まったく逆だったという。

また現代風に、「景虎には、北条氏の圧政に苦しむ領民を救う目的があった」と解釈する向きもあるが、それはあたらない。というのも、氏康は分国で善政を敷いたからだ。圧政のため、人心が離れたのは、むしろ山内上杉憲政のほう。

食糧や武器を準備し、小田原城に**籠城**した氏康は、三国同盟を結ぶ武田信玄と今川氏真に後詰を要請する。出陣した信玄は、現在の山梨県富士吉田市

※6　結城晴朝：小山氏から同族の結城氏を継いだ。後に佐竹一統に加わった。一時期、宇都宮氏から嗣子を迎えたが、北条征伐後、徳川家康の次男・秀康を養子とした。

まで兵を進める。義元戦死後、家督を継いだ氏真も、救援に向かおうとする。

小田原城を囲んだ景虎勢は、周辺を次々に放火する。軍勢では、景虎が氏康を圧倒している。ところが、景虎は在陣1週間にして包囲を解き、鎌倉へ向かう。

では、なぜ景虎は徹底攻撃を加えなかったのか？

意外と理由がわかっておらず、諸説がある。

○佐竹、小田、宇都宮氏が退去を主張し、その意見を景虎が受け入れた。
○長躯、遠征した軍勢は疲労し、食糧などの補給路にも支障が出た。
○信玄や氏真の援軍が来襲するのを、懸念した。

寄せ集めの景虎勢は、基本的に戦意に乏しかった。そこに、上記の要素が加味されたのであろう。

一方、小田原城に籠った氏康からすると、実際、城が堅固で後詰がある場合、籠城策は効果がある。

河越夜戦のとき、北条綱成は籠城すること7か月。それでも城は落ちず、後詰の氏康が来ると、打って出て敵勢を破った。これが今回の先例にあたる。

大砲や工具もなく、砲兵や工兵もいない時代だから、物理的に寄せ手（景虎勢）は攻めあぐねる。火を放つ程度しか、攻撃手段がない。

逆に城兵（氏康勢）は、梯子を持った寄せ手が押し寄せてくれば、準備した鉄砲で射撃できる。当時の鉄砲は、短距離を撃ちおろす場合が最も効果的。攻撃より守備で威力を発揮する。

また寄せ手は、城兵と後詰（信玄勢、氏真勢）によって、挟撃されるリスクを嫌う。心理的要因といっていい。地理を知らない敵地で急襲されれば、逃げ場にも迷う。軍勢の中で騎馬の侍は約1割。大半が歩兵なのである。しかも烏合の衆だから、混乱は必至。

約30年後の北条征伐（1590年）に際し、4代氏政は小田原城での籠城を主張した。その背景には、このときの**成功体験**があるのだろう。

▲ 関東管領に就いた謙信

鎌倉に引き揚げた景虎は、山内上杉憲政から家督＆関東管領職を譲られる。代々の系図、「竹に雀」の家紋などとともに。

山内上杉氏を継いだ景虎は、憲政から一字拝領して、諱を政虎（後に輝虎[*7]）

と改める。有名な「謙信」は晩年の法号だが、以降、本書では**上杉謙信**と表記したい。

32歳にして、謙信は「山内殿」と関東諸侍から敬称される身分となったのだ。一大出世である。

その儀式は、鶴岡八幡宮で執行された。もちろん関東諸侍の信仰を集めたことがあるが、北条分国で執行する点に意味がある。しかも、建立したのは2代氏綱。敵国打破をアピールするのに、これ以上ふさわしい場所はない。

謙信にとっては、栄光に包まれた一世一代の舞台。だが、越後出身の謙信は、関東の慣例に精通していなかったようだ。無理からぬ一面もあるのだが……。

謙信は、儀式に参列した関東諸侍とトラブルを起こす。

関東八屋形の千葉氏は、席次で小山氏よりも下だったことを怒り、憤然として兵を引き揚げたという。鎌倉幕府以来、将軍横の座席は千葉氏とされていたからだ。

また武蔵の有力国人・成田長泰(ながやす)も、謙信から「無礼」と扇で叩かれたため、離反してしまう。武士のプライドを、傷つけられたために。

儀式に際して成田長泰は、唯一人、下馬しなかった。それを謙信は咎めたわけだが、先祖は「武家の棟梁」源義家にも馬上で挨拶し、以後、それが成田氏に認められた経緯がある。その慣例に従った長泰は、面目を失う。満座の中で、恥をかかされたのだ。

少し話が先走るが、最終的に謙信の関東攻略は失敗に終わり、氏康が復活する。その理由を、『甲陽軍鑑』では次のように記している。

「関東管領に出世した謙信は、関東の諸大名を急に被官のごとく従わせようとし、荒っぽい統治を行った。そのため、人々は謙信から離反し、また元の北条氏康に大半の大名が帰属した」（意訳）

こうして関東管領に就いた謙信は、早速、公方執事・簗田晴助に誓詞を送り、「私は関東の事情に通じていないので、公方家の跡継ぎについては、ご意見に従います」と記した。

さらに、自身の希望を以下のように書いた。重要な内容である。

「東国のことはもとより、坂東者（関東諸侍）の成敗は古河様（公方）に

※7　輝虎：13代将軍・足利義輝から「輝」を賜り、諱を輝虎に改めた。

あります。それを前提として、東副将（関東管領）と5か国の守護を拝領したく存じます」（意訳）
　謙信のスタンスを整理しよう。
○**古河公方**：「関東の行政統治権、諸侍の成敗権（司法権）は、公方様に帰属します」⇒ただし、謙信は北条方の義氏を担ぐつもりはなく、晴助の意向に従うとしている。
○**関東管領**：「公方様からの任命をお願いします。東の副将（No.2）として、公方様を奉じます」⇒幕府からの内諾は得ているが、新たな古河公方から正式任命してほしい、という意図がある。
○**守護国**：「上杉氏が守護を務める5か国（越後、上野、相模、武蔵、伊豆）について、改めて私を守護に任命願います」⇒越後は越後上杉氏、上野・武蔵・伊豆は山内上杉氏、相模は扇谷上杉氏の守護国だが、越後以外はすべて「他国の凶徒」北条氏に奪われてしまった。氏康退治、諸国奪回の大義名分を、謙信は守護任命に求めている。

　これで、謙信の関東経営の考え方も氏康と同様だったことが、おわかりいただけると思う。執事・簗田晴助の奪い合いという意味も。
　まずは、「古河公方ありき」。そして、義将といわれる謙信の「義」の対象は、古河公方なのである。
　晴助と協議した謙信は、公方に藤氏（義氏の庶兄）の擁立を決める。藤氏と憲政は古河城へ入り、関東に権威が並立するに至る。
○公方義氏＝関東管領・北条氏康
○公方藤氏＝関東管領・上杉謙信、前管領・上杉憲政

　その**正統性**を懸けて、氏康と謙信は10年近くも戦い続ける。互いの家名相続すら認めず、氏康は謙信を「長尾景虎」と、謙信は氏康を「伊勢氏康」と表記しながら……。
　さらに事態を複雑にしたのが、関白・近衛前久[※8]の下向。前久は天皇に次ぐ貴人である。謙信を支援するために、前久は関東に赴き、古河城に入ったのだが、関東諸侍の受け止め方には混乱があったようだ。「越州公方」と呼

※8　近衛前久：関白でありながら、血気盛んな前久は「長尾一筋」という起請文を入れ、越後経由で関東に入った。好奇心旺盛な人物で、後に織田信長の武田征伐に従軍し、本能寺の変での暗躍説もある。また九州の島津氏まで訪ねている。

ばれたという。

　要するに、前久の政治的な意図や立場がわからない。そのために今でも、「謙信は、前久を関東主君（鎌倉公方）に仰ぐ密約を交わしていた」「謙信は、藤氏の補佐を前久に託そうとした」などの説がある。

　氏康も「困惑した」と伝えられる。が、それ以上の動きは見せていない。前述のとおり、2代氏綱の後妻は近衛家の出身とされる。事実であれば、前久の叔母が「氏康の継母」にあたるわけで、両者は深いつながりがあるのだが。

　ともあれ、その後、関東を離れた前久は、「仔細あり」として越後経由で京都へ戻ってしまう。「謙信が立腹しているようですが、迷惑に思います」（意訳）と記した彼の書状が残っており、それからすると、謙信と喧嘩別れしたようだ。

❺ 氏康の逆襲

▲ 謙信の越後帰国

　1561（永禄4年）4月、関東出陣以来8か月が経過した時点で、謙信は鎌倉から帰国の途に立つ。〈相模→武蔵→上野→越後〉のコースを辿って。

　関東在陣中、謙信は軍事面で氏康を圧倒し、関東管領就任、古河公方擁立など権威を確立したが、関東諸侍との間に不協和音も生じている。

　一方、氏康と同盟する信玄は、信濃から西上野へ進み、謙信の退路を断とうとする。留守時の信濃情勢とともに、信玄の後方撹乱を恐れ、謙信は兵を引いた。

　謙信は、越後国人・北条毛利高広[※9]に上野経営を託し、厩橋城の城将を命じる。高広が、謙信勢の関東方面軍司令官といっていい。

　厩橋城経由で、6月末に越後に戻った謙信は、休む間もなく、8月に信濃へ出陣する。これが、第4次川中島の戦い。「謙信と信玄の一騎打ち」があったとされる有名な合戦だ。

※9　北条毛利高広：越後国人衆で、戦国大名・毛利元就の本家筋にあたる家柄。上杉謙信に重用されたが、後に3代氏康に通じる。上杉・北条同盟締結後、再び謙信に属す。御館の乱（1578年）では、三郎景虎（氏康の子）を支援した。その後、主人を転々と変えた。

従来の村上義清らの旧領回復に加えて、関東遠征時の背後の脅威を断つ目的が、大きくクローズアップされている。

これで、おわかりいただけるだろう。謙信の関東管領就任によって、川中島の戦いに質的な変化が生じたことが。第4次合戦は、信濃の局地戦ではなく、関東南北戦争の色彩を帯びたことが。

謙信の帰国後、巻き返しを図る氏康は、武蔵へ出陣して松山城を囲む。その間、いったんは謙信陣営に走った成田長泰（武蔵忍城）、佐野昌綱（下野佐野城）らは、再び氏康に帰属する。

信玄の応援を得た氏康が、じりじりと盛り返す。その様子を、『甲陽軍鑑』では次のように記している。ただし、数字は当てにならないので、関東諸侍が靡く雰囲気をお汲み取りいただきたい。

「上杉家の衆（12万人）の内、6万人が北条へ降参したので、氏康公の勢力は伊豆・相模を合わせると、7万5000人になった」（意訳）

以降の**両陣営**の動きは、以下のとおり。

○1561（永禄4）年

川中島から転戦した信玄は、碓氷峠を越え、西上野へ侵入する。一方の謙信は関東へ出陣し、佐野昌綱を攻撃するが、城の守備は固く、容易に落ちない。下野の佐野城は交通の要地であり、以降、謙信の佐野城攻めは10数回に及ぶ。

○1562（永禄5）年

北条方の上野館林城を攻略した謙信は、佐野城を再び攻める。

そのころ、形勢不利になったため、近衛前久・山内上杉憲政は、古河城から厩橋城に移り、さらに謙信とともに越後へ戻る。

古河城に残った公方藤氏も、「北条氏照の古河城攻め」を聞くと、弟の藤政らとともに安房の里見義堯を頼って落ち延びる。このようにして、謙信が関東で確立した権威は、わずか2年足らずで崩壊してしまう。

一方の氏康は、下総葛西城を奪回し、戦局を優位に進める。このころ、常陸の小田氏、小山氏、那須氏などが氏康陣営へ転じる。その結果、佐竹氏を除く関東八屋形がほぼ氏康に帰属する。

○1563（永禄6）年

信玄と連携した氏康・氏政父子は、念願の松山城攻略を果たす。武蔵経略の要となる山城で、この攻防戦を謙信は「ここに関東の安危（あんき）が極まる」と記

すほど重視している。

　実はその前に、城を守る太田資正は謙信に救援を要請したが、越中（富山県）対応で謙信は動くに動けず、資正は城を明け渡す。

　このとき、謙信は里見義堯・義弘父子に出兵を求め、里見氏も〈安房・上総→下総〉と軍勢を進めるが、松山城落城を聞いて兵を引き揚げる。

　遅れて関東へ出陣した謙信は、武蔵岩付城を拠点とし、氏康陣営の成田長泰、小田朝興（成田長泰の実弟、武蔵騎西城）、小山秀綱（下野祇園城）、佐野昌綱らを攻め、服属させる。そして、藤氏を古河城に復帰させる。

　しかし、関東諸侍は謙信が帰国すると、再び氏康陣営に転じる。「オセロゲーム」の盤面に似た感じで、このパターンが繰り返される。謙信からすれば、関東出陣は負荷ばかりが掛かり、成果を上げることができない。

　一方、氏康は古河城を攻め落とし、藤氏を幽閉する。それに代わって、義氏が相模から古河城に入る。

▲ 第2次国府台合戦の勝利

　第2次国府台合戦（1564年）とは、氏康・氏政父子が、下総国府台で**里見・太田連合軍**を撃破した一戦。2代氏綱が小弓公方・里見連合軍を破った第1次合戦から、26年後の出来事。

　多少複雑なので、合戦に至る経緯を示そう。

　まず里見氏は、ほぼ上総を制圧し、下総を侵略中。対抗上、下総の千葉氏は氏康陣営に属し、迎撃態勢を取っている。

　次に、武蔵松山城を退去した**太田資正**は、本拠に移るが、その岩付城も氏康の攻撃に曝される。再び資正は、謙信に出陣を求める。謙信は、またもや里見氏に援兵派遣を要請する。

　さらにもうひとつ、氏康の足許で事件が起こる。

　江戸城代のひとり・**太田康資**（江戸太田氏、江戸衆筆頭）は、道灌の末裔に生まれながら、氏康に仕えることに嫌気がさしたのか、氏康からの離反を決意する。「江戸領を我が物に」という思いも、あったのかもしれない。

　菩提寺に江戸太田一族を集めた康資は、そこで「もう後戻りはしません」と先祖に誓い、一族の資正（岩付太田氏）の許へと走る。謀反の密謀が洩れたために、江戸城から逃れたという話も伝わるが、いずれにせよ両太田氏は「反氏康」でまとまる（99ページ系図参照）。

1564（永禄7）年早々、里見義弘は国府台城に進み、太田資正や康資も合流する。軍記物では、里見勢6000人、太田勢2000人とされる。そのころ、謙信は常陸の小田氏治（常陸小田城）を攻撃中。南下すれば、里見・太田連合軍へ合流可能な場所にいる。

　一方の氏康は、「太田家中は一段と心もとない状況です」（意訳）と記すとおり、江戸太田康資の不穏な動きを警戒していた。そこで、早速、軍勢を整える。氏康勢は、氏康以下、氏政、氏照、氏邦、綱成、松田憲秀、遠山直景（江戸城代のひとり）ら2万人を数えたという。下総の千葉一族も参戦している。

　合戦は2日続き、初日は里見・太田連合軍が勝利し、氏康勢の遠山直景ら1000人が討たれた。実は、江戸太田康資は直景の娘婿。その責任を痛感した直景が、先鋒を進んだ結果らしい。

　軍記物によれば、夜になって、氏康が偵察を放つと、里見勢は緒戦の勝利に酔い、油断していたという。義弟・綱成と相談した氏康は、ここで挟撃策を取り、軍勢を二手に分けて、翌朝から総攻撃を掛ける。

　ここに連合軍は、戦死者2000人という惨敗を喫し、里見義弘や正木時茂・時忠は、里見分国（安房・上総）へ撤退する。岩付太田資正は上総へ、江戸太田康資は安房へ落ち延びる。

　軍記物では、両日の戦死者は合計9000人強と記され、数字の信憑性は別としても、相当な激戦だったようだ。

　合戦は氏康勢の圧勝に終わる。敗走する里見勢を追って、氏政は下総を南下し、上総まで侵入する。以降、さまざまな動きはあるが、上総国人衆は一斉に氏政に靡く。氏康は、房総方面を氏政に託したようだ。

　さらに里見氏の重臣・正木時忠（上総勝浦城）までもが、北条陣営に転じたため、里見氏は「安房の防衛で必死」という状態に追い込まれる。

　合戦の数か月後、上総国人衆の仲介によって、太田資正は岩付城に帰還するが、「親北条」の嫡子・氏資（氏康の娘婿）は、父と実弟・梶原政景[10]を城から放逐してしまう。

　出家して三楽斎と名乗った資正は、政景とともに武蔵に雌伏して岩付城奪回を狙う。謙信は氏資の行為を「言語道断です」と非難し、資正の没落を

※10　梶原政景：太田資正は、次男の政景に家督を譲ろうとし、そのために長男・氏資と不和が生じたらしい。なお、上杉謙信から遠祖・梶原源太にちなみ、梶原姓を与えられたという。また、古河公方家の側近の家を継いだからともいう。江戸期には結城秀康（家康の子）に仕えた。

「口惜しいことです」と嘆く。そして、資正に越後に来ることを勧めるが、彼は本領回復を諦めることなく、常陸の佐竹義重※11を頼る。

「反北条」の佐竹義重は、常陸片野城（茨城県石岡市）を資正に預け、客将として遇した。「親北条」である小田氏との戦闘を、彼に託すために。また、資正は庇護を受けるため、娘を義重の側室に出したともいう。ちなみに江戸太田康資のほうは、安房で没している。

▲ 謙信陣営の退潮

今や多くの関東の諸侍が、氏康・氏政父子に鞍替えしている。関東の謙信陣営を支え、氏康と対抗するためには、謙信の遠征が必須条件。

しかし、越後・関東間の距離の壁は厚く、雪の降る冬場は越山が難しい。また、終始、信玄が謙信の動きを牽制している。

それでも謙信は関東出陣を繰り返すが、関東諸侍が従うのはそのときだけ。退潮ムードに歯止めが利かない。関東の戦局は〈氏康＝優勢、謙信＝劣勢〉のまま推移し、各地での攻防戦が続く。

1565（永禄8）年、岩付城を支配下に入れた氏康は、関宿城の簗田晴助を攻める（前述のとおり、すでに古河城は攻略済）。

また、謙信・佐竹連合軍によって、前年に小田城を奪取された小田氏治は、氏康の支援を得て本拠回復に成功する。

翌1566（永禄9）年になると――。

乾坤一擲を期す謙信は、氏康陣営の佐野宗綱（昌綱の嫡子）、小田氏治を攻めて降伏させた後、いったん上野に戻って軍勢を整え、下総臼井城の原胤貞を猛攻する。印旛沼付近まで、謙信は押し寄せたのだ（139ページ地図参照）。

謙信の辿ったルートを、現在の地名で表記すれば、〈新潟県上越市→群馬県沼田市→前橋市→栃木県佐野市→茨城県つくば市→群馬県館林市→千葉県佐倉市〉となり、広範囲な地域に及ぶ転戦だったことがわかると思う。

ここで、劣勢の謙信が採った戦略を考えてみよう。現在の状況は、次のとおりである。

※11　佐竹義重：「鬼」と呼ばれた猛将で、常陸南部の小田氏、陸奥南部の白河結城氏などを攻め、佐竹分国の拡大に努めた。また関東諸将と縁戚関係を持ち、「反北条」の佐竹一統を形成した。

○上杉謙信

謙信は、上野厩橋城（城将・北条毛利高広）までは維持している。彼の主要与党は、下野足利城の足利長尾当長、下総関宿城の簗田晴助、常陸の佐竹義重・太田資正、安房の里見義弘くらい。なお、公方に担いだ藤氏は、氏康によって幽閉の身となっている。

○北条氏康

多くの国人衆、領民の支持を得た氏康は、本拠の相模・伊豆を維持し、再び武蔵を制圧している。その勢いで、上野を窺う。

また第2次国府台合戦の結果、上総奪取に成功。下総の千葉氏・結城氏、常陸南部の小田氏、下野南部の小山氏・佐野氏なども、氏康に属している。

政治的には、公方義氏を古河城に入れ、旧公方支持勢力への影響力を維持している。

要するに、「氏康の壁」に阻まれた謙信は、〈上野→武蔵〉と利根川以西を南進できない状態。そこで利根川以東を〈上野→下野→常陸→下総〉と錐揉みのように進み、点在する与党との連携を図ろうとした。

前述のとおり、謙信が佐野城攻めを執拗に繰り返したのも、このルートを確保するためだ。当時の街道は狭く、大軍が通行できる道は限られている。また、利根川や渡良瀬川を渡河できるポイントも限定される。このような地理的要因を忘れてはならない。

もしも下総攻略に成功すれば、利根川以東の謙信与党は「点と線」で結ばれる。再び安房・里見氏も〈上総→下総〉と北上してくる。

利根川以東＆房総を制圧すれば、劣勢を挽回でき、氏康と十分に拮抗できる。そう、謙信は考えたのであろう。

氏康陣営の退路遮断を懸念しつつ、謙信は下総臼井城を攻める。退路のリスクとは、越後・上野間は信玄の攻撃、上野・下野間は佐野氏の寝返り、下野・常陸・下総間は氏康陣営の攻撃、小田氏の寝返り……。それでも押し進んだのだから、謙信は戦局を一変させようと、意気込んだのだと思う。

だが、結果は失敗に終わる。籠城する原胤貞の守備は固く、氏政の援軍も到着したため、謙信勢は死傷者数千人といわれる大敗を喫した。

謙信勢は越後へ撤退する。これを**潮目**に、関東の謙信陣営は著しく後退し、関東諸侍の大部分が氏康に属した。謙信陣営に留まったのは、一部の上野国人衆、佐竹氏、里見氏などに過ぎない。しかし、佐竹氏や里見氏の場合

は距離の壁があり、しかも通路は氏康陣営によって遮断されている。

　それに引き換え、氏康は相模＆伊豆、武蔵、上総に加え、実力で下総、下野南部、常陸南部をも支配圏に入れた。八州併呑が視野に入ってくる。関宿城で抵抗していた簗田晴助・持助父子も、いったん和睦に応じる。

　このとき、氏康は52歳。そして「謙信撤退」を機に、戦線への出馬を止めたという。また官位でも、氏康は**相模守**に、当主・4代氏政が左京大夫に任官する。前述のとおり、相模守は執権・北条氏が代々就いたポストである。

　寄る年波のため、氏康は実戦の第一線からリタイアした、と思っていい。以降、軍勢を率いるのは、当主・氏政、その弟の氏照、氏邦らである。

　ただし、軍事上の代替わりであり、政策面では、引き続き「御本城様」氏康が実権を掌握している。

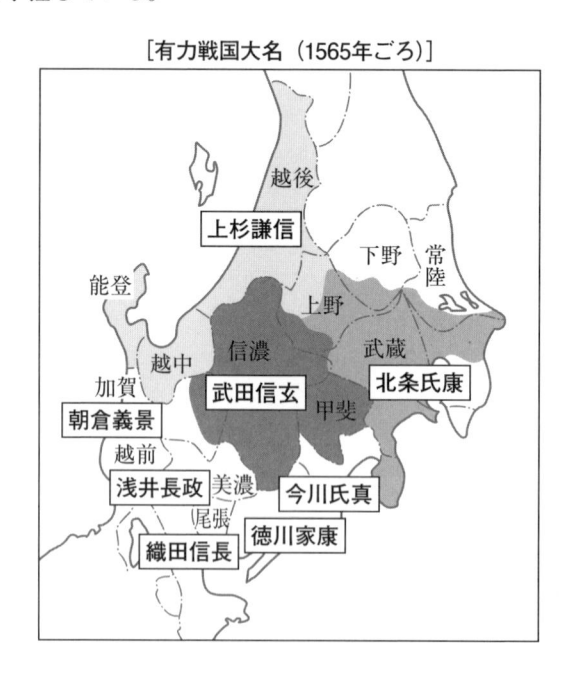

［有力戦国大名（1565年ごろ）］

▲ 上野・房総の戦局

　1566（永禄9）年、謙信は「祈り申す所のこと」という**願文**を神社に捧げる。
「分国のいずれも無事長久なこと。とりわけ越後、上野、下野、安房は何事もなく、喧嘩、口論、狼藉、博打、火事などがなく、夢にも兵乱を見ないように。また中でも越後、佐野、倉内（沼田）、厩橋の地が無事長久であり

ますように」(意訳)

　このように、謙信は「分国の静謐」「主要拠点の維持確保」を祈願したわけだが、最初の関東遠征(1560年)のときと様変わりしている。
　当時、謙信が守護拝命を望んだのは、「越後、上野、相模、武蔵、伊豆」の5か国。越後は元々の支配国、上野は氏康との係争国、残り3か国は北条分国である。
　それが、6年後の願文では、肝心の北条分国が消え失せ、下野、安房が加わっている。だが、下野は一部を勢力圏としているに過ぎず、安房は同盟する里見氏の分国。ならば、現実の謙信は、自らの勢力圏(越後、上野)を守ることで汲々としていたことになる。
　謙信が掲げた主要拠点にも、その意識が色濃く反映されている。北から記すと、上野の沼田城は越後との出入口、厩橋城は上野支配＆関東経略の拠点、下野の佐野城は利根川以東を南進する際の基地。この3拠点と、拠点を結ぶ街道を確保することが、関東遠征の必須条件なのだ(139ページ地図参照)。

　さて、氏政は〈武蔵→上野南部・東上野〉への侵入を繰り返す。同盟する信玄も、〈信濃→西上野〉を攻撃する。謙信に服属していた東上野の国人衆は悲鳴を上げ、雪崩をうつように氏政に帰属する。由良成繁(金山城)、足利長尾当長(館林城)などの謙信陣営の有力諸将である。
　さらに厩橋城将・**北条毛利高広**までもが、氏康陣営に寝返ってしまう。信玄にも「昵懇にしていただきたい」と誼を通じる。
　それは、謙信にとって関東経略の挫折を意味する。
　なぜならば、関東への通路を遮断されたからだ。逆に氏政が、〈厩橋→沼田→三国峠〉と攻めれば、越後の危機に直面する。今や、沼田城を確保するのが精一杯。
　激怒した謙信は、高広の離反を「天魔の所業」と非難するが、退勢は覆うべくもない。謙信は、書状で次のように記す。
　「関東のことは、北条丹後(高広)に任せていました。しかし、わがままな振る舞いがあり、当方(謙信)に知らせないことも多々ありました。そのため、佐竹(義重)、横瀬(由良成繁)らも姿勢を変えました」(意訳)
　氏康・氏政父子が、どのようにして高広を内応させたのか？　それはわからない。高広に独断専行があったようだが、謙信の援兵もないままに、孤立

無援状態に陥った高広は、降伏を選択する以外になかったのだろう。また、高広を謙信の「被官」と考えれば、その行動は自然ともいえる。

　窮地に陥った謙信は、〈沼田→佐野〉への新街道を切り拓き、佐野城の維持確保を期す。唯一の関東への橋頭堡といっていい。

　ところが、城将を託された越後国人衆は、合戦に嫌気がさし、城を放棄して逃げ出す始末。謙信は新たな城将を送り込み、梃入れを図る。が、翌1567（永禄10）年、佐野昌綱を支援する氏政が佐野城を包囲したため、城は昌綱に明け渡される。

　もはや関東へ出陣できない状態にまで、謙信は追い込まれた。氏康・氏政父子の**圧勝**である。

　だが、安房では様相を異にする。

　第2次国府台合戦で敗北した里見義弘は、1566（永禄9）年、再び上総へ進出を開始し、佐貫城（千葉県富津市）を奪取する。ほぼ謙信の下総臼井城攻撃と同時期なので、連携作戦だったと思われる。

　前述のとおり、謙信は致命的な敗北を喫し、撤退を余儀なくされたが、義弘の勢威は振るった。

　そこで、翌1567（永禄10）年、氏政は太田氏資（氏康の娘婿、武蔵岩付城）とともに、陸路を辿って上総へ攻め入る。一方、三浦水軍を管轄する北条綱成は内海を渡り、上総へ向かう。

　氏政勢は、佐貫城の北方に位置する三船山に布陣する。そこを義弘勢が包囲する。戦闘が始まると、義弘は臆病風に吹かれたと見せかけ、兵を引く。それを深追いする氏政勢を、横合いから正木党が突く。

　氏政勢は混乱に陥り、土地勘がないために沼に突進し、進退が窮まる。その結果、太田氏資らは戦死を遂げ、氏政勢は大敗を喫した。海路を進んだ綱成も、里見水軍に行く手を阻まれ、上陸できなかったようだ。

　北条五代の中でも、秀吉の北条征伐を除けば、**三船山の戦い**は唯一に近い敗北だと思う。

　圧勝した義弘は、足利藤政（藤氏の実弟、義弘正室の兄弟）を擁立し、再び下総へ侵入する。「反北条」では共通するが、撤退した謙信とは異なる動きを示す。

⑥ 上杉・北条同盟

▲「越相一和」の締結

　1568（永禄11）年の暮に、北条氏に大きな衝撃が走る。「西」の押さえというべき「三国同盟」が、崩壊したのだ。

　弱体化する今川氏真を狙った信玄は、同盟を破棄して、軍勢を〈甲斐→駿河〉へと進める。

　実は、前年から信玄との関係が悪化したため、氏真は謙信に接近を図った経緯がある。南北からの武田分国挟撃策。信玄は氏真の背信を憤り、挟撃策を打破しようとしたらしい。

　「駿河は、東海地方の豊かな国だから」「信玄は、東海道に出て西上を目指そうとした」などの説は、後追いの理屈に過ぎないと思う。遺恨、憎悪などが、戦国大名の行動原理を構成している。氏康は八州併呑、謙信は旧守護国奪回というビジョンがあったが、信玄には際立ったものがない。

　また、信玄に呼応して、今川分国の西からは、徳川家康が〈三河→遠江〉へと侵入する。両者の国境は大井川とする。この駿河侵攻時、信玄は織田信長＆徳川家康と友好関係を結び、「西」の備えとしている。

　甲駿同盟の破棄（手切れ）とは、**国交断絶**。それは、信玄と氏康との敵対化も意味する。というのも、今川氏と北条氏は骨肉の間柄なのだから。

　信玄の侵攻に伴い、駿河の有力国人衆は一斉に信玄に靡く。そのため、氏真は駿府館を支えきれず、遠江掛川城（静岡県掛川市）へ落ち延びる。氏真の正室（氏康の娘）も、徒歩で退避する有様。それを氏康は、次のように嘆いている。

　「愚老（私）の息女は、乗物（輿）も求め得ない状態でした。この恥辱を雪ぐことはできません」（意訳）

　翌1569（永禄12）年早々、氏真を救出すべく、4代氏政は軍勢を率いて駿河へ出陣する。旧領の駿東郡を制圧し、駿府近くの興津川まで兵を進めるが、そこで信玄勢と対峙する。

一方、掛川城は徳川家康に包囲される。そのため、氏政は「氏真＆籠城兵の助命」と引き替えに、家康に「遠江割譲」を提示して、講和する。信玄は、家康が氏真を解放したことを、大層、憤ったらしい。
　開城とともに、海路、遠江を離れた氏真は、小田原に引き取られる。実質的な今川分国の瓦解である。
　ただし、氏真は氏政の嫡子・国王丸（後の5代氏直）を猶子（ゆうし）として、駿河を譲っている。猶子とは養子と似ているが、契約上、擬制上の親子関係を結ぶもので、子の姓は変わらない。
　わかりやすく書けば、北条氏直は今川氏を相続する義務を負わずに、駿河を譲渡されたことになる。「駿河を信玄から取り返した暁（あかつき）には……」という条件付きの約束手形、と思っていい。
　信玄の行動に強い危機意識を覚えた氏康は、氏政を駿河へ出陣させると同時に、密かに宿敵・謙信に**講和**を求める。昨日の敵は今日の友。
　余談ながら信玄も、西国の将軍・足利義昭＆織田信長を通じて、謙信に「越甲和睦」を働き掛けようとした。当時、信長は室町将軍家を奉じている。しかし、結局は挫折している。

　越相一和（上杉・北条同盟）は、衝撃的な政策転換という以外にない。氏康は謙信を圧倒し、越後に押し込めたと同然なのだから。
　当主の氏政は、「謙信は信用できない」と和睦には消極姿勢であり、外交折衝は氏康主導のもと、複数のルートで進められる。
　北条氏照（氏康の次男、武蔵滝山城）、氏邦（氏康の3男、武蔵鉢形城）、上野国人衆などが交渉役になっている。メインは上野方面軍司令官・氏邦なのだろうが、父の意向を受けた氏照も以下の書状を謙信に送っている。
　「駿河（今川氏）と相模（北条氏）は不離の間柄です。今般、甲斐（武田氏）が駿河へ乱入いたしました。表向きは駿河と越後（上杉氏）が示し合わせ、信玄滅亡を企てたとしています。貴国（越後）への内通によって、今川殿は滅亡の危機に瀕しています。この上は、ぜひ当方（今川＆北条氏）への一味をお願いします。ご同意を頂き、累年の鬱憤（うっぷん）を晴らされるのは、このときです」（意訳）
　基軸は**反信玄同盟**。「越相一和」を、氏康・謙信間で締結する。形式上、当事者の氏真も加えて、信玄退治に向けた統一的軍事行動を取る。
　氏康の意向を受けた旧謙信陣営（現氏康陣営）の由良成繁、足利長尾当

長、北条毛利高広が仲介者として、謙信の家臣と折衝を重ねる。
　数年間、敵対し続けた両陣営の話し合いが、難航したのは言うまでもない。
　謙信自身は、和睦に消極的だったとされる。越相一和の是非を訊ねた佐竹義重、太田資正などが、「和睦反対」の意向を伝えてきた面も大きい。むしろ、彼らは謙信に関東出陣を望む。当時、下総関宿城の簗田晴助が、北条氏照勢の攻撃に曝されていたからだ。
　だが、謙信の家臣団（有力被官、国人衆）は、和睦に大乗気。なぜならば、彼らは北条氏の強さを知っており、合戦の連続で疲弊し切っていたからだ。
　1569年4月、両陣営の代表者が上野で会談を開き、和睦の条件提示を行う。小田原城からは、氏康側近の遠山康光が出向いている。

▲▲▲ 同盟の合議事項

　ポイントを絞って、まず双方の主張を以下に記そう。
　争点は、「誰が公方に就くのか？」「誰がNo.2の関東管領になるのか？」「国分け（所領の分割）をどうするか？」の3点である。

■北条氏康の主張
○公方：足利義氏（氏康の甥、娘婿）を公方とする。地域的な古河公方というよりも、正しくは「関東公方様御名代の事」とあるとおり、「関東主君」の鎌倉公方（関東公方）の意味である。
○関東管領：北条氏康とする。2代氏綱が、古河公方から関東管領に任命されたことを踏まえている。
○国分け：伊豆、相模、武蔵（北条分国）の完全支配を主張する。

■上杉謙信の主張
○公方：足利藤氏とする。以前に、謙信は藤氏を担いだ経緯がある。
○関東管領：上杉謙信とする。山内上杉氏の当主が、関東管領に就く。その正統性を訴求する。
○国分け：上野（旧山内上杉氏の分国、現在はほぼ北条分国）の割譲を主張する。同時に武蔵の岩付、松山、忍など6か所について、旧領主への返還を求める。これは、城と所領を失った太田資正や国人衆への配慮である。
○養子縁組：北条氏政の次男・国増丸（後の太田源五郎）を、謙信の養子に迎える。

特に国分けを巡って、交渉は難航したが、以下の内容で合意に達する。双方の和睦推進派が、諦めなかったからだ。謙信の家臣は、渋る主人を説得する。とともに、和睦締結を願う氏康が、国分けで譲歩した点が大きい。

■合議内容
○公方：足利義氏とする。⇒氏康の主張が実現する。実は、謙信が推す藤氏が没していた事情もある。その事実を謙信は知らなかったようだ。公方の権威失墜を、リアルに感じさせる話である。
○関東管領：上杉謙信とする。⇒以降、譲歩した氏康は、謙信に対して敬称の「山内殿」を用いる。
○国分け：上野は謙信に割譲する。ただし、武蔵は一部返還に留める。従って、北条分国は伊豆＆相模、武蔵の大半となる。⇒上野といっても、北条分国の範囲内であり、信玄が侵食した西上野は、謙信が自力で回復せざるをえない。また武蔵6か所は、現実問題として所有権の調整が難しく、無条件で旧領主に返還できない事情がある。結果、太田資正の場合は岩付城返還が実現しなかったので、憤った資正は謙信から離れていく。
○養子縁組：氏政の子を、謙信の養子とする。一方、謙信は人質として柿崎晴家（重臣・柿崎景家の子）を差し出す。⇒ちなみに謙信には子がおらず、生涯で3人の養子を迎える（178ページ系図参照）。

5〜6歳の幼子・国増丸を養子に出す。それを、氏政は不憫に思う。そのため、氏康は子の三郎（氏政の弟）を代わりに充てる。翌1570（元亀1）年、三郎は越後春日山城に赴き、**上杉三郎景虎**を名乗る。

氏康は、この養子縁組を喜び、「山内殿」謙信に次の書状を送っている。

「子息・三郎が、城中（春日山城）で御祝儀を挙げたそうで、愚老（氏康）にとって、これ以上の本望はありません」（意訳）

6月に入って、双方の誓詞が交わされ、ここに「越相一和」が実現するのだが、他にもいくつかの合議事項がある。

氏康の取りなしにより、許された北条毛利高広は、謙信の許に復帰する。当時、北条氏照は簗田晴助を攻撃中だったが、謙信からの申し出に従い、氏照は自軍の砦を破却する。背景に、晴助が謙信に救援を要請していたことがある。

同盟に至る謙信の心境を記しておこう。

謙信は相次ぐ関東戦線での敗戦によって、追い詰められていた。担ぎ上げる公方はおらず、陣営の求心力は低下する。上野は侵食され、遠征路の確保すら困難な状況に至っている。

また、信濃川中島では5回も信玄と戦うが、戦局に好転の兆しはなく、信濃国人衆の所領回復は実現できない。越後国内では、信玄に内応する国人が反旗を翻している。

要は八方塞がり。従って本音の世界では、氏康の和睦申し込みは「渡りに船」だったと思う。渋るのは建前上のポーズ。というのも、氏康は関東管領を譲ることで、謙信のプライドを守っている。また上野占領地域を、謙信に返還したからだ。利害面でいえば、謙信の方がメリットは大きい。

▲ 幻の里見・北条同盟

実は、「越相一和」の折衝開始（1569年1月）とほぼ同時に、氏康は**里見義堯・義弘父子**に和睦を申し出ている。

その背景には、やはり三国同盟の瓦解がある。謙信以上の脅威を、氏康は信玄に抱いている。今や北条分国の「西」は、信玄が制圧している。

氏康の至上命題とは、信玄と戦闘を交え、駿河（旧今川分国）を奪回すること。宿敵・謙信と手を結べば、武田分国（甲斐、信濃、西上野、駿河）を南北から挟むことができる。

ただし、それで万全とはいえない。関東の利根川以東、以西を席巻する北条氏にも、隘路がある。謙信の関東与党、というべき諸将の存在は見過ごせない。

佐竹氏、簗田氏などとは、局地的な戦闘を続けているが、特に三船山の戦いの後、房総で勢力を盛り返した里見氏の存在は脅威。里見氏が陸路で下総へ、海路で武蔵・相模へ侵入すれば、北条氏は防衛戦線を張らざるをえない。武総の内海を囲む形だから、広範囲の戦線を。

しかし、それは兵の分散につながり、「西」の対信玄戦線に支障をきたす。まして信玄と里見氏が手を結べば、北条分国は挟撃されるリスクを負う。

だからこそ、越相一和と機を一にして、**房相一和**（安房・相模同盟）を申し込んだのだ。リスク回避策である。

もちろん、今川氏真の没落を目の当たりにした氏康が、反北条勢力と和解し、「関東静謐」を真摯に願った一面もあるのだろうが。

氏康が里見義堯に宛てた書状の主旨は、次のとおり。

「駿河（今川氏）より、安房（里見氏）と相模（北条氏）が一和し、甲斐（武田氏）へ大軍を向けてほしい旨の申し出がありました。安房と相模の戦いは際限なく、諸卒は疲れ、万民は嘆いています。この機にお互いの恨みを捨てて、講和が成就すれば、大変めでたく存じます」（意訳）

しかし、義堯は過去の恨みを忘れることなく、和睦を拒否する。そして簗田晴助・太田資正経由で、房相一和の件を謙信に伝え、越相一和の締結に反対の意向を表明する。

ところが、上記のとおり、関東諸将（謙信与党）の反対を振り切って、謙信は氏康と同盟を結んでしまう。

逆に謙信は、義堯に「氏康との同盟」を勧める始末。別途、謙信は、氏康に対して、里見氏の上総支配権を認め、さらに下総の割譲まで要請したという。さすがに、氏康は了解しなかったようだ。それでは、初代盛時以来の房総出陣が、無に帰してしまう。

いずれにせよ、与党の関東諸将には、「謙信の裏切り行為」と映る。不信感を抱いた彼らは、謙信陣営から離脱する。

義堯・義弘父子は、氏康からの和睦打診、謙信からの勧めをともに拒否する。そこへ、今度は**信玄**から同盟の誘いが寄せられる。

合従連衡、遠交近攻策の応酬、といっていい。信玄の書状には、「小田原退治」と記されている。謙信と袂（たもと）を分かった関東諸将（佐竹義重、簗田晴助、太田資正、里見義堯・義弘など）に、信玄は「北条分国を東側から攻撃する」ように求めたのだ。

その大義名分として、里見氏が奉じる足利藤政（藤氏の実弟）を、信玄は新公方に担ごうとする。小田原退治は、「公方様（藤政）を鎌倉にご帰還させる」ための戦いだと。

○**反信玄同盟**：足利義氏（古河公方）、北条氏康・氏政、上杉謙信、今川氏真
○**反氏康同盟**：足利藤政、武田信玄、里見義堯、佐竹義重、簗田晴助

このように、「関東三国志」を彩る氏康、謙信、信玄が、鎌倉公方の末裔を三者三様に神輿として担いだのは、注目に値する。それぞれ、足利義氏、藤氏、藤政。彼らは異母兄弟である。

謙信や信玄には、天下統一の意思がなかったことも、これでおわかりいただけるだろう。「考えもしなかった」と記すほうが、適切かもしれない。

たとえば謙信は、関東の実態的支配、旧守護国の回復を夢見たが、あくまでも立場はNo.2。西国は将軍、関東は公方の擁立が、前提条件にある。下剋上の時代といっても、謙信は「絶対的権威に取って代わろう」とは露ほども思っていない。

繰り返しは避けるが、それが中世のフレームであり、依然として「家格の壁、身分の壁」は大きい。

▲ 武田信玄の攻勢

これまでの動きを、年表で整理してみよう。
○1568（永禄11）年12月：武田信玄の駿河侵攻、徳川家康の遠江侵攻、今川氏真の没落
○1569（永禄12）年1月：北条氏政の駿河出陣、北条氏康の「越相一和」（上杉謙信）、「房相一和」（里見義堯）打診
○同年5月：氏政の氏真救出、氏政が家康と和睦
○同年6月：越相一和の締結

上杉・北条同盟が結ばれた6月、南下した信玄は、伊豆韮山城を攻める。北条氏にとっては、創業の城である。続いて信玄は、氏政が占領した駿河東部の深沢城（静岡県御殿場市、城将・松田憲秀）、興国寺城（城将・垪賀氏続）などを攻撃する。

信玄は神出鬼没、変幻自在――。しかも偽装工作を多用するので、どの侵入路を辿るのかは、見当がつかない。

北条分国（伊豆、相模、武蔵）へ入る主要な峠は、以下のとおりだが、ストレートに「箱根の坂」を越えて、小田原を突く可能性もあるし、変化球の場合も想定される。いずれにせよ、国境の警戒を怠ることはできない。
○**箱根峠越え**：甲斐→駿河→伊豆→相模
○**小仏峠越え**：甲斐→武蔵
○**碓氷峠越え**：甲斐→信濃→上野→武蔵

9月になって、信玄は武蔵に姿を現す。難所の多い箱根峠越えを避け、信玄が率いる本隊は碓氷峠、別働隊は小仏峠越えといわれる。

合流した信玄勢2万人は、武蔵の鉢形城（北条氏邦）、滝山城（北条氏照）

を囲むものの、攻撃することなく包囲を解き、相模川を渡って、〈厚木→国府津（こうづ）→酒匂川（さかわがわ）〉と南下する。そして、一気に小田原城に迫る作戦だ。

このようにサラリと書けばそれまでだが、ある意味、奇妙な光景である。

信玄は諸城を攻撃せず、また北条勢も反撃や抵抗を示していない。だから、信玄勢はスムーズに〈上野→武蔵→相模〉へと進軍している。

当時の城は、街道や峠などを守る要地にあり、戦闘が始まると、領民は城に避難した。まだ兵農未分離のころである。

従って信玄勢が北条分国に押し寄せれば、城主以下領民に至るまでが城に籠り、彼らが通り過ぎるのを待つ。無駄な戦いで、命を粗末にする必要はない。台風の接近と同様に考えれば、わかりやすい。

さて、小田原城の氏康・氏政父子は、謙信宛てに「沼田まで出て来る約束ですが、その後の音沙汰がありません。信玄は信濃、西上野の兵を甲府に集めています」（意訳）と、出陣を促すが、謙信は越中へ出陣中。

越相一和は、**同陣**（統一的軍事行動）が前提にある。信玄を牽制する役割を、北条氏は謙信に期待している。にもかかわらず、一向に謙信は約束を履行しない。それどころか、合議事項の細部を「不審あり」と照会してくる。所領回復に関して、謙信は極めて貪欲である。

特に4代氏政は、謙信に対する不信感が強い。

実は、越相一和が結ばれるまでの間、氏政は駿河へ出陣中だった。あくまでも同盟は氏康主導だったこと。合議事項が、謙信有利に決まったこと。その両方に不満を抱いていたようだ。それが実子ではなく、弟の三郎景虎への養子交代につながるのだが……。

信玄来襲の少し前、氏政は仲介役・由良成繁に「謙信への不満、怒り」をぶつけている。半分、自棄（やけ）気味だ。

言うに言えないが、同盟を決めた父への不満、鬱積も相当あったようだ。その書状の内容を記そう。

「管領職と上州一国、武州各地まで渡しているのに、なおも輝虎（謙信）は、ほしいままにしています。どこまで、氏政を押し詰めようとするのでしょうか？ ……（成繁が）お望みならば、上州一国を進上いたしましょう」（意訳）

10月早々、信玄勢は小田原城を攻め、付近に放火する。城には、氏康・氏政父子以下が籠城している。城の被害の程度はわからないが、謙信の関東遠

征以来、8年ぶりに分国の本拠が襲撃を受けたのだ。衝撃が走ったのは、当然だろう。

ところが、信玄はわずか3日間で攻撃をストップし、鎌倉鶴岡八幡宮参拝という偽情報を流しつつ、最短距離で甲斐へ引き揚げようとする。

〈相模→甲斐〉の**三増峠**越えである。現在の神奈川県津久井郡から愛甲郡にかけての山伝い。相模湖※12付近と、イメージいただきたい（177ページ地図参照）。

北条氏も、その帰路を予想していたようだ。北条氏照、氏邦以下2万人が三増峠付近に布陣していた。氏照らは、小田原城からの氏政出撃を待ち、信玄勢を挟撃する予定だったが、到着を待たずして攻撃に踏み切った。

以後の戦いの概要は、よくわからない。山岳戦に巧みな信玄勢の勝利、とされるが、氏照も勝利したかのような書状を残している。

信玄は記す。「北条氏政の居住地（小田原城）を粉砕し、武相両国にことごとく放火しました。相州三増峠で北条新太郎（氏邦）、助五郎（氏規）以下の凶徒2000人を討ち取りました」（意訳）と。

一方の氏照は記す。「信玄は津久井筋を退散しました。まだ氏政は駆けつけていなかったのですが、先手の衆、足軽が敵を押し崩し、数多くの者を討ち取りました。……信玄を討ち留められなかったのが、無念でなりません」（意訳）と。

余談ながら、このときの信玄勢には武田勝頼（信玄の子）、馬場信房などに加え、**真田昌幸**（幸村の父）も参戦している。『甲陽軍鑑』では、先頭を務める馬場隊の「一番槍」が、昌幸だったとしている。

信玄が小田原を去った後、氏康は謙信に書状を認める。

「信玄は上州を廻って、当国（相模）まで出張してきました。退路を攻撃するため、相武の境・三増山まで追い込みましたが、敵は素早く去り、1日遅れで取り逃がしました。無念でなりません。（謙信の）ご加勢がなかったため、このような結果になりました」（意訳）と。

信玄への反撃を述べつつも、意図するところは、何ら軍事行動を示さない謙信への「恨み節」。

さすがに謙信も、あわてて上野沼田城まで出陣する。ところが、氏康の要請する信玄牽制（西上野出陣）を行うことなく、謙信は下野佐野城へ進む。

※12　相模湖：神奈川県相模原市にある人造湖（ダム湖）。氾濫を繰り返す相模川の治水対策用に、第2次世界大戦後に完成した。

実は、謙信にも不満が燻っている。武蔵岩付城の返還交渉が難航しており、太田資正に顔向けできないからだ。そういった個別事情はあるにせよ、謙信の約束不履行は間違いない。その前に、同盟を急ぐあまり、氏康が妥協し過ぎた面も否めないが。

それにしても、信玄の小田原城攻撃はわかりづらい。慌しい関東縦断は、単なる北条氏への示威行動だったようだが……。

1570（元亀1）年、氏康・氏政と謙信の足並みが揃わないのを尻目に、信玄は駿河東部、伊豆、上野、武蔵を攻め、暮には駿河・深沢城を攻撃する。

現在の御殿場市が突破されれば、足柄峠越えで、小田原城は間近い。北条綱成らが籠城していたが、翌1571年初め、援軍もないままに開城する。その結果、駿河東部は信玄の制圧下に入る。が、それ以上の攻撃は仕掛けてこない。

▲ 氏康の死

1570（元亀1）年3月、依然として氏康は、「越相一和の継続、房相一和の締結」を望んでいた。8月になると岩付城割譲の交渉で、謙信の家臣・大石芳綱（山内上杉氏の旧臣）らが小田原城を訪問する。

そのとき芳綱は、氏康に関する風聞を入手し、具体的な症状を記録している。かなりの重病だったようだ。中風といわれるが、現在の認知症だったのかもしれない。

「御子たちの見分けがつかない」「食べ物も飯と粥を一度に持つ。食べたい物は指で指す」「御大途（公儀の重要事項）は何も知らない」「今度、信玄が伊豆へ動いたことも知らない」……。

翌1571（元亀2）年4月、「武田・北条の和睦（甲相一和）」の噂が囁かれ始める。氏康は、噂を否定する書状を謙信に送るが、以降、両者の連絡は途絶える。

苦労して氏康が推進した上杉・北条同盟は、合議事項への不満に終始し、謙信の約束不履行のため、肝心の統一的軍事行動が実現しないまま、自然消滅してしまう。

この4月時点で、「氏康の健康は、いったん回復していた」とされるが、症状からすると、かなり難しい状態だったと思われる。

10月になって、氏康は病没した。享年57。その2か月後、4代当主氏政は、

信玄と同盟を交わす。時代は再び激しく動き出す。

　軍記物『北条五代記』によれば、氏康は慈悲深く、「**文武智謀**を兼ね備えた達人」と記されている。
　現在でいう税制改革、経済振興策、首都の市場拡大策などを次々に実行した。特に有名なのが、目安箱の設置（訴訟対応の充実）、分国内の伝馬制度（情報連絡網の整備）である。
　数多い戦国大名の中でも、際立った人物といえよう。

　氏康は、正室（今川氏親の娘、端渓院殿）や側室との間に、9男8女を儲けた。次章でも登場する人物も多いので、簡単に触れておきたい。
　まず男子は、長男の氏政が4代当主となる。
　次男・氏照は武蔵滝山城主（甲斐方面軍）、3男・氏邦は武蔵鉢形城主（上野方面軍）として、氏政を支えている。今川氏の人質だった4男・氏規は、帰国後、氏政を補佐する立場になる。
　7男とされる三郎は、謙信の養子となって、上杉三郎景虎を名乗る。なお、母は宿老・遠山康光の娘。
　次に女子は、今川氏真正室（早河殿、蔵春院殿）、足利義氏正室（浄光院殿）、武田勝頼正室（桂林院殿）の他に、一門の北条氏繁、下総の千葉親胤、足利一族の吉良氏朝（武蔵世田谷城）などに嫁いでいる。いずれも政略結婚である。

Ⅴ

4代北条氏政

全盛期を実現

西暦	和暦	氏政関連の主な出来事（※一般事項）
1538	天文7	4代氏政誕生
1560	永禄3	氏政、家督を相続
1561	永禄4	上杉謙信、小田原城包囲　※第4次川中島の戦い
1562	永禄5	嫡子・氏直誕生
1564	永禄7	第2次国府台合戦で勝利
1569	永禄12	武田信玄が三国同盟破棄
1571	元亀2	上杉・北条同盟締結
1573	天正1	3代氏康没す
1578	天正6	上杉・北条同盟破棄 武田・北条同盟締結 ※室町幕府の滅亡
1580	天正8	御館の乱（上杉氏の家督争い）が起こる 家督を氏直に譲る
1582	天正10	武田勝頼の滅亡 本能寺の変 徳川・北条同盟の締結
1590	天正18	北条征伐 氏政の切腹

① 氏政の外交政策

▲ 武田・北条同盟の再締結

　氏政は幼名を松王丸といい、1560（永禄3）年に家督を継ぎ、23歳で4代当主の座に就いた。1571（元亀2）年、父の氏康が没し、名実ともに北条氏の頂点に立ったのは、34歳のとき。

　北条征伐（1590年）の結果、北条氏は滅亡したため、後世の「氏政評価」は低いものの、武勇に優れた彼の代に、北条氏は**最盛期**を迎える。

　1571年の暮、氏政は武田・北条同盟（甲相一和）を締結し、氏康主導で進められた上杉・北条同盟（越相一和）を解消する。氏康の死に伴う一大外交政策の転換である。

　俗説では、逝去する間際、氏康は「やはり謙信は信頼できない。これからは信玄と手を結べ」と遺言したとされるが、明らかに氏政の意思である。

　同盟は、今川氏真の相模追放、国分けを前提とする相互不可侵協定。

　氏真追放は信玄の強い要望であり、小田原近郊に館を構えていた氏真は、北条分国を去って、徳川家康を頼る。

　信玄にすれば、駿河侵攻の原因は氏真にある。また、越相一和に氏真も加盟していることを、思い出していただきたい。ここに、「骨肉の間柄」とされた今川氏・北条氏の縁が切れる。印象論だが、氏康であれば、氏真追放はありえなかったと思う。その分、氏政は割り切るタイプだったのかもしれない。後述する古河公方家への対応も、また然り。

　さて、信玄との国分けについては、以下の取り決めがなされた。

○**北条氏政**：駿河東部を信玄に割譲する。以前、氏康が謙信に割譲した上野については、信玄が占拠している西上野の支配権を認める。

○**武田信玄**：武蔵で占拠した所領を、氏政に返還する。以降、信玄は関東に干渉しない。

　東西の国分けがなされた結果、氏政は「西」を懸念することなく、「東」

の八州併呑に邁進できる環境が整う。ただし、関八州の中で、**西上野**だけは除外。この点が、北条征伐前夜にクローズアップされるので、記憶に留めていただきたい。

　一方、北条氏からの連絡が途絶えた謙信は、「房州（里見義堯）、佐竹（佐竹義重）、太美（太田美濃守資正）と手切れしたのを、後悔しています」（意訳）と、書状に記している。

　本書では、便宜上、これまでも謙信と記しているが、実際に法号「謙信」を名乗るのは、この年の暮。同盟解消が、彼の心理状態に大きな影響を与えたのは、間違いないと思う。

　通常、同盟が解消された場合、人質は帰国させる。それが筋であり、柿崎晴家（上杉氏が提供した人質）は小田原から越後に戻されている。

　しかし、謙信は三郎景虎（氏康の子）を小田原に戻すことはなく、氏政もまた返還を求めていない。つまり、三郎景虎は人質の扱いではなく、正式な謙信の養子。言い換えれば、三郎景虎という接点を残したまま、北条氏と上杉氏は手切れ状態になった。

　ここで、現時点の群雄割拠状況を記しておこう。
〇**北条氏政**：相模、伊豆、武蔵、下総・上総の一部
〇**上杉謙信**：越後、東上野
〇**武田信玄**：甲斐、信濃、西上野、駿河、遠江の一部
〇**里見義堯**：安房、上総
〇**佐竹義重**：常陸北部、陸奥南部

　謙信が、武田・北条同盟への対抗上、再び旧謙信陣営（佐竹＆里見氏）と手を結ぶのは、当然の成り行きであろう。上記のとおり、彼は手切れを後悔しているのだから。

　里見義堯の場合、今度は信玄から氏政との和睦を斡旋されたが、それを拒絶している。

　ただし、里見氏や佐竹氏が謙信陣営に復帰したといっても、越相一和の顛末があるだけに、謙信との間に微妙な距離が生じている。一言でいえば、不信感。ともに反北条ではあるものの。

◆ 謙信陣営との戦い

　信玄もまた、「東」に脅威を感じることなく、「西」の遠江攻略に邁進する。このころの信玄は、西国の反織田信長勢力に担がれている。それが、「信玄上洛志向説」とつながるが、そこまでの意思を信玄は持ち合わせていない。

　1572（元亀3）年には、三方が原の戦いで徳川・織田連合軍を破り、家康を敗走させるものの、翌年、信玄は53歳で病死を遂げる。

　信玄の後継者は、4男の勝頼。代替わりだが、武田・北条同盟は勝頼・氏政間で維持されていく。

　さて、越相一和のころ、下総関宿城攻めは中止されていたが、1573（天正1）年、手切れとともに氏政は攻撃を再開する。

　簗田晴助・持助父子が籠る**関宿城**は、謙信陣営の重要拠点。

　利根川水運の要地であり、古河城にも近い。利根川以東の下総・下野進出を目指す氏政にとって、最大の攻略目標だ。3代氏康は、「関宿の地は一国に匹敵する」と語ったという。

　他に謙信陣営の拠点は、武蔵の羽生城（埼玉県羽生市）、深谷城（埼玉県深谷市）があり、こちらも氏政が攻撃を加えている。

　ところで、関東の情勢は目まぐるしく動き、特に利根川以東では、「親北条」だった下総・結城氏、下野・小山氏、宇都宮氏が、今度は謙信陣営に転じる。ただし、厳密にいえば「**親佐竹**」に近い。

　たとえば宇都宮氏は、佐竹義重と縁戚関係を結び、同盟を結ぶ。宇都宮氏は、有力国人・壬生氏に対抗するため。常陸南部を侵食する義重は、その一方で、陸奥にも侵入しているから、氏政の攻撃を防衛するため。

　大雑把にいえば、氏政が関宿城を攻略すれば、佐竹氏などは「次の標的にされる」という危機意識を抱き、抵抗姿勢を固めた。そう思っていただきたい。氏政の分国拡大意欲は、極めて旺盛である。

　翌1574（天正2）年も、氏政・氏照兄弟は関宿城を徹底的に攻撃する。

　余談ながら、当時の武器では攻撃力に限界があり、放火や糧道の遮断程度しか方法がない。また城兵の皆殺し、といった発想も乏しい。敵を降伏させ、その兵力を傘下に加えるのが基本線。兵を殲滅させてしまえば、元も子もなくなる。

とは言っても、猛攻に窮した簗田持助は、佐竹義重に救援を求め、さらに関東管領・謙信にも出陣を要請する。微妙な関係に陥っているが、他に頼むべき戦国大名がいないのも事実。

それに応えた謙信は、2月、武田勝頼を牽制しつつ、関東へ出陣する。氏政に属する由良成繁（上野金山城）を攻めた謙信は、利根川まで進んだものの、増水した大河を渡れずに、沼田城へ引き揚げる。

対岸の北条勢も同様に、攻撃できずに終わるが、由良氏支援のため、氏政は厩橋城を攻撃する。

厩橋城将は、謙信の許に復帰した北条毛利高広が務めている。だが、上杉氏と北条氏の旗色を窺う高広に、どこまでの戦意があったのだろうか？　それはさておき、氏政は下総、武蔵、上野と、謙信陣営の拠点を攻め続ける。

同年11月になって、謙信は再び関東へ姿を現す。上野から利根川を越えた謙信は、武蔵鉢形、松山、忍、さらに下野足利などを放火して廻り、下野祇園城（小山秀綱の本拠）に至る。簗田晴助や小山秀綱と事前の相談があり、ここまでは予定の行動だったようだ。

次いで謙信は、**佐竹義重**に参陣を求める。義重は義弟・宇都宮広綱を支援するため、常陸から出陣していた。が、義重は謙信との統一的軍事行動を拒否し、逆に関宿城の処置を一任するよう求める。謙信に対する不信感は凄まじい。

越相一和を締結したがゆえに、謙信はかつての威光を失い、求心力は著しく低下している。そのリカバリーのため、関東へ出陣した、といっていい。

やむなく対応を任せた謙信は、武蔵各地に放火し、落城寸前の羽生城を破却する。そして厩橋城経由で帰国する。

どうやら氏政は、謙信の来援を承知しつつ、義重に和睦を打診したらしい。義重は、陸奥南部では白河結城氏[※1]と戦い、常陸南部では宿敵・小田氏と争い、下野では宇都宮氏を支援中。だから、関宿城の後詰はままならぬ事情があった。

その弱みを衝かれ、義重は「反北条」の姿勢を緩めたのであろう。義重は氏政との単独講和を固めつつ、謙信に対応一任を迫った。それが実態だった、と思う。

「謙信は義重の裏切りを怒り、帰国した」という話もあるが、いささか謙

※1　白河結城氏：下総の名門・結城氏の分流ながら、南北朝初期には勅命で結城氏の惣領とされた。戦国期の当主・義親は、一時期、佐竹義重の子を養子に迎えるが、後に伊達政宗に従う。

信を美化し過ぎる嫌いがある。

　義重による仲介の結果、簗田晴助・持助父子は関宿城を氏政に明け渡し、属城の水海城（茨城県古河市）へと退く。

　この関宿城や羽生城の様子を、氏政は書状に記す。「輝虎（謙信）敗北」と。

▲ 古河公方の権威

　簗田父子は、関宿城に足利藤政（公方義氏の庶兄）を奉じていたが、開城とともに藤政は自害を遂げたという。小山秀綱、里見義堯、武田信玄が、一時期、公方擁立を企てた人物だ。関宿城の頑強な抵抗の背景には、「藤政の在城」があったのであろう。

　簗田父子は、上杉＆佐竹の共同作戦を期待していた。にもかかわらず、救援どころか、逆に開城まで余儀なくされてしまう。

　そのため、内輪揉めした謙信と義重を大層恨み、これまで反抗してきた5代古河公方義氏へ奉公するに至る。

　当時、義氏は古河城に在城しており、**北条氏照**が補佐している。氏照が公方直轄領での紛争を裁定する一方で、公方支持勢力に指示を下す。

　たとえば、江ノ島（神奈川県鎌倉市）は公方直轄領だったので、氏照は漁業権に関する裁定も行っている。「他村の者は、江ノ島で魚介類を採ってはならない。掟を破った者は成敗する」（意訳）と。

　このように、氏照（武蔵滝山城）は実質的な公方執事。おそらく武田・北条同盟の締結により、甲斐方面軍司令官の必要性が薄れたことも、背景には

[北条氏略系図]

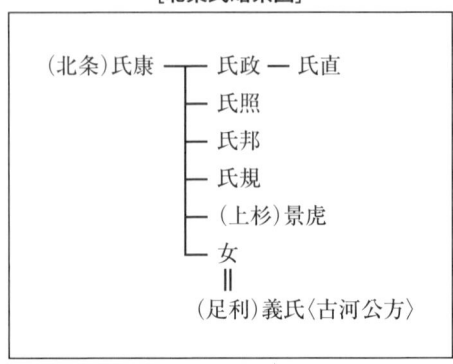

```
（北条）氏康 ─┬─ 氏政 ─ 氏直
              ├─ 氏照
              ├─ 氏邦
              ├─ 氏規
              ├─ （上杉）景虎
              └─ 女
                  ‖
                 （足利）義氏〈古河公方〉
```

あるのだろう。

　ただし執事といっても、職制では鎌倉幕府・執権の次位である「連署」にあたる。連署に就くのは、執権・北条氏の有力一族。さらに執権は相模守に、連署は陸奥守に任官するのが常だった。

　その構図が北条五代でも引き継がれ、3代氏康は〈左京大夫→相模守〉となった。そして、関宿城攻略後、氏照は陸奥守に就く。

　氏照の立場は、北条分国では氏政のNo.2（連署）、古河公方家では公方義氏のNo.2（執事）とイメージしていただきたい。両家をつなぐ橋の役割を果たした、ともいえよう。

　ちなみに越相一和で、3代氏康は謙信を関東管領と認めたため、4代氏政もそのスタンスを受け継いだようだ。実弟の三郎景虎が謙信の跡を継げば、山内殿＆関東管領になる、という考えもあったと思う。

　初代盛時は箱根の坂を越え、2代氏綱は多摩川を渡った。3代氏康は利根川以西を制圧し、4代氏政は利根川以東へ攻め入る。これが地理的な北条分国拡大の歴史である。

　その大義名分を打ち出すために、2代氏綱は北条に改姓し、No.2の立場で公方を擁立した。かつ縁戚関係を結んで。2代氏綱は〈小弓公方義明→古河公方高基〉を、3代氏康は〈古河公方晴氏→義氏〉を、といった具合に。

　そして4代氏政は父の戦略を踏襲し、公方義氏の権威を、古河公方の潜在的勢力圏（利根川以東）で、活かそうとする。

　というのも、反北条勢力が担いだ公方候補者（藤氏、藤政）は没している。今や義氏だけが、正統な血筋を主張できるからだ。それに、下野の小山氏、宇都宮氏、下総の結城氏などの関東八屋形が従えば、氏政の八州併呑（関八州制圧）も実現に近づく。

　しかし、旧公方支持勢力の関東諸将には、氏政の動きは露骨に映ったようだ。3代氏康と4代氏政のスタンスには、かなりの**違い**があったからだ。

　現代風に表現すれば、氏康はNo.2の立場で、敬意を持って公方義氏に接し、その権威を重んじた。確かにライバルだった関東管領・謙信の存在もあるが、おのれの分際をわきまえていた。

　ところが、謙信を駆逐した（自滅の要素も高いが）氏政は、義氏を利用するばかり。自分がNo.1のつもりで、貪欲なまでに所領拡大を図ろうとする。

　そのニュアンスを、結城晴朝は次のように記す。代々、古河公方家に忠実な家柄で、義氏を奉じる氏康に、晴朝は従っていた経緯がある。

「氏康の没後、氏政・氏直父子は、忠と不忠がわからず、ただ目先の利潤だけをほしいままにしている。表裏があって、結城氏の先忠（氏康に帰属）を忘れ、氏政は結城領を没収しようとしている。従って、晴朝は相府（小田原）に親しみがたく、佐竹義重とともに、北条氏を敵とした」（意訳）

唯一、正統な公方――。という切り札を、氏政は私利私欲のために、活かしきれなかった。分際を越えたと思えば、わかりやすい。
「公方を活かさなかった」と表現を変えれば、それは下剋上にあたる。いずれにせよ、氏政の代に、北条氏は戦国大名に脱皮したともいえる。
少なくとも氏政は、中世の影響を払拭しようとし、自らは「大途」と称したようだ。大途とは公儀※2、北条分国の国主の意味である。

もうひとつ、利根川以東の他に、氏政には積年の課題がある。
それは房総。盛時以来、出兵を繰り返しているが、里見氏の頑強な抵抗に遭っている。里見氏を征伐しない限り、北条分国は、内海からの攻撃リスクを負い続ける。
その里見氏では、1574（天正2）年、68歳で義堯が没し、名実ともに義弘に代替わりした。三船山惨敗の過去もあり、氏政は虎視眈々と房総も狙う。

▲ 利根川以東・房総へ

1575（天正3）年の初め、利根川を渡った氏政は、北関東の有力諸将への攻撃を開始する。
○下野祇園城攻め
祇園城（栃木県小山市）は、小山秀綱の居城。謙信の第1次関東遠征のとき、秀綱は小山衆を率いて参陣した。が、以降は攻撃される都度、北条陣営と上杉陣営の間を往来して、所領と家名を保ち続けている。
秀綱は結城晴朝の実兄にあたり、晴朝と同じスタンス。かつては、公方に藤政を担ごうとしたこともある。そのため、氏政の攻撃を浴びたわけだが、窮した秀綱は謙信、佐竹義重に救援を求める。
なぜか、数か月前の関宿城救援時とは様変わりし、謙信と義重は仲直りし

※2　公儀：中世から近世にかけて武家の公権力。江戸期では、〈幕府＝公儀〉となる。

たようだ。再び盟約を結んでいる。

　しかし、謙信、義重が具体的な支援活動を示さなかったので、翌1576（天正4）年、秀綱は城を明け渡し、義重を頼って常陸へ落ち延びる。祇園城を接収した氏照は、普請を施して、下野・常陸進出の拠点とする。

　余談ながら、小山の地は、徳川家康の「小山評定」[※3]（1600年）で知られる。上杉征伐に向かう途中、家康は小山に布陣したが、それは源頼朝の奥州征伐（1189年）に倣ったもの。この地で、平氏方の佐竹氏を威嚇しつつ、頼朝は〈小山→宇都宮→白河〉と進み、奥州藤原氏を攻めた。

　この故事からも、北条氏の拠点と化した祇園城が、佐竹・宇都宮同盟にとって脅威だったことが、おわかりいただけると思う。

○下総結城城攻め

　祇園城に続く標的は、結城城。1577（天正5）年、氏政は攻撃を加える。

　このころ、氏政侵攻に危機感を抱いた北関東の諸将は、佐竹義重を中心に結集し、縁戚関係を軸とする「反北条連合」を結成する。盟約を結んだのは、常陸北部の佐竹氏、常陸中央部の江戸氏、下野中央部の宇都宮氏、下野北部の那須氏、下総西部の結城氏。

　逆に上記と所領が隣接する諸氏は、氏政陣営に加わる。常陸南部の小田氏、下野西部の壬生氏、下野南部の佐野氏などである。

　佐竹一統は、要地・祇園城の奪回を目指すが、氏照によって撃退される。

　このような動きに対して、氏照は陸奥の会津黒川城（福島県会津若松市）の蘆名盛氏、三春城（福島県田村郡三春町）の田村清顕、出羽米沢城（山形県米沢市）の伊達輝宗らと手を結び、「南北からの佐竹挟撃」をもって義重を牽制する。前に述べたとおり、義重は陸奥南部への侵入も繰り返していたからだ。

　典型的な遠交近攻策だが、氏政が利根川を越えたことで、関東戦線は奥羽の戦国大名にまで拡大していく。ちなみに、伊達輝宗の嫡男が**独眼龍政宗**であり、後に政宗は氏政・氏直父子と同盟を結ぶ。

　1578（天正6）年、佐竹一統は大動員を掛け、壬生氏を攻撃し、さらに結城氏救援を目指す。そして、結城城を攻撃中の北条氏と対峙するが、決着が

※3　小山評定：上杉景勝を征伐するため、徳川家康は豊臣譜代大名を引率して、会津へ向かう。その途中、上方での石田三成の謀反を知り、小山で軍議を開いた。

つかないまま、双方が兵を引く。

○房総・里見氏攻め

1575（天正3年）、祇園城攻撃と同時期に、氏政は〈下総→上総〉へ出陣する。里見義弘の攻撃を浴びる上総万喜城（千葉県いすみ市）の土岐為頼を、救援するために。

元々、土岐氏の祖は、初代古河公方成氏の側近で、上総武田氏や里見氏と同様に勢力培養のため、現地に派遣されたらしい。

為頼は里見氏と縁戚関係を結んだが、第2次国府台合戦の敗戦後は、北条陣営に転じた。それを恨み、義弘は集中攻撃を加えている。

氏政は、上総土気城（千葉県千葉市）の酒井氏などを攻撃して、降伏させる。北条勢の中心は、相模新井城の北条氏繁（綱成の子、氏康の娘婿）であり、伊豆韮山城の氏規（氏政の弟）も水軍を率いて、上総佐貫城を襲う。

その結果、上総での里見勢力は大きく後退したため、何度か義弘は、謙信に関東出陣を要請する。

1577（天正5）年、要請時の主旨は、「（謙信）出陣の噂が小田原に聞こえれば、氏政も（里見）攻撃を見合すでしょう」（意訳）と、氏政牽制を意図したものだった。が、謙信は能登出陣中で、関東遠征は実現せずに終わる。

北条勢の攻勢は強まるものの、後詰の見込みはまったくない。孤立無援に陥った義弘は、氏政に和睦を申し出る。

氏政の出した条件は、義弘の跡継ぎ・義頼（義弘の弟）が、氏政の娘（竜寿院）を娶ること。それと上総半国の没収。

かくして、ようやく里見氏は氏政に服属した。初代盛時以来の宿願を達成したのだから、氏政は得意絶頂だったと思う。

しかし、翌1578年、謙信に続いて義弘が没すると、家督を巡る内紛が起こる。「因果は巡る」と形容すべき争いである。

義弘には実子が誕生せず、異母弟の義頼（母は小弓公方義明の娘）を跡継ぎとしていた。ところが、後に正室（古河公方晴氏の娘）との間に、梅王丸が誕生する。旧公方家の**因縁の対決**が、里見家中を攪乱する（96ページ系図参照）。

そのため、義弘は「梅王丸の家督相続」を条件に、〈上総＝梅王丸、安房＝義頼〉とする里見分国の分割を遺言した。この時点で、義頼は氏政の娘婿となっている。この宿敵との婚姻も、里見家中に微妙な影響を与える。

[4代氏政の勢力範囲]

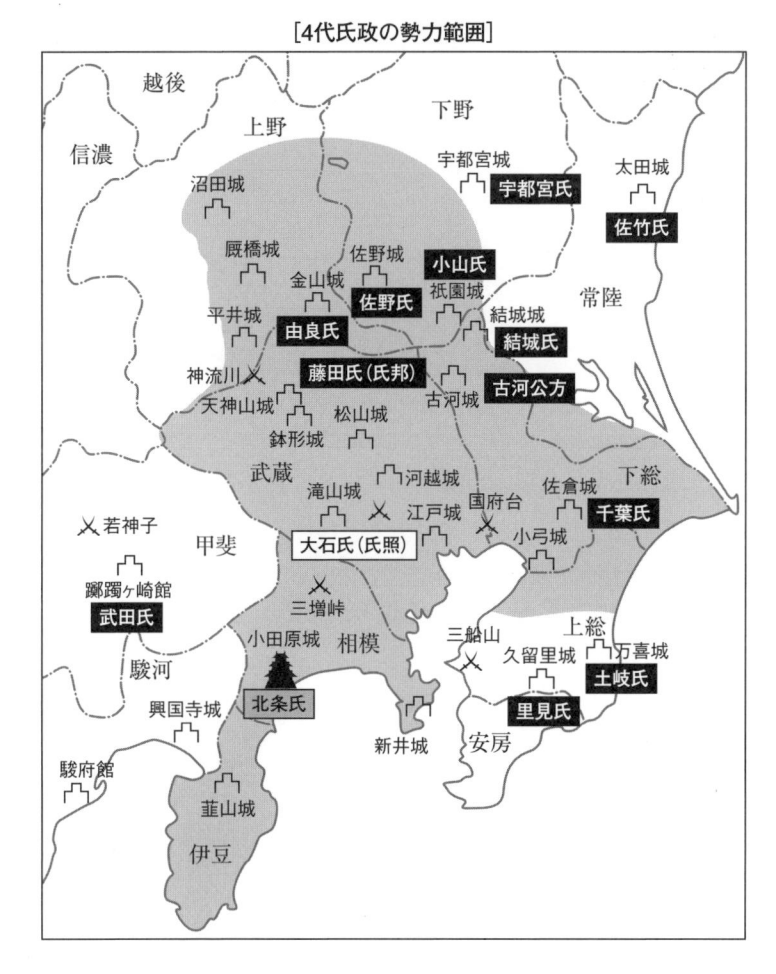

　だが、分国分割案に不満を抱いた義頼は、義弘の死後、上総佐貫城の梅王丸を攻め、出家させる。このとき、氏政も娘婿を支援したという。
　2年後、敵対勢力を駆逐した義頼は、安房・上総を支配する。以降、義頼は北条与党の立場を守りつつ、分国経営に力点を置く。〈義堯－義弘〉のように反北条を唱え、下総を脅かすことなく。

② 上杉氏の家督相続問題

▲ 謙信、死す

　1577（天正5）年の暮、下総の結城晴朝から救援依頼を受けた謙信は、太田資正（常陸片野城）宛ての書状で、「能登、加賀、越中を平定しましたので、来年1月に関東出陣の陣触れを行いたいと思います」（意訳）と記した。

　15代将軍足利義昭からの要請にもかかわらず、謙信は上洛することなく、再び関東を目指す。実際の動員者も『上杉家中名字尽手本』として、北条毛利高広・景広父子以下をリストアップしている。

　氏政の攻勢により、簗田氏は降伏し、里見氏は和睦したものの、謙信は「佐竹一統（北関東の諸将）と連携して、関東での劣勢を挽回したい」との思いが強かったのだろう。

　翌1578（天正6）年1月、謙信は陣触れを行ったが、春日山城で病に倒れ、3月13日に没する。享年49。

　その情報を、北条氏では2週間以内に入手していたようだ。3月25日付けで、氏照が蘆名家中に送った書状では、「長尾輝虎生害の由」と伝えている。

　3代氏康は和睦とともに、謙信を「山内殿」（山内上杉氏当主＆関東管領）

［上杉養子関係系図］

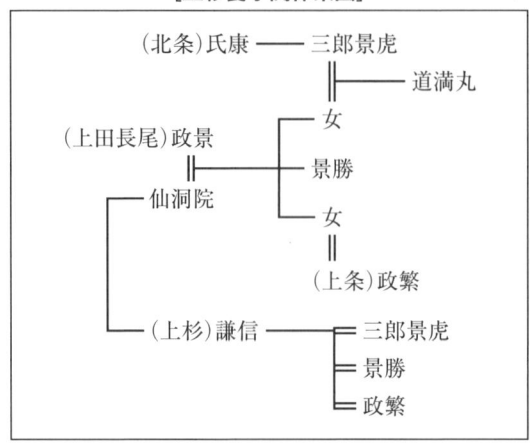

```
（北条）氏康 ── 三郎景虎
                  ‖ ── 道満丸
                  女
（上田長尾）政景   ‖
                  ‖── 景勝
  仙洞院           女
                  ‖
                  （上条）政繁

  （上杉）謙信 ── 三郎景虎
                ├ 景勝
                └ 政繁
```

と敬称したが、同盟破棄に伴い、北条氏は「山内上杉氏の相続は認めていない」という態度に変わったのかもしれない。少なくとも氏照は、旧姓・長尾氏で表記している。

氏照が情報を入手する以前、謙信の没後ただちに、春日山城ではクーデターが勃発していた。謙信の養子のひとりである上杉景勝（長尾喜平次）[※4]が、もうひとりの養子・上杉三郎景虎を攻撃し、城を占拠したのだ。

跡目争いである。「謙信の遺言があった」として、景勝は家督相続権を主張する。この騒動のとき、柿崎晴家は景勝勢に殺害されたという。かつて小田原城へ人質として送られた人物で、上杉家中の親北条派。

突然、攻撃を浴びた三郎景虎は城を脱し、御館の山内上杉憲政（前関東管領）を頼る。

春日山城の景勝、御館の三郎景虎——。景勝の姉妹が、三郎景虎に嫁いでいるので、両者は義兄弟でもある。彼らは府内（新潟県上越市）で睨み合い、その抗争が、越後からひいては関東へ波及していく。これが**御館の乱**（1578〜79年）である。

『甲陽軍鑑』に、興味深い話が載っている。内乱の勃発を知った北条毛利景広（高広の子、厩橋城将）は、急遽、越後へ戻って景勝の説得に努める。

「謙信公の残された分国の中で、越後や上野は三郎殿に渡され、喜平次殿（景勝）は越中、加賀、能登などを支配されればと存じます。兄弟の内輪喧嘩は思い留まってください。あの織田信長が越後の内紛を喜び、間もなく攻めてくるでしょう。せっかく、謙信公が分国とされた国を取られるのは、口惜しいことです」（意訳）

分国内での兄弟分割統治、そして国分けである。「謙信の本拠である越後、山内上杉氏代々の上野」を三郎景虎へとする点は、三郎景虎を〈山内上杉氏＆関東管領〉の後継者と、景広が見なしているに等しい。しかし、この提案を景勝が受け入れなかったので、景広は三郎景虎に味方したとする。

話自体は創作かもしれないが、高広・景広父子が親北条派で、三郎景虎陣営に属したのは事実。

謙信は、三郎景虎に山内上杉氏＆関東管領を譲ろうと考えていた。それはほぼ間違いないと思う。北条氏出身の三郎景虎が、山内上杉氏を継ぐことで、関東は静謐を取り戻し、上杉分国は無事長久に治まる。謙信が、そう考

※4　上杉景勝：上田長尾氏に生まれ、父の変死後、母方の叔父・府内長尾景虎の養子となった、とされる。が、正式な養子かどうかは不明。

えても不思議ではない。一度は越相一和を結び、同盟破棄後も養子を実家に帰さなかったのだから。

一方、自らの正統性を訴求すべく、景勝は謙信与党の太田資正に書状を送っている。

「謙信は不慮の煩(わずら)いで死去しました。遺言で実城(みじょう)(春日山城本丸)に移り、仕置を謙信在世中と変わらずに行っています。関東のことも、謙信在世中と同様です。鬱憤(うっぷん)を晴らす戦いですので、若輩ながら、ご懇意の程、よろしくお願いします」(意訳)

景勝のスタンスは「**反北条**」、意識は関東管領である。ともに関東で鬱憤を晴らす戦いを展開しよう、というのだから。しかし、その前に、越後国内で三郎景虎と雌雄を決しなければならない。

その一方で、上野国人衆・由良成繁は、三郎景虎付きの重臣・遠山康光に宛てた書状で、次のように記している。

「景虎(三郎)へ御家督が渡されたと聞き及びました。御本望を達せられ、めでたく存じます」(意訳)と。

由良成繁は、越相一和の仲介を果たした有力者だから、信憑性のある情報だ。ちなみに遠山康光は、氏康側近で、三郎景虎に付き添って越後入りを果たした。また彼の娘は三郎景虎の側室で、嫡子・道満丸(どうまんまる)を産んでいる。

さて、ここからは、個人的な見解である。

御館の乱は、上杉三郎景虎と長尾喜平次景勝の戦い――。

姓が異なる点に注意いただきたい。上杉氏と長尾氏は同一ではなく、もともとは〈主人−執事〉の間柄だ。長尾景虎(謙信)が、山内上杉氏を相続したからといって、越後の長尾一族が上杉姓を名乗ったわけではない。

正確に記せば、府内長尾平三景虎の甥が上田長尾喜平次景勝であり、平三景虎が上杉謙信となったため、景勝は府内長尾氏の跡継ぎと目されたのであろう。謙信の係累は少なく、特に男子は景勝ただひとり。

一方の三郎景虎は、縁組の記録もあり、謙信の正式な養子。それは間違いないのだが、景勝は自ら養子と称しただけで、本当に縁組がなされたか、どうかはわかっていない。

ならば謙信は、養子の三郎景虎に関東管領・山内上杉氏を、甥の景勝に越後守護代・府内長尾氏を継がせようとした、と考えるべきであろう。

しかし、宿敵・北条氏の出身者が上杉氏の家督に就くことに、景勝は納得できず、自らが上杉氏を継ごうと企てた。これが真相だと思う。

▲▲▲ 「御館の乱」の勃発

　御館の乱は、奇妙な構図の戦いである。というのも、越後が東西に割れたのではなく、当事者同士は府内の至近距離で対峙していたからだ。

　越後は西から上郡、中郡、下郡地方に分かれるが、おおよそ中郡が**三郎景虎**（御館）の、上郡＆下郡が景勝（春日山城）の勢力基盤となった。国内では景勝優勢だが、ロケーション的に景勝陣営は分断されている。

　越後以外の上杉分国に目を転じれば、上野では関東方面軍司令官の北条毛利高広・景広以下が三郎景虎支持を表明し、北陸方面軍司令官の河田長親は様子見の状態。従って、分国では両陣営はほぼ拮抗、といっていいだろう。

　仕掛けられた三郎景虎は、遠く鎌倉鶴岡八幡宮に「思いがけない成り行きですが、春日山城での本意を遂げたい、と祈っております」（意訳）と願文を捧げ、打倒景勝を目指す。

[御館の乱]

春日山城	景勝
御館	景虎

北条氏政
北条毛利景広

河田長親

武田勝頼

■ 北条分国

Ｖ　４代北条氏政────全盛期を実現

そして、三郎景虎は実兄の氏政に支援を求める。当時、氏政は結城城攻めの最中であり、厩橋城の北条毛利景広などを援軍として派遣する。

とともに氏政は、同盟する**武田勝頼**にも出兵を依頼する。1577（天正5）年、氏政の妹（桂林院殿）が勝頼に嫁ぎ、甲相同盟はより強化されている。

景広は上越国境（三国峠）を越え、勝頼は信越国境を越えて、越後へ攻め込もうとする。

劣勢に陥った景勝は、包囲網を切り崩すべく、6月に勝頼に和睦を申し込む。条件は、東上野の割譲と、勝頼の妹・菊姫を正室に迎えること。また多額の黄金で、景勝陣営は勝頼と側近を買収したともいう。

これが8月に締結された**甲越同盟**（武田・上杉同盟）。

東上野は上杉氏と北条氏の係争地で、完全に景勝が支配しているわけではない。従って、実際の所領ではなく、越相一和で認められた上野支配権を、景勝が勝頼に譲渡する形。

西上野を支配している勝頼は、東上野侵入の大義名分を獲得したわけで、上野1国支配も夢ではない。両陣営の和睦を斡旋するため、勝頼は越後府内まで赴くが、交渉が不調に終わったため、甲斐へ引き揚げる。

和平折衝が実現すれば、勝頼は甲越相同盟（武田・上杉・北条同盟）までもと考えたようだが、宿敵と化した景勝と三郎景虎が仲直りするはずもない。

結果的に、関東の氏政からすれば、予想外の展開となる。甲相同盟が解消されたばかりでなく、新たに甲越同盟が結ばれたのだから。

8月になって、ようやく氏政は動き、先鋒は三国峠を越える。北条毛利景広も越後北条城を経由して御館に入り、三郎景虎に加勢する。

しかし、10月になると国境は豪雪と化す。旧暦の10月は、もう真冬。また勝頼の援軍は、上野の沼田付近まで押し寄せ、氏政勢の進路を阻む。氏政勢は、撤退せざるをえない。

同盟と降雪が、景勝陣営に有利に働き始める。河田長親も景勝支持を決める。一方の三郎景虎陣営では、北条毛利景広があっけない最期を遂げてしまう。景広は、戦勝祈願に詣でた帰りを、景勝方に待ち伏せされたのだ。主将を欠いた陣営は戦意を失い、脱落する者も出始める。

雪解けが始まれば、氏政勢は再攻撃を掛けてくる。その前に決着を付けるべく、1579（天正7）年1月、景勝は**御館**を総攻撃し、援軍の進路や糧道を断つ。そして孤立無援状態に陥った御館は、3月に落ちる。

このとき、山内上杉憲政は和睦を求め、道満丸（三郎景虎の嫡子）を連れて春日山城へ赴こうとした。が、途中でふたりは景勝方に斬殺される。通常、降伏の意思を表明すれば、助命されるのだが、景勝の恨みは深かったようだ。なぜならば、前関東管領・憲政は、一貫して三郎景虎を支持したのだから。

御館を脱した三郎景虎は、越後の鮫ヶ尾城（新潟県妙高市）の国人・堀江氏を頼るが、堀江氏が景勝に内応したため、自害して果てる。享年28。

この勝利の模様を、景勝は書状で次のように記している。

「三郎は単身で鮫ヶ尾へ退いたので、これを追討しました。取り囲んで攻めた結果、三郎は切腹し、その他の南方の者（南衆、北条衆）もひとり残らず討ち果たしました。これで、去年以来の鬱憤を晴らすことができました。大変喜ばしいことです」（意訳）

宿敵の皆殺しに他ならない。景勝は三郎景虎を抹殺することで、ようやく山内上杉氏の家督を継ぐことができたのだ。つまり、景勝は徹底した**北条嫌い**。是非はともかく、氏政・三郎景虎兄弟は、彼の前に立ち塞がったのだから。

三郎景虎の滅亡。

それを知った氏政は、「景虎が没命した以上、上野の仕置（統治）は当方（北条氏）が行うのが当然です」（意訳）と記す。

この考え方をわかりやすく示そう。

かつて上野は、山内上杉憲政の守護国だった。それを氏康は攻め、東上野を制圧した。また西上野は、氏康と同盟する信玄が占領した。

ところが、越相一和の締結に伴い、上野は氏康から謙信に割譲される。この割譲対象は、上野1国の支配権なのだが、実質的には東上野。また甲相同盟を結んだとき、氏政は信玄の西上野支配を認めている。

御館の乱が起こると、上杉氏相続を望む景勝は、甲越同盟を結び、東上野支配権を同盟する勝頼に譲る。西上野を支配している勝頼は、これで上野1国支配の名目が立つ。

しかし氏政は、上記の理屈を否定しているのだ。その論旨は、次のようになるのだろう。

「確かに、かつて上野支配権を謙信に割譲した。しかし、それは三郎景虎の跡目相続とセットだったはず。肝心の彼が没した以上、越相一和の前の状

態に話を戻すべきだ。ならば、甲相同盟も結ばれず、勝頼の西上野支配権も認めなかったので、当然、上野支配権は北条氏に帰属する」

現代風にいえば、**ゼロクリア**。実はこういう論理構成は、越相一和の際、謙信も武蔵での所領返還請求で用いている。『関東幕注文』を証拠として提示し、「武蔵を北条氏侵略前の状態に戻せ」と。

つまり、氏政は〈景勝の東上野割譲→勝頼の上野1国支配〉の無効を主張したわけで、「自らに上野全体の支配権あり」と、東上野回復＆西上野奪回を目指す。

③ 織田信長の台頭

▲ 氏政の敵、味方

関東周辺国にまで、話が波及しているだけに、ここで全体図を整理しておきたい。

まず氏政にとって主要な出来事を年表で整理しよう。現時点は1579（天正7）年である。
○1571年：北条氏康没、武田・北条同盟の締結（上杉・北条同盟の破棄）
○1573年：武田信玄没（跡目は勝頼）、室町幕府滅亡
○1574年：下総関宿城攻略（簗田氏の降伏）
○1575年：下野祇園城攻略（小山氏の降伏）、里見氏と和睦
○1578年：里見義弘没（内紛勃発）、上杉謙信没（御館の乱勃発）武田・上杉同盟の締結
○1579年：上杉三郎景虎自害（上杉氏の跡目は景勝）

さらに、これからの出来事も少し記そう。時代は激動していく。
○1580年：北条氏の代替わり（氏政の嫡子・氏直が5代当主）
○1582年：武田勝頼滅亡、本能寺の変（織田信長自害）
○1583年：古河公方義氏没

次に氏政に敵対する諸将を挙げよう。北条分国の三方が敵である。
○**東**：佐竹義重一統（常陸・佐竹氏、下野・宇都宮氏、下総・結城氏など）

⇒氏政の味方は常陸・小田氏、下野・壬生氏、下総・千葉氏など。「南」にあたる安房＆上総の里見氏とは和睦中。また氏政は、奥羽の蘆名氏、伊達氏などと「佐竹挟撃」の盟約を交わしている。

○**西**：武田勝頼（甲斐、信濃、駿河、遠江、西上野）⇒勝頼は、西国で徳川家康と交戦中。言うまでもなく、家康のバックには織田信長がいる。

○**北**：上杉景勝（越後、越中、上野の一部）⇒氏政の味方は、上野国人衆の由良氏や足利長尾氏など。なお、景勝は越後国内を平定中。また謙信のころ、上杉分国だった加賀、能登などは信長に侵食されている。

　景勝は国内での掃討戦の最中であり、勝頼は佐竹義重と北条挟撃の盟約を結ぶ。元来、謙信と同盟していた義重は、一時期、信玄から誘われたこともある。従って、「反北条」の甲越同盟が結ばれれば、連携姿勢を示す。

　余談ながら、佐竹氏と武田氏は、源義光（新羅三郎、八幡太郎義家の弟）を祖とする同族で、武田氏の発祥地は常陸にある。どちらも名門意識が強く、信玄が同盟を求めたときは、嫡流争いが起こったといわれる。

　ともあれ、**反北条陣営**は、大きく〈武田－上杉－佐竹〉氏で構成される。

　しかし、上記は勝頼にとって「東」のことで、「西」では三河、美濃を巡って信長＆家康と激しく争っている。ちなみに、信長の鉄砲隊が、武田騎馬軍団を駆逐したとされる「長篠の戦い」は、1575（天正3）年のこと。景勝も、北陸道から信長勢の北陸方面軍司令官・柴田勝家の攻撃を受けている。

　ここから、大きくクローズアップされるのは、**織田信長**の存在。

　景勝と同盟した勝頼は、「東」での氏政との戦いに備え、背後を固めるべく、「西」の信長に近づこうとする。室町幕府は1573（天正1）年に滅び、以降、信長が西国の権力者として君臨している。

　勝頼の和睦申し出は、佐竹義重が仲介して信長に伝えられる。北条氏に対抗するため、義重らは早いタイミングで「遠交近攻策」の一環として、信長に使者を派遣している。

　しかし、勝頼の打診を信長は無視したようだ。かつて「反信長包囲網」を敷いて、信長を生涯最大の窮地に陥れたのは信玄。代替わりしても、信長はその恨みを忘れなかったからだ。

▲ 氏政、信長に接近

一方の氏政も動く。

駿河で武田勝頼と対峙した氏政は、徳川家康と盟約し、協力して立ち向かおうとする。さらに氏政は、織田信長への接近を図る。

また上野でも勝頼に押され気味で、氏政は「当方は滅亡に向かい、上野は勝頼の物になりそうです」（意訳）と危機感を抱く。

ちなみに『甲陽軍鑑』では、勝頼を「強きたる大将」、景勝を「武道にかけては、利発な大将」と形容している。

『信長公記』に氏政が初めて登場するのは、1579（天正7）年9月。三郎景虎自害のほぼ半年後のことである。

「相州氏政の舎弟・大石源三氏照（北条氏照）が、鷹3匹を京都まで進上した」（意訳）

翌1580（天正8）年3月には、氏政の進上品（鷹13匹、馬5疋）が、取次役・滝川一益※5経由で、信長に披露されている。取次の職務については、前に述べたとおり。進上品を持参し、上洛を果たした使者は、氏政の家臣・笠原越前守などである。

関東からの使者（御使衆）と会見し、饗応接待したのは、信長の取次役・滝川一益ら3人。このとき、3人は使者の重大な申し出を耳にしている。

「三使にて御縁辺相調へ、関東八州御分国に参るの由なり」（『信長公記』）

現代語訳にすれば、「3人の取次役（滝川一益など）が、両家（織田、北条氏）の縁組をまとめいただければ、主人氏政は関八州を信長公の御分国として差し出す、とのことです」となる。

婚姻関係は同盟を表すが、上記の発言ニュアンスからすれば、どう見ても対等な立場ではない。縁組を条件に、氏政が信長に従属するとしか読み取れない。

この申し出の後かもしれないが、実際に縁組が進められたのは、確かである。信長の娘が、氏政の嫡子・氏直に嫁ぐ形で。

この年、氏直に家督を譲った氏政は、2年後（1582年）に、伊豆の三嶋大

※5　滝川一益：武田征伐（1582年）の後、上野厩橋城に進駐し、関東取次役となる。しかし、本能寺の変が勃発すると、北条氏の攻撃を浴び、故国の伊勢に戻る。その後、柴田勝家とともに、豊臣秀吉に抗したが、降伏した。

社に願文を捧げる。願文の主旨は、「信長公の娘の輿が速やかに当方（北条氏）に入り、昵懇が深まれば、関八州は氏直の本意歴然（意図は明らか）です」（意訳）となる。

私には、『信長公記』の記述との間に、乖離があるように思えてならない。しかも、現実の氏政は関八州を完全制圧していたわけではない。利根川以東（常陸、下総、下野）と上野では、いまだ交戦中なのだ。

織田サイドは「氏政が関八州を差し出す」と受け止めたが、氏政の意図は「縁組によって、5代氏直の関八州支配を実現する」「信長の権威やバックアップによって、反北条陣営を成敗する」ことにあった。

現代でもよくあることで、誰しも自分に都合良く解釈しがちなのだ。しかし、氏政の希望も空しく、縁組は実現せずに終わる。同年、信長が本能寺で自害を遂げたからだ（後述）。

▲ 信長の東国支配構想

話が少し先に進みすぎたが、ここで信長の東国支配構想を述べておきたい。

1575（天正3）年11月、信長は権大納言、右近衛大将に任官し、秋田城介（じょうのすけ）に就いた嫡男・信忠に家督を譲る。依然として、実権は信長が掌握しているが、代替わりである。

秋田城介とは、古来、出羽（山形県、秋田県）の次官にあたり、蝦夷討伐時には、最前線基地の秋田城で最高司令官に就いた。『信長公記』には、「管九郎（かんくろう）（信忠）は比類なき働きがあったので、天皇から秋田城介に任じられた。大層、名誉なことだ」（意訳）と記されている。

ポイントは、秋田城介が征夷大将軍と並ぶ武門の栄誉職で、同様に蝦夷（朝廷や公儀に従わない者）の成敗権を有していた点だ。戦国期では実態はないにせよ、国司の「〇〇守」ポストを、戦国大名＆国人衆が望んだのと同じである。要は官名の潜在的影響力が大きいのだ。

畿内を制圧した信長は、これから西国、東国を征伐して**東西一統**を実現しようと考えている。その際、「東国征伐は信忠に委ねる」という意思表示が、秋田城介に込められている。

戦略上の機能分担であり、諸国平定後は信長・信忠父子による東西分割統治、すなわち〈西国＝信長、東国＝信忠〉までも意識したのではなかろうか？

構造的に、室町期の〈西国＝室町将軍家、東国＝鎌倉公方家〉に対応する形。そう考えていいと思う。
　年次は多少相前後するが、織田軍団の方面軍編成は以下のとおり。
○北陸道方面（北陸地方）　柴田勝家：対上杉氏
○東山道方面（甲信地方）　織田信忠：対武田氏
○山陰道方面（山陰地方）　明智光秀：対国人衆
○山陽道方面（山陽地方）　羽柴秀吉：対毛利氏
○南海道方面（四国地方）　丹羽長秀：対長宗我部氏
○東海道方面（東海地方）　徳川家康：対武田氏

　ちなみに、東山道方面軍（信忠軍団）を構成したのが、滝川一益、河尻秀隆、森長可(ながよし)などである。
　新権力者・信長の台頭により、関東の氏政を始め、奥羽の蘆名盛氏、伊達輝宗らも誼を通じる。前述のとおり、武田勝頼も接近しようとしたが、信長は彼と同盟を結ぶことなく、敵国と見なした。
　信長は氏政を味方に付け、甲越同盟を退治しようとする。そうなれば、関東、奥羽の戦国大名＆国人衆は一斉に靡く。

▲ 武田勝頼の滅亡

　氏政は、1580（天正8）年、氏政は家督を嫡子・氏直に譲る。このとき、氏政は43歳、氏直は19歳。若き5代当主の誕生である。が、「御隠居様」と称せられる氏政が、実権を握る構図に変わりはない。
　では、なぜ代替わりが必要だったのか？
　具体的史料に乏しいものの、やはり要因は、織田氏との**縁組促進**に求められるのだろう。わかりやすく表現すれば、「信長息女の輿入れ態勢は、準備万端です」というアピールだ。
　このころ、武田勝頼の攻勢は続いている。勝頼の伊豆攻めでは、氏直が迎撃のために出陣する。また上野攻めでは、北条氏の拠点・沼田城が真田昌幸に攻略される。
　勝頼に呼応して、佐竹義重一統の動きも活発になり、下野から上野に攻勢を掛ける。そのため、北条勢は上野からの撤退を余儀なくされる。上野奪回を宣言したにもかかわらず、戦局は氏政に著しく不利である。

しかし勝頼にしても、「東」の攻勢とは裏腹に、「西」では苦戦中。徳川家康の攻撃を浴びた武田勢は、次第に遠江から後退し始める。

勝頼と同盟する上杉景勝は、ようやく反乱分子を滅ぼし、越後を平定するが、1581（天正9）年から信長軍団の上杉分国侵入に曝される。

信長による「甲越同盟」壊滅作戦の開始である。戦国期のルールは、降伏すれば許される。だが、信長はその埒外にいる。寛容の気持を持ち合わせない。ただし、滅ぼす対象は大将であり、その傘下は靡かせればいいのだ。

その様子を伝えるのが、豊臣秀吉の信長評だ。

「信長公は勇将であって、良将ではない。……一度、敵になった者に対して、その憤怒は最後まで解けず、ことごとく根を断って葉を枯らそうとする。だから降伏する者を殺戮し、仇討は絶えることがない。これは器が狭く、人間が小さいからだ。人から恐れられても、多くの人からは愛されない」（意訳、『名将言行録』）

一度恨んだら、末代まで恨み通す。それが**信長流**。特に信玄へは恨み骨髄なのである。

1581年の暮、信長は来春の甲斐＆駿河出陣を、盟友の家康に表明する。統一的軍事行動の展開である。東山道方面軍と東海道方面軍の編成と、読み替えていい。

翌1582（天正10）年2月、信長は北陸道方面軍・柴田勝家に〈加賀→越中〉出陣を命じる。上杉分国への攻撃である。

それと同時に、東山道方面軍・織田信忠を〈美濃→信濃→甲斐〉に侵入させる。東海道方面軍・徳川家康は〈遠江→駿河→甲斐〉へ攻め込む。

同時期に信長は、氏政に対して関東口からの出兵を求めたようで、北条勢も武田分国を侵攻している。

神流川を越えた氏邦（氏政の弟、武蔵鉢形城）は、西上野へ入る。箱根の坂を越えた氏規（氏政の弟、伊豆韮山城）と太田源五郎（氏政の子、武蔵岩付城）は、駿河東部を制圧する。

その結果、武田分国の有力被官＆国人衆は相次いで降伏する。勝頼は景勝に援兵を要請し、それに応えようと景勝も出馬するが、あまりに武田分国の内部崩壊のスピードが早すぎた。

3月、滝川一益の攻撃を受け、国人衆からも離反された勝頼は、自害して果てる。そのとき、正室（桂林院殿、氏政の妹）も行動をともにした。「戦

国の雄」武田氏のあっけない滅亡である。

　早速、信長は論功行賞を行い、旧武田分国を次のように分け与える。
○**甲斐**：2郡を河尻秀隆、2郡を穴山梅雪(ばいせつ)（武田一族）
○**信濃**：東信濃2郡を滝川一益、北信濃4郡（川中島）を森長可……
○**上野**：1国を滝川一益
○**駿河**：1国を徳川家康

　国分けに際し、駿河以外の3か国は信忠軍団のメンバーに与えられた。「国諸侍（被官＆国人衆）を懇(ねんご)ろに扱い、油断ないように気遣いすべき事」（意訳、『信長公記』）などの注意書きとともに。占領軍の統治政策の典型だ。

　この国分けについて、外国人宣教師フロイスは次のように記し、信忠が東山道諸国（美濃、信濃、甲斐、上野）の国主になったとする。

　「毛利を平定し、（信長が）日本66か国の絶対君主となった暁には、……シナ（中国）を武力で征服し、諸国を自らの子息に分け与える考えであった。そして後継ぎの長男（信忠）には、すでに美濃と尾張両国を与えていたが、今回新たに占領した甲斐国の国主の4か国を加え……」（意訳『日本史』）

　それに引き替え、氏政には何らの所領配分がなかった。氏政が三島大社に「氏直の関八州領有」の願文を捧げたのは、この直後である。

▲▲▲ 関東管領・滝川一益

　武田討伐の殊勲一等は滝川一益とされ、上野＆東信濃2郡（小県郡(ちいさがた)、佐久郡）を与えられた。碓氷峠の東西に広がる所領である。

　長年、氏政が精力を傾けた上野は、一瞬にして織田分国に編入されてしまった。実際に進駐したのは、弟の氏邦であるにもかかわらず……。ちなみに、氏邦は武田滅亡を、「このたびの甲斐の御仕合（一部始終）は、致し方ないと存じます」（意訳）と書状に記している。北条氏の共通認識であろう。

　さらに信長は、一益に「関東八州の御警固」「上野に在国」を申し付け、「東国の儀、御取次」（『信長公記』）に任命する。東国奉行、**関東管領**と記録する史料もある。

　この措置は、現時点の信長の権威を象徴している。というのも、関東管領は室町将軍家に任命権があったのだから。

　いまだ敵対する上杉景勝への挑発行為であり、氏政の宿願「八州併呑」も

否定するものだ。

ちなみに「東国の儀」の東国とは、関東のみならず奥羽（陸奥、出羽）も含む。わかりやすく表現すれば、「東日本（関東、東北地方）の大名や国人衆が、今後、織田中央政権に所領紛争などを申し出る場合は、上野（群馬県）にいる関東管領を通しなさい。滝川一益が東日本の窓口です」となる。

血筋、家柄などで彩られた旧権威は葬り去られ、実力主義の新権威が関東に君臨する。

〈秋田城介・織田信忠－関東管領・滝川一益〉が、かつての〈鎌倉公方・足利氏－関東管領・山内上杉氏〉に取って代わろうとする。後者は関東の実態からすれば、〈古河公方・足利義氏－執権・北条氏政〉と言い換えてもいい。

信長は15代将軍義昭を追放したほどだから、古河公方の権威などは歯牙にもかけないはずだ。

同年4月、上野・厩橋城に入った一益の許へ、関東の国人衆が挨拶や人質提供のために押し寄せる。

上野の由良国繁（金山城）、足利長尾顕長（館林城）、小幡信真（小幡城）、真田昌幸（沼田城、信濃上田城）、武蔵の成田氏長（忍城）、上田朝直（松山城）などであり、その中には北条毛利高広の姿もある。

「日本では望みのままに幾度でも変節し、少しも不名誉としない」（フロイス）のだ。高広は、〈上杉謙信→北条氏康→上杉謙信→武田勝頼→滝川一益→上杉景勝〉と主人を転々とし、その最期は判然としない。

すべてが該当するわけではないが、上記の国人衆はサバイバルのために、〈上杉氏→北条氏→織田氏〉へと靡いていく。

のみならず、常陸の佐竹義重や安房・上総の里見義頼は一益へ使者を派遣し、太田資正・梶原政景父子も厩橋城を訪れている。太田父子は信長の直臣になることを希望したようだ。

奥羽の蘆名盛隆、伊達輝宗も一益に接触を図る。盛隆は「東国御一統」を喜び、一益に祝儀を贈ったほどだ。

遠く出羽国人衆の小野寺景道は、信長の取次に宛てた書状に、「上様（信長）は甲信駿（武田分国）を取られ、関八州もことごとく掌握されました」（意訳）と記している。関東の国人衆の認識も、共通していたと思う。

意外に思うかもしれないが、信長が甲越同盟を突破すれば、このように瞬く間に東国（関東＆奥羽）を支配しうる雰囲気、土壌が存在した。

V　4代北条氏政——全盛期を実現

だからこそ、信長は同時に東山道（対武田）、北陸道（対上杉）から攻め立てたのだ。

　北条氏の立場は微妙である。4月、氏政は雉500羽を京都に進上しているが、一益とどこまで接触したか、はわからない。なお、弟の氏邦は、所領が近いせいか、一益の許へ出仕している
　氏政が願う縁組の件は、2年前、京都で一益に取次を頼んだのだから、関東管領に就いた一益に、改めて依頼しても不思議ではないのだが……。
　縁組の話は、予定どおり進まなかった可能性が高い。前述の信長の国分けや関東管領の配置にしても、氏政を刺激するばかりで、決して好意的な対応ではない。
　また一益は、下野の宇都宮氏、上総の上総武田氏などに厩橋城出仕を求めているが、下総の簗田氏（古河公方執事）には連絡していない。公方義氏は、氏政、一益のいずれからも連絡がないままに、困惑している。
　率直なところ、誰も「古河公方にどう対応するか？」までは考えてもいなかったのだろう。新権力の前に、古河公方も過去の遺物同然になりつつある。
　それを象徴するような事件が起こる。5月になって、小山秀綱は念願の祇園城回復を果たす。佐竹義重＆小山秀綱の訴えに基づき、関東管領・一益が氏政・氏直父子との間を調停した結果、城の返還が決まったのだ。
　上位権力の存在意義は、ここにある。訴訟を受け、適正な裁決を下す。祇園城返還請求も、以前ならば、関東八屋形から古河公方へ訴え出るのが筋。
　しかし、義氏は北条氏の傀儡に過ぎず、かつての支持勢力が彼に裁定を求めることはない。とはいっても、新たな権威が樹立されれば、失地回復の訴訟を起こす。その意味で、権力交代を示す出来事だと思う。

　武田勝頼の滅亡が2月、滝川一益の厩橋城入城が4月、祇園城返還が5月と、わずかの間に、氏政を取り巻く環境は激変する。さらに、6月になって衝撃的な事件が勃発する。

④「本能寺の変」の衝撃

▲ 草刈り場となった旧武田分国

　1582（天正10）年6月2日、京都本能寺、二条御所にそれぞれ滞在中の信長・信忠父子は、突如、明智光秀の襲撃を受け、最期を遂げる。有名な**本能寺の変**である。

　まだ誰が本能寺を襲ったか、が判明していない時点で、信長の第一声が「秋田城介が別心か（信忠の裏切りか）」（『三河物語』）だったのは、興味深い。

　それはさておき、「上方の異変」情報は関東にも伝わる。

　事件発生から1週間〜10日以内に、氏政が知ったのは間違いない。驚天動地だったと思う。まずは、真偽を確認する必要がある。

　早速、11日、氏政は書状で滝川一益に「京都の様子」を訊ね、「何なりと、私ども父子にご相談ください」と伝える。

　しかし、氏政は信長の死を確認するや否や、16日、氏直を大将とする軍勢に一益を攻撃させる。氏政の弟の氏照、氏邦が、若き当主を補佐する。これが「神流川の戦い」で、主戦場は現在の群馬県高崎市から埼玉県本庄市にかけて。

　緒戦は氏直の馬廻衆、氏邦の鉢形衆が数多く討ち取られたが、翌日の合戦では北条勢が滝川勢を圧倒し、一益は碓氷峠を越えて、東山道を故国の伊勢へと落ち延びる。なお、滝川勢には真田昌幸らの国人衆が加わった。

　本能寺の変は、わずか4か月で、信長の東国支配構想を崩壊させた。東国に君臨するはずだった信忠も、この世にはいない。

　北条勢が圧勝した結果、武蔵、上野の国人衆は一斉に北条氏に鞍替えする。西上野を手中に収めた氏直は、余勢を駆って碓氷峠を越えて信濃へ侵入する。そのとき、真田昌幸らの信濃国人衆は帰順を願い出て、先方衆として従軍した。先方衆とは、不慣れな地理の案内者と思っていい。

　彼ら国人衆に対して、氏照・氏邦兄弟が、所領を安堵していく。他勢力から攻撃された場合、北条氏がバックアップを保証する。

東信濃の佐久郡を制圧し、勢威を増した氏直は、さらに諏訪郡から甲斐を窺う。迂回しつつも、甲斐を目標としたようだ。というのも、氏直は武田信玄の外孫にあたるので、**相続権**を主張できるからだ。信長の死に伴う織田軍団の撤退は、国分けのゼロクリアを意味する。

[戦国大名の信濃侵入]

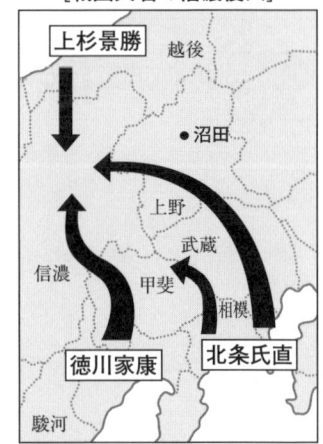

　旧武田分国（甲斐、信濃、駿河、西上野）は、3人の戦国大名の草刈り場と化した。北条氏直、上杉景勝、徳川家康である。

　1か月前、織田軍団に越後を包囲された景勝は、佐竹義重宛てに「60余州を相手に越後1国で支え、一戦を遂げて滅亡することは死後の思い出です」（意訳）という遺書を送ったほどだ。それが、本能寺の変で息を吹き返す。

　一気に北信濃（川中島4郡）を占領した景勝は、南信濃へ派兵する。なお、氏直が甲斐へ進路を変えたのも、景勝との衝突を回避した面もある。「御館の乱」の遺恨合戦になるのが、必至だからだ。

　そして、景勝もまた旧武田分国の相続権を主張できる。彼は勝頼の妹・菊姫（信玄の娘）を正室に迎え、直前まで同盟していた間柄なのだから。

　本能寺の変が起きたとき、家康は堺（大阪府堺市）にいたが、伊賀山中を越えて伊勢に出て、三河へ戻った。その後、直ちに家康は駿河から甲斐へ入り、武田旧臣の保護政策を打ち出す。

　7月、甲斐へ進んだ氏直は、若神子(わかみこ)（山梨県北杜(ほくと)市）で家康と対峙する。また氏政の弟・氏忠も、武蔵から甲斐東部（都留(つる)郡）へ進む。

　が、氏直に帰属したはずの真田昌幸は、新恩給与の誘いを受け、家康陣営に転じる。

　家康が昌幸の実弟に宛てた書状では、「このたび、房州（真田安房守昌幸）から当方へ一味して、忠節を尽くすとの手紙をもらいました。……これから氏直は、真田の手切れを怒り、攻めてきますので、そのときは依田(よだ)（佐

※6　織田信雄：伊勢の国司・北畠氏を継ぎ、北畠殿といわれた。本能寺の変（1582年）の後、織田姓に戻った信雄は、信長後継を目指したが、豊臣秀吉に阻まれた。以降、徳川家康と結んだが、北条征伐（1590年）の後、国替えを拒否したため、秀吉から追放された。

久郡の国人衆）と相談し、然るべき手を打ってください」（意訳）とある。

昌幸離反の報告を聞いた氏政に、衝撃が走る。「真田逆心」として、北条勢に真田領（上野沼田領）を攻めさせる。

一方、若神子での対陣は長引き、織田信長の次男・信雄[※6]の斡旋により、10月に氏直と家康は和睦を結ぶ。当時、織田氏の家督相続問題が浮上していたが、家康は信雄を支援したことが背景にある。

駿府の人質時代、家康と面識があった氏規が、使者に立ったともいう。

両者の和睦条件は、次のとおり。

○**国分け**：甲斐・信濃は徳川家康、上野は北条氏直とする。
○**縁組**：家康の娘・督姫を、氏直が娶る。

[徳川氏・北条氏関係系図]

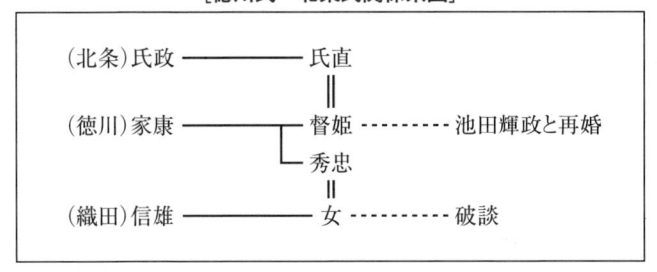

```
（北条）氏政 ─────── 氏直
                      ‖
（徳川）家康 ┬─── 督姫 ------- 池田輝政と再婚
            └─── 秀忠
                      ‖
（織田）信雄 ─────── 女 ------- 破談
```

北条氏が上野に執着した様子が窺え、縁組先を〈織田氏→徳川氏〉に変更した点が興味深い。そして、この和睦が徳川・北条同盟へと発展していくのだが、上記の国分けには**所領交換**が伴った。分国の入り繰りの解消である。

具体的に氏直は、家康に対して信濃佐久郡＆甲斐都留郡を割譲し、その代わりに、家康から上野沼田領を受領する。

沼田の領主は〈沼田顕泰（あきやす）→上杉謙信→北条氏政→武田勝頼→真田昌幸〉と転々とし、しかも上野支配の要地だから、北条氏はぜひとも沼田城を回復したい。

というか、沼田領が獲得できれば、初めて北条氏の上野完全支配が実現する。その要素が多分にあった。所領規模の大小ではなく、氏政は「宿願を達成したい」との思いが強い。

こうして双方の1国支配権、相互不可侵条約が確立するわけで、後は切り取り次第。敵対する国人衆を成敗するのは、自力の世界になる。

しかし、後にこの所領交換を巡って大きなトラブルが発生する。氏直が割譲するのは占領地なので、あまり問題はないが、家康側に難点があった。

上野沼田領の領主権は、真田昌幸にある。家康ではない。この**沼田領問題**は、3年後、大きくクローズアップされ、北条征伐の一因となる。逆にいえば、それほどまでに、氏政・氏直父子は上野支配にこだわったのだ。

▲ 古河公方の終焉

　徳川家康と和睦した氏直は、1582（天正10）年11月に小田原城へ戻る。

　その間、上野では真田昌幸（沼田城）が抵抗し、北条毛利高広（厩橋城）が上杉景勝陣営に転じたため、北条氏は諸城を攻撃する。

　また高広は佐竹義重一統（佐竹・宇都宮同盟）と連携し、下野の佐野氏（佐野城）なども反抗したので、北条氏は下野攻略を進める。このように、信長の東国支配構想が崩れると、再び北条氏は北関東侵攻作戦を展開する。

　飽くなき戦いだが、新時代の息吹というべきか、ここで**惣無事**という概念が登場してくる。

　惣無事とは静謐を求め、矢留めすること。所領紛争などの私戦を禁じ、停戦させることにある。「戦争から平和へ」と思っていい。

　氏直との和睦後、家康は水谷勝俊（常陸下館城）に宛てた書状で、次のように記す。なお、勝俊は結城晴朝（佐竹義重一統）の有力被官で、江戸期には下館藩3万石（茨城県筑西市）の祖となる。

　「氏直と和睦しました。我々が信長から蒙った恩義は浅くなく、信長在世のときのように、惣無事（停戦）がもっともだと思っています。それを氏直に申し伝えましたので、晴朝にも諫言をお願いします」（意訳）

　上位権力である信長が登場したことで、関東は一時期、停戦状態となった。それを家康はあるべき姿と思い、両陣営に停戦を求めようとした。ただし、この時点の家康は公権力ではないので、命令ではない。自発的に、双方が手を引く状況を期待しているのだ。端的にいえば、北条氏と佐竹一統の和睦である。

　が、所領を守るため、積年の恨みを晴らすため、佐竹一統は氏政・氏直父子への抵抗をやめようとはしない。

　その年の暮、**公方義氏**が古河城で没する。享年43。義氏の嫡男は早世し、女子だけしかいなかったため、ここに古河公方家は途絶える。

　越相一和に伴い、義氏は古河城に復帰できたが、かえって同盟締結が古河

公方の権威、貴種性を低下させる原因となった。義氏は、3代氏康の傀儡&娘婿。そのことが、広く関東諸侍に伝わったからだ。

だから、かつての公方支持勢力も服属しようとはしない。逆に佐竹義重を中心に、反北条連合が結成されてしまう。

しかも氏康は義氏を公方にするため、関東管領を謙信に譲った。妥協の結果なのだろうが、それがゆえに、関東管領の権威や価値も下がる。現在でいう「ポストの投売り」の感覚が伴うからだ。

また北条内部でも、関東管領移譲は、古河公方への接し方に変化をもたらしたと思う。改姓を行った2代氏綱の考えは、「No.2職制方針」。すなわち、「鎌倉幕府・執権の子孫が、鎌倉府・関東管領に就く」というものだった。関東管領は公方を担ぎ、〈公方－関東管領〉体制が関東を支配する。

しかし、同盟を急ぐあまり、結果として氏康はNo.2に固執しなかった。そして次男・氏照に義氏を補佐させた。

となると、4代氏政や5代氏直に、「公方を補佐する必要がない」という気持が、芽生えても不思議ではない。彼らはNo.2ではないのだから。

それでなくても、北条氏の勢威は増し、公方の影響力は低下している。つまりは、氏政・氏直父子にとって、擁立する必然性が乏しくなった。

公方として崇めるよりも、意識は「格式が高い北条一門」。そう変化するのも、ある意味、無理はない。

結果、氏政・氏直父子は、事前に義氏の**跡目対応**を行うことなく、古河公方家を自然消滅させてしまう。政治的利用価値がなくなった、といってしまえば、それまでだが……。今や氏政が「大途（公儀）」と称している。

そして義氏の葬儀は、氏照の指示の下、公方家臣団によって執行された。その際、5代当主氏直は「古河様御香典」として多額の金を送っている。

余談ながら、公方家の跡目は息女・氏姫（9歳）が預かり、古河城に居住した。氏姫は3代氏康の孫にあたる。

8年後、北条氏は滅亡する。そのとき、名門・古河公方家の断絶を惜しんだ豊臣秀吉は、氏姫を結婚させる。相手は小弓公方義明の孫で、里見氏に庇護されていた。氏姫は宿敵との婚姻を嫌がったともいわれるが、その子孫は**喜連川氏**(きつれがわ)を称す。

※7　交代寄合：参勤交代を行う旗本。
※8　高家：江戸幕府で、儀式や典礼を司った名門。石高は大名（1万石）以下だが、官位は大名よりも上で、26家が高家とされた。

江戸期の喜連川氏は交代寄合（5000石）※7に列し、唯一、徳川将軍家以外で「御所」の称号を許された。御所とは、「公方、将軍」の意味で、徳川御三家でも屋形号までである。
　また喜連川氏の江戸城での席次は、御三家の次に高く、10万石相当の格式を誇った。この優遇措置は、室町将軍家が15代義昭で絶えたことから、代わって喜連川氏が足利氏嫡流と見なされたためだ。前将軍家の扱いである。
　ついでながら、家康は「名門好き」といわれ、江戸幕府で高家※8を設けたことは知られるが、個人の趣味ではない。
　江戸幕府は室町幕府以来の武家政権、また鎌倉幕府以来の関東政権なのだ。新権力創世期には、どうしても権威付けが必要であり、「鎌倉、室町以来の名門の末裔が、徳川氏に従う」というスタイルは、大きなアピール材料となる。彼らを優遇すれば、自然と徳川将軍家のステータスもアップするからだ。
　北条氏の滅亡後、関東に入封した家康が、次男・秀康に結城氏を継がせたのも、源頼朝ご落胤の家柄、関東を代表する名門（関東八屋形）、それと代々、鎌倉公方に忠義を尽くしたことなどが、大きな要素なのだろう。

　北条五代にあって、初代盛時、2代氏綱、3代氏康は、何らかの形で上位権力である「公方」（古河公方、小弓公方）を必要としたが、4代氏政、5代氏直は不要とした。表現を変えれば、氏康の代に中世は終わり、氏政からは戦国期に入る。
　氏政父子からすれば、彼らが関東の権威を代表する存在であり、上位権力と仰いだのは西国の織田信長だった。信長は、室町将軍家を駆逐した新権力者であり、東西一統を目指していた。
　信長の遺志を継ぎ、東西一統に邁進するのが豊臣秀吉。明らかに時代は、転換期に差し掛かっている。
　公方義氏の死は、ひっそりとひとつの時代の終焉を告げる。しかし、その8年後、秀吉の攻撃により、北条氏が滅亡するとは、氏政父子は夢にも思っていなかっただろう。

VI

5代北条氏直

地上より永遠に

西暦	和暦	氏直関連の主な出来事
1562	永禄5	5代氏直誕生
1580	天正8	家督を相続
1582	天正10	武田勝頼の滅亡、本能寺の変 徳川・北条同盟締結
1584	天正12	沼尻の戦いが起こる
1588	天正16	北条氏規が上洛
1589	天正17	豊臣秀吉の沼田領裁定 名胡桃城攻撃事件
1590	天正18	北条征伐 氏直、高野山に追放
1591	天正19	氏直、没す

① 北関東の戦闘

▲ 5代当主と一門

　4代氏政の項でも触れたが、氏直は幼名を国王丸、通称を新九郎といい、1580（天正8）年に父の氏政から家督を譲られた。このとき、氏直は19歳。

　ただし、実権は「御隠居様」氏政が握っており、「御屋形様」氏直が活躍し始めるのは、本能寺の変（1582年）直後の軍事行動、すなわち旧武田分国侵入からである。

　この氏政・氏直体制を支えるのが、北条一門の氏照、氏邦、氏規など。彼らは氏政の弟（兄弟衆）で、氏直の叔父にあたる。

　ここで、当時の**分国支配状況**を簡単に記しておこう。

　まず、本城の小田原城に氏政・氏直がおり、評定衆の松田憲秀、石巻康敬（やすまさ）らが出仕している。彼らが行政、訴訟などを担う重臣（閣僚）である。

　次に分国内の重要軍事拠点が支城で、北条一門や重臣が配置されている。彼らが在地を支配し、傘下の衆に軍事動員を掛ける。

○**伊豆**：山中城（松田康長、箱根峠の警衛、静岡県三島市）、韮山城（北条氏規）、下田城（清水康英、伊豆水軍の統括）

○**相模**：玉縄城（北条綱成、鎌倉の警衛）、小机城（北条氏勝）

○**武蔵**：八王子城（北条氏照、小仏峠の警衛）、鉢形城（北条氏邦）、江戸城（遠山直景）、岩付城（太田氏房※1）、松山城（上田憲定）、河越城（大道寺政繁）

○**下総**：関宿城、古河城（ともに北条氏照）

○**上野**：松井田城（大道寺政繁）

　そして氏政の兄弟衆が、各方面軍を統括し、かつ主要侵入路を警衛する。

○**北条氏照**：甲斐＆北関東方面軍

　戦（いくさ）上手といわれた氏照は、武蔵八王子城を築城して滝山城から移り、小

※1　太田氏房：5代氏直の実弟で、岩付城の太田氏を継いだとされるが、相続したのは兄の源五郎であり、氏房は北条姓を名乗ったという。

仏峠を固める。その一方で、古河公方義氏の補佐を務め、北関東方面の軍事行動（直轄部隊＆傘下国人衆）も指揮している。

外交面では、佐竹義重一統の挟撃を目指し、奥羽の伊達政宗との連携を図っている。なお、義氏の没後は、公方家臣団を吸収した。

○**北条氏邦**：上野方面軍

かつて越相一和の締結を推進した氏邦は、傘下国人衆を動員し、係争地と化した上野を攻略中。信濃方面の碓氷峠を警衛し、また三国峠からの上杉景勝侵入に備える。

○**北条氏規**：駿河方面軍

氏照、氏邦の弟にあたるが、駿府で人質生活を過ごした氏規は、4代氏政に次ぐNo.2と位置づけられた。分国外からも、「3代氏康の次男」と認知されており、生母が氏政と同じだった可能性が高い。

帰国後は、三崎城将などを経て、北条氏創業の韮山城に入り、箱根・足柄峠を守備する。

氏規は北条一門筆頭で、駿府時代に家康と接点があったことから、家康との同盟を推進し、その取次を務める。以降、豊臣秀吉との折衝も担当する。軍事・外交の両面で、氏規は「西」に対する要といえよう。

▲ 佐竹一統の巻き返し

氏政の項でも、少し触れたが、氏直は北条毛利高広を攻め、1583（天正11）年9月、上野厩橋城を攻略した。越後・厩橋間の沼田城は、家康陣営に転じた真田昌幸が固めている。そのため、高広は上杉景勝の支援を得られず、城を明け渡したのだ（139ページ地図参照）。

当時の上野の様子を記すと、真田領を除く西上野は、すでに氏直が制圧し、碓氷峠を固めている。東上野の由良国繁（金山城）・足利長尾顕長（館林城）兄弟は、北条与党。

従って「反北条」の拠点だった中央部の厩橋城が落ちれば、氏直の鉾先は、ストレートに下野、下総方面の佐竹一統に向かう。

ライン上にいるのは、まず下野の佐野宗綱（佐野城）。かつて謙信が、佐野城攻め（当時は北条陣営）を繰り返したことを、思い出していただきたい。北条氏にしても、利根川以東（下野、下総、常陸）へ侵入するのは、武蔵・下総から利根川水系を越えるより、上野経由の方が軍勢を動かしやすい。

利根川や渡良瀬川は、雪解けの春は増水するため、渡河が難しい。とはいえ、渡河ポイントは、上野のほうが下流に比べれば多い。
　なお、この時点で佐竹一統は、景勝の支援は期待できない。なぜならば、景勝は信濃戦線で家康と対峙中。仮に景勝が関東に出陣しようとしても、侵入路（三国峠、碓氷峠）は、北条氏邦によって塞がれている。
　わかりやすく、説明しよう。
　当時の戦略は、国単位というよりも、**河川**で分断された地域ブロックを攻撃する。重要拠点と拠点間を結ぶ街道を制圧する。
　重要拠点を攻略すれば、近隣もしくは連なる拠点の国人衆は、攻撃を恐れて靡く可能性が高い。一連の流れは、「陣取り合戦」と表現するのが、適切かもしれない。
　分国の防衛面は、主要峠、街道付近に城を設ける。極端にいえば、軍勢が峠道を行軍するときは、一列縦隊がやっと。そういう道路事情があるため、大軍が移動できる街道は、かなり限られる。
　なお、河川の場合は、数多くの小船を紐でつないだ船橋を架ける。
　余談ながら、後年の上杉征伐（1600年）のとき、家康が小山評定を終えて江戸に戻る途中、自身の利根川渡河を終えると、景勝の追撃を恐れ、船橋の紐を切ってしまう。そのため、後続の大軍が非常に難儀した、という話が残っている。工兵のいない時代、船橋をつくるのは容易ではなく、もし残して置けば、敵勢に利用されるおそれがある。

　さて、直撃のリスクを負った佐竹一統は、計略を練る。東上野の北条与党である**由良国繁・足利長尾顕長兄弟**の懐柔策、寝返り工作だ。
　複雑なので、かい摘んで記そう。話はさかのぼる。
　鎌倉末期、幕府執権・北条高時を滅ぼした新田義貞は、南北朝の動乱では足利尊氏に敗れ去る。その後、新田氏の嫡流は途絶えたが、一族の岩松氏が新田氏の惣領となった。その岩松氏の執事を横瀬氏といい、戦国期に入ると主家を放逐して、上野の有力国人に成長する。
　横瀬成繁は金山城に拠って、上野中央部を支配する戦国大名となったが、家柄を飾るため、「新田直系」と称し、由良姓に改める。この由良成繁は、上杉謙信に属し、その後、北条陣営に転じたが、足利長尾当長とともに、越相一和を仲介した。ともに名門の実力者である。
　それを機会として成繁と当長は同盟を約し、成繁は、3男・顕長を当長の

養子に送り込む。成繁の嫡男が由良国繁（金山城）であり、国繁は弟の足利長尾顕長（上野館林城、下野足利城）と同盟を結ぶ。現在の群馬県太田市、前橋市から栃木県足利市にかけての地域連合、兄弟同盟である。

要するに由良・足利長尾同盟は、北条氏に属しながらも、ある程度、独立した勢力だった。元々は謙信陣営だった経緯もある。

そこに佐竹一統は劣勢挽回の活路を見出そうと、画策する。事は思惑どおりに運び、説得に応じた兄弟は、北条陣営を離れる。

予期せぬ出来事のため、氏直にショックが走る。下野への本格的な侵攻を前にして、上野の戦局が一変した。厩橋城攻略の約1か月後のこと。〈由良－足利長尾－佐野〉の地域連合軍は、上野の北条拠点攻撃を開始する。

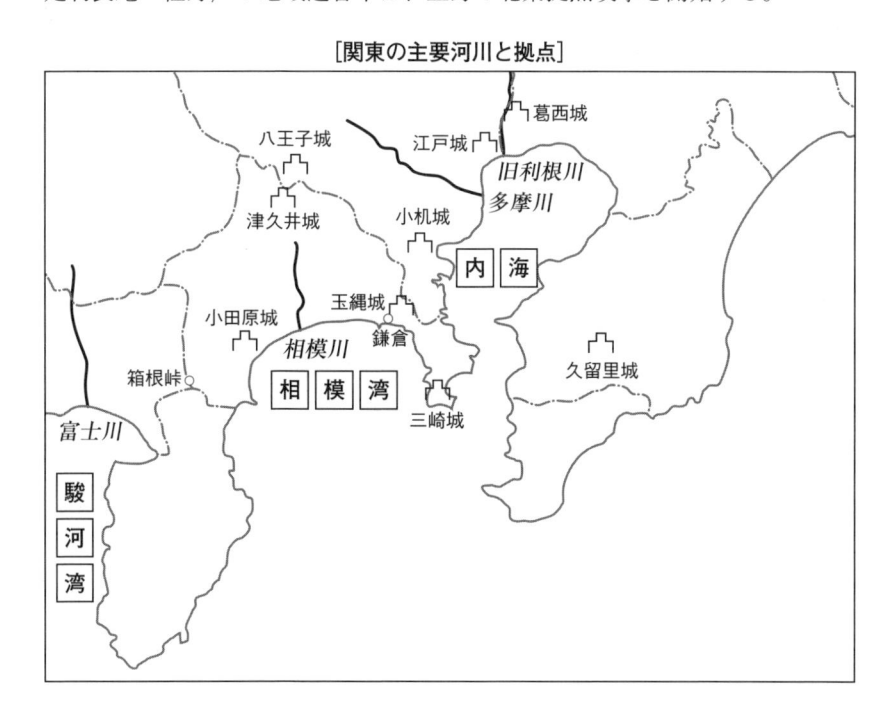

[関東の主要河川と拠点]

（地図：八王子城、江戸城、葛西城、津久井城、小机城、旧利根川、多摩川、内海、小田原城、玉縄城、鎌倉、相模川、箱根峠、相模湾、三崎城、久留里城、富士川、駿河湾）

▲ 沼尻の戦い、勃発

翌1584（天正12）年、氏政・氏直父子と氏照は、北関東地域連合軍に攻勢を掛ける。「御隠居様」氏政も戦線に復帰したほどだから、かなりの危機意識を抱いたのだろう。

4月、地域連合軍支援のため、佐竹義重・宇都宮国綱同盟軍も出陣する。

国綱にとって、義重は母方の伯父にあたり、終始、行動をともにしている。

北条勢と**佐竹一統&地域連合軍**は、佐野方面に向かい、5月に渡良瀬川を挟んで対陣する。場所は下野の藤岡・沼尻付近（栃木県藤岡町）。

従軍した佐竹勢の太田資正によれば、北条勢は分国から大軍が動員されたようだ。総力戦の構えである。

「敵、味方ともに大軍です。北条勢は相模衆、武蔵衆、上野衆、上総衆、下総衆、安房衆から構成され、いずれも領主自らが出陣しているそうです」（意訳）と、資正は書状に記している。

ただし、軍記物に記された北条勢は、数千人とも10数万人ともあり、乖離が著しく、正確な数には把握できない。憶測ではあるが、両陣営ともに3000〜4000人であろう。

対陣は長引いたが、7月に至って和議が整う。北条勢が佐竹一統の退路を断とうとしたとも、上杉景勝が出陣する動きを見せたので、北条陣営が和睦を申し出たともいう。

氏直は「佐竹が懇望してきたため、これを赦免し、陣を解きました」（意訳）と、一方の義重は「氏直の敗北です」（意訳）と戦況報告を行っているが、睨み合ったままの状態で、勝敗がつかず、休戦に至ったようだ。

沼尻の戦いでは、戦闘らしい戦闘はなかった。戦国期では、華々しい合戦が喧伝されがちだが、実際は大軍を動員した示威行動が数多くあった。

和睦の内容はわからないが、両陣営が陣を引くことで、由良・足利長尾兄弟は取り残された格好になってしまう。

そして氏直の怒りは、離反した兄弟に向けられ、金山城と館林城に北条勢は徹底攻撃を加える。佐竹一統は「北条氏の表裏（裏切り行為）」と批難するものの、帰国後、和睦協定があったためか、支援行動は示さない。

その結果、年末に両城は落ちる。金山城を明け渡した国繁は上野桐生城へ、館林城を開城した顕長は下野足利城に移るが、後に兄弟は小田原城に幽閉の身となり、北条征伐を迎える。

▲▲ 羽柴・上杉同盟の重要性

沼尻の戦い（1584年）のころ、天下の形勢はどのように動いていたのだろうか？ もう関東だけで完結する時代ではなく、信長横死後のさまざまな動きが関東へ影響を及ぼしている。

○羽柴秀吉（豊臣秀吉）

　織田軍団の山陽道方面軍だった秀吉は、天下分け目の「山崎の戦い」（1582年）で明智光秀を破り、信長後継者レースのトップに躍り出る。

　さらにライバルの柴田勝家（信長の妹婿、北陸方面軍）を「賤ヶ岳の戦い」（1583年）で撃破する。

　その前年（1582年）に柴田挟撃を図るべく、秀吉は越後の上杉景勝と同盟を結んだ。実は最も早い段階で、秀吉と同盟した有力戦国大名は景勝なのである。

　一方、台頭する秀吉に反発した織田信雄（信長の次男）は、徳川家康と同盟を結び、対抗しようとする。〈秀吉勢10万人VS信雄・家康勢3万人〉の戦いが、尾張での「小牧長久手の戦い」（1584年）だが、最終的に両陣営は講和を結ぶ。

　なお、秀吉が関白に就任するのは1585（天正13）年7月、豊臣姓[※2]を朝廷から賜るのは1586（天正14）年12月のこと。

○徳川家康

　三河・遠江2か国を領していた家康は、武田滅亡（1582年）に伴って駿河を与えられる。信長横死後は、旧武田分国に侵入し、北条氏と同盟を結んだ結果、甲斐、信濃半国を分国に加えた。数か月にして、家康は一挙に東海5か国の太守となったのだ。

　その後、織田信雄（尾張、伊勢、伊賀）と同盟を結んだ家康は、小牧長久手の戦いで、秀吉と対峙する。

　この合戦で軍勢では見劣ったが、秀吉と互角の勝負をしたことから、家康は「海道一の弓取り」と呼ばれるようになる。

　それでも天下の趨勢は秀吉に帰し、講和後、家康は次男を秀吉に人質として差し出す。後に結城氏を継ぐ秀康である。ちなみに同盟の証として、信雄の娘と、家康の嫡子・秀忠との縁組[※3]も進められた。

　ここで浮かび上がるのは、西国と関東を結ぶ同盟ラインである。

[※2] 豊臣姓：「源平藤橘」と並ぶ本姓で、関白に就くために天皇から賜った新姓。というのも、藤原氏の嫡流「五摂家」しか関白に就けなかったためだ。秀吉の姓は羽柴で、本姓が豊臣。その姓と本姓が混同されたと思っていい。

[※3] 縁組：この縁組は、北条征伐後、信雄が国替えを拒否し、所領没収・流罪となったため、破談にされた。

○羽柴－上杉－佐竹一統同盟
○織田－徳川－北条同盟

　この敵対するラインは極めて重要である。
　結論を先に記せば、景勝と同盟を結んだ時点（1582年）から、秀吉は「**反北条**」のスタンス。それが北条征伐（1590年）につながっていく。
　小牧長久手の戦いで、家康を討伐した後、秀吉は相模出陣（北条攻め）を考えていた。それを記した書状が残っている。明らかに徳川・北条同盟を意識している。
　そもそも羽柴・上杉同盟の締結に際し、秀吉は景勝に誓詞を入れている。徳川・北条氏に関連する項目を挙げよう。
　まず、信濃については、「景勝が家康に対して言い分があれば、秀吉が斡旋します」と記す。これは旧武田分国争奪戦を指している。
　次に関東に関しては、「景勝が氏政に対して存分があれば、秀吉は氏政と**絶交**します」と。
　景勝は氏政に存分がある。これまで述べてきたように、徹底した北条嫌い。秀吉は、それに倣うと明言しているのだ。当然のこととして、秀吉は景勝に肩入れしている。
　謙信が関東遠征を行うこと、実に10数回。
　景勝自身は、「御館の乱」で三郎景虎（氏政の実弟）と戦火を交えた。信長が甲越同盟を攻撃した際、氏政は信長に味方した。武田滅亡後、景勝は氏直と東信濃を争った。また「反北条」の佐竹一統とは、盟約を結んでいる。
　さらにいえば、「山内殿」と敬称された景勝は、関東管領就任までも意識していたと思う。代々の山内上杉氏の当主が、就くポストなのだから。
　この関係を押さえないと、後述する北条征伐のポイントが見えてこない。有名な話を例に挙げておこう。
　「秀吉が氏政・氏直父子に上洛を要請したとき、氏政は『井の中の蛙（かわず）』だったので、応じようとしなかった」
　しかし、それ以前に氏政は、信長の支援を受けて、関八州支配を目指そうとしたではないか？　敏感に信長に反応した事実を無視して、秀吉のときは「井の中の蛙」「先が読めない」とする。それは、あまりに論理的に矛盾していると思う。

② 徳川家康との関係

🔺 真田昌幸の動向

　遠江浜松城（静岡県浜松市）にいた徳川家康は、小牧長久手の戦い（1584年）に臨むとき、徳川分国の「東」を懸念し、氏直に改めて2年前の和睦を確認した。
　それを受けた氏直が、和睦時の条件である**所領交換**の履行を強く求めたとされる。もっと前から、氏直は家康に催促していたともいう。
　要するに約定はしたものの、上野沼田領は〈真田昌幸→北条氏直〉の引渡しがなされておらず、契約不履行の状態にあった。
　なお、徳川・北条同盟は、後年のイメージが邪魔をするが、決して〈主＝家康、従＝氏直〉ではなく、むしろ北条氏のほうが上位に近かった。〈家康＝東海5か国、氏直＝関八州〉という分国規模を比較すれば、当然であろう（後述）。
　さて契約の履行を迫られた家康は、翌1585（天正13）年、家臣を信濃上田城（長野県上田市）に派遣して、昌幸に次のように命じる。
　「氏直は約束（信濃佐久郡などの譲渡）を実行したので、沼田領を氏直に渡してください」（意訳、『三河物語』）
　だが昌幸は、それを「理不尽」と怒り、譲渡を謝絶する。
　「沼田は上（家康）から頂いたものではありません。われらが手柄で取った土地です。しかも味方したら恩賞（新規の所領）を与えるとの約束でしたが、その沙汰（連絡）もありません。その上、沼田を差し出せとは、思いも寄らぬ話です」（意訳、『三河物語』）
　かくして、「一所懸命」の昌幸は徳川・北条同盟を敵に回す。そして、彼が選択したのが、**上杉景勝**への再帰順である。
　ここで、昌幸の履歴を記しておこう。
　信濃国人衆・真田昌幸は、武田信玄・勝頼父子に従い、東信濃（上田城）から西上野（沼田城）にかけての地域を所領とした。2か国に所領がまたがる小大名というのが、ポイントである。

武田滅亡のタイミングで、生き残りを懸けた昌幸は、北条氏邦（上野方面軍）に帰属を打診する。それに対して、氏邦は「氏直への御忠信、この時に相極まり候」と回答している。「今こそ、氏直に奉公する絶好のチャンス」という意味である。

　しかし、織田軍団が進駐してきたため、昌幸は滝川一益に属す。というのも、一益が支配を命じられた東信濃2郡＆上野は、真田分国とオーバーラップするからだ。

　が、突然の〈信長の横死→織田軍団の撤退〉に伴い、昌幸は再び選択を迫られる。旧武田分国に侵入する景勝、氏直のいずれに属するか？

　真田分国からすれば、北（越後）からは景勝の、東（西上野）からは氏直の攻勢に曝されている。いったん昌幸は景勝に従ったものの、形勢を見て氏直に属す。そこへ、景勝、氏直と同様に信濃攻略を目指す家康から誘われ、今度は家康に転じる（194ページ地図参照）。

　強大勢力の狭間で、小大名が生き残るために、昌幸は〈武田→滝川→上杉→北条→徳川→上杉〉と、転々と主人を変えたと思っていい。

　再び景勝を頼ったとき、昌幸は上杉氏重臣の須田満親（信濃方面軍司令官）経由で、以下内容を景勝に伝えてもらう。

「昔、私は北条に従って、御屋形（景勝）に背いたことを後悔しています。その罪を許し、今の窮状（家康との手切れ）を救っていただければ、子の源次郎幸村※4を長く御家人（上杉家中の者）として従わせます。また侍100騎を、常に御陣に従わせます。昌幸に二心はありません。ここに起請文を差し入れます」

　それを聞いた景勝は、次のように語ったという。

「『窮鳥 懐 に入れば、猟師もこれを憐れむ』という。前悪を憎んで急難を救わなければ、たちまち昌幸は滅びるだろう。『家康の武勇を恐れ、景勝が見捨てた』といわれるのは、口惜しいことだ。私が助けよう」（意訳、『藩翰譜』）

▲ 徳川・北条会談の開催

　1585（天正13）年8月、家康は7000人の軍勢を動員して、昌幸の籠る上田

※4　真田幸村：17歳の幸村は、景勝への人質として春日山城に送られた。また越後国内で、新発田重家が景勝に叛旗を翻したとき、真田氏（幸村の名代）は新発田征伐に従軍している。

城を攻撃させる。「根切り肝要候」、すなわち「逆心した真田家中を皆殺しにせよ」と指令を下す。

家康の氏直に対する面子は丸潰れ。また信濃支配にも、支障をきたしかねない。

詳細は略すが、迎え撃つ真田兵2000人弱はよく城を守り、徳川勢を翻弄する。また援軍を率いた景勝も、信濃へ出陣する。

『三河物語』によれば、あまりの負け戦に、徳川勢は逃げるばかり。しかも「家康の重臣・石川数正[※5]が、家康の許を去って秀吉に仕える」という事件が起こったため、11月に徳川勢は撤退を余儀なくされる。

同時期に、北条勢も上野沼田城へと押し寄せたが、城を落とすことはできなかった。

その後、昌幸は秀吉の**付属大名**となる。景勝が仲介したのであろう。景勝の与力[※6]の立場で、家康からの攻撃をかわすべく、昌幸は秀吉の傘下に入った。羽柴・上杉同盟に連なる立場、と考えていい。

このころの秀吉は、「家康成敗」の方針を固めている。石川数正の上方出奔事件、上田合戦からの撤退と、危機に見舞われた家康は、北条氏との同盟強化を図ろうとする。なお、織田信雄はすでに秀吉に従っている。

が、その一方で、秀吉は密かに家康に縁談を打診している。「家康の後妻[※7]に、妹の朝日姫を」という申し出である。秀吉流は、飴と鞭を使って、戦わずして勝つ。

今の家康の立場は、極めて弱い。秀吉に従うか、それとも戦うか？

抗戦の場合は、どうしても北条氏の後詰が必要となる。一方の同盟者・信雄が、あてにできないからだ。

翌1586（天正14）年になって、事態は大きく動く。時系列で記そう。
○1585年11月：石川数正事件、真田昌幸ら信濃小大名の秀吉帰属
○1586年1月：信雄による秀吉・家康和睦の斡旋
○同年2月：家康が和睦を決意、縁組を受託（婚儀は5月の予定）

※5 石川数正：家康が駿府で人質生活を送ったとき、数正も随行したという。その後、三河の旗頭のひとりとして、家康から重用されたが、秀吉の誘いに乗り、突然、徳川氏を退散して豊臣氏に仕えた。
※6 与力：寄騎とも書く。有力大名に付属する、または加勢する小大名を与力大名という。江戸期の与力は、町奉行に付属した幕臣である。
※7 後妻：家康の前妻は築山殿で、長男・信康を産む。彼女は遠江今川一族の娘で、今川義元の姪にあたる。俗説では、信康とともに武田勝頼に内応したため、家康が殺害させたという。

2月、氏政・氏直父子に**会見**を申し入れた家康は、翌3月に「東」へと赴く。会見場所は、徳川分国（駿河）と北条分国（伊豆）の境を流れる黄瀬川（狩野川水系）。会談は2回あり、1回目は伊豆三島、2回目は駿河沼津で開催された。

会談に際し、北条氏の申し出は「まずは黄瀬川を越えて、北条領分までお出掛けください」というものだった。要するに、格（立場）の違いを示そうとした。家康も進物を贈り、氏政父子を上座に就かせたという。これまでしばしば述べてきた席次で、家康は北条氏に譲ったことになる。

会談後の酒宴においても、家康は自ら舞うなどして、家臣同様に振る舞ったと伝えられる。さらに帰国時には、氏政父子に国境の城を破却した様子を見せ、取次の氏規には大量の兵糧米を贈っている。

家康は低姿勢というよりも、北条氏の軍事力をあてにして、明らかに媚びている。記述上、徳川・北条同盟としているが、この時点では**北条氏上位**は間違いない。氏政がこの認識を引きずったため、北条征伐の悲劇につながる一面もあるのだが……。

残念ながら、会見内容はわかっていない。肝心の秀吉との和睦・縁組を家康が伝えたか、沼田領問題を協議したか、どうかも含めて。

家康は秀吉との和睦を北条氏に伝え、釈明した。否、家康はそれを伏せ、同盟強化だけに努めた、といった正反対の説がある。

後者は、氏政父子が「秀吉との和睦＆縁組は、家康の裏切り行為」と見なす場合を恐れたという。違約を唱えた氏政父子が同盟を解消し、駿河へ侵攻する可能性はない、とは言い切れない。

いずれにせよ、5月に朝日姫は嫁ぎ、秀吉の思い描いた政略結婚が実現する。言い換えれば、家康は秀吉に従属した。秀吉からすれば、家康は義弟（妹婿）になったのだ。

▲▲▲ 関東惣無事令とは？

今や関白秀吉の関心は、東国にある。そして彼は速効性を重視する。

1586（天正14）年6月、秀吉は上杉景勝を上洛させ、北条対策や真田問題を協議する。その結果、9月になって景勝は**東国取次役**に就く。

秀吉政権（公儀）の東国代官、東国奉行として、諸大名・国人衆の窓口機能を果たし、東西一統後は、東国の警固、所領紛争の調停などを担う。

景勝の意識からすれば、明らかに関東管領となる。石田三成からの連絡によれば、景勝の管轄エリアは「関左（関東）、並びに伊達、会津辺り（蘆名氏）の御取次」。事実、「関八州が静謐したときは、関東の者どもの過半を景勝に付ける」と、秀吉が語ったとする記録も残っている。

　ただし、ネックがある。関東といっても、〈親秀吉、反氏直〉の佐竹一統などの窓口であり、景勝は仇敵の北条氏とは相容れない。接点もない。

　10月になって秀吉は、家康に上洛を強く求める。秀吉への臣従要請である。

　臣従か、抗戦か――。

　悩んだ末に、家康は秀吉への服属を選択する。秀吉の言葉を借りれば、「家康は何事も関白殿次第と申しました」（意訳、景勝宛て書状）。

　上洛した家康に対して、秀吉は、別途、東国取次役を命じる。狙いは北条対策。氏直は、家康の娘婿である。

　そして、秀吉が発令したのが**関東・奥両国惣無事令**。天下静謐を推進する秀吉政権（公儀）の立場から、戦国大名間の合戦停止、私戦禁止を求めたものだ。なお、奥両国とは陸奥、出羽を指す。

　関東や奥羽の諸大名・国人衆が所領を巡って争えば、まず公儀が紛争に介入し、調停を行う。条件は、双方の主張を調査した上で、秀吉が裁定する。次いで公儀による境目の裁定に従わないときは、公儀軍が成敗に乗り出す。

　軍事権を有するのは**公儀**のみ。それ以外の紛争は私戦と見なす。圧倒的な軍事力を背景とした威嚇、といっていい。

　その結果、諸大名が抗

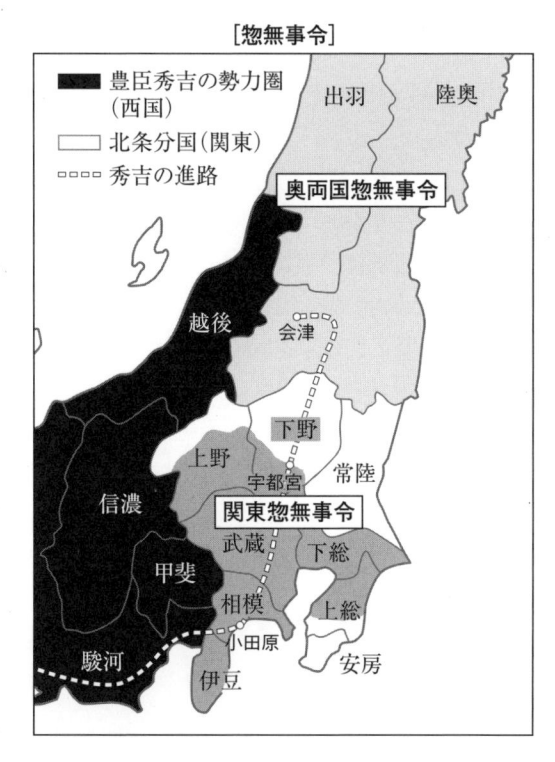

戦を諦め、惣無事令に従えば、所領を安堵する。戦わずして勝つ。秀吉一流のスタンスである。

関東では、北条氏と佐竹一統の合戦が、依然として続いている。これは秀吉からすれば、私戦にあたる。そういう論理構成なのだ。しかも佐竹一統は、秀吉に支援を求めている。

つまり関東惣無事令とは、北条氏に突きつけた従属要請。

北条氏は公儀に服属するか、徹底抗戦するか？　そのふたつの選択肢しかない。同盟を結ぶ家康は、すでに秀吉に従っている。

11月、氏政宛てに、家康は以下の書状を送る。取次役の機能の一環と考えていい。

関東惣無事につき、羽柴（秀吉）から申してきています。（その内容を）ご披見(ひけん)いただくべく、朝比奈（使者、旧今川家臣）が届けます。よくよく熟慮され、御返事を頂きたく存じます。氏直へも申し届けるところですが、御布陣とのことで届けられません。内容を氏直へ届けられ、しかるべき対処が重要と思います。委細は朝比奈が口上でお伝えします（意訳）。

そのころ、上野をほぼ手中に入れた氏直は、下野の攻略を目指し、佐竹一統（宇都宮氏、那須氏など）と戦っている。

とりわけ佐野城の攻略に成功し、佐野宗綱の嗣子に北条氏忠（氏康の養子）を入れた点が大きく、優勢のままに推移している。

なお、この養子縁組に反対したのが、宗綱の弟の天徳寺了伯(りょうはく)（俗名は房綱）。出奔した了伯は上洛し、やがて北条征伐の際に、秀吉の道先案内を務めることになる。

◆3 豊臣秀吉への対応

▲ 北条氏の軍備

服属か、抗戦か？　北条氏の中で、どのような議論が展開されたのか、は詳しくわかっていない。

212

ただ言えるのは、信長の武田征伐（1582年）とは様相を異にしている点だ。かつて、信長に接近した氏政は、縁組を結んで関東支配を確固たるものにしようと企てた。なぜならば、「武田・上杉同盟」は、氏政の宿敵だったからだ。

が、今回は違う。初めから秀吉は上杉景勝＆佐竹一統を支援し、北条氏を仮想敵国と位置づけている。

「もし北条が下知（惣無事令）に背き、佐竹、宇都宮、結城を攻めたならば、命令を出しますので、後詰めの用意をするように」（意訳）と、秀吉は景勝に伝えている。

つまり、氏政・氏直父子は、武田勝頼の立場と同じ。ただし、家康とは同盟を結んでいる。そう捉えれば、全体がわかりやすい。

1587（天正15）年に入り、北条氏は和戦両様の構えを示す。ただし、実態は抗戦の色を隠せない。なお、この年、秀吉は島津征伐のため、九州へ下向している。惣無事令違反を問うために。

年始早々から、北条分国内では、大規模な城普請が実施される。各地から多くの人足が徴発される。**防衛力強化**のためである。
○相模：小田原城（本城修復）、足柄城（東海道の備え）
○伊豆：山中城（東海道の備え）
○武蔵：岩付城（利根川の備え）
○下総：栗橋城（利根川の備え）
○上野：松井田城、箕輪城（東山道の備え）、厩橋城（上杉氏への備え）
○常陸：牛久城（佐竹氏への備え）

年末に向かうに連れて、鉄砲の製造、弾薬の鋳造が行われ、食糧とともに小田原城や主要支城に備蓄される。また新船の建造も進められる。

分国内では、軍事動員が発令される。「御国御用」としての総動員態勢で、15歳〜70歳までの男子は、侍でなくとも徴発された。兵農未分離の時代である。

島津征伐の次は北条征伐。程なくして、関東が秀吉の標的になるのは必至。そう考えた北条氏は、急速に「天下の御弓箭（御弓矢）」、「大途（当主、公儀）、御弓矢」、すなわち**決戦論**へ傾斜していき、臨戦態勢を整える。

北条分国に迫る未曾有の危機――。

当時の表現では、「国家の是非、このときに相極まる」。太平洋戦争のとき

に発せられた「皇国の荒廃、この一戦にあり」と、同質の意識であろう。

この間、家康は京都と駿府を往復しており、〈関白・豊臣秀吉→内大臣・織田信雄→大納言・徳川家康〉と、公儀ではNo.3に位置している。

たぶん家康は、秀吉と氏政・氏直父子の板挟み状態にあったと思われるが、ある程度、北条氏を見切っていたともいう。

結果論に基づく後世の創作かもしれないが、腹心の本多正信に「北条も末だ。やがて滅びる」と、家康は語る。その理由として、「家臣団の官僚化、重臣の専横（わがままな振る舞い）・人材不足」を挙げたという。

前年の徳川・北条会談では、家康が氏政・氏直の機嫌を取る側だったが、今や立場は逆転しつつある。

▲ 北条氏規の上洛

1587（天正15）年の後半から翌1588（天正16）年初めにかけて、情勢はかなり緊迫するが、結局、秀吉は関東遠征を実行せずに終わる。

どうやら、北条氏にも回避する動きがあり、上方に使者を派遣した氏政が、弟の氏規を上洛させることを申し出たようだ。

が、その一方で、「秀吉が北条攻めを行う、征伐後の関東は家康に与える」などと、さまざまな噂が流れ始める。

北条氏は疑心暗鬼の状態に陥った、と思う。内部では、和平派と抗戦派が対立している。

和平派の頼みの綱は家康。一方、抗戦派は伊達政宗との同盟強化を図ろうとする。ただし、こちらは「佐竹挟撃」の色合いが濃く、実際に突きつけられた課題の解決策には、なりえない。政宗にしても「奥両国惣無事令」を呑むか、どうかの瀬戸際。

秀吉は東国取次役・家康と、京都で何らかの状況打開策を練ったらしい。駿府に戻った家康は、5月、氏政・氏直父子に3箇条の**起請文**を送る。
①（北条）御父子について、殿下（秀吉）の前で悪く申し上げることは、ありません。また邪な考えを抱き、関東を望んではいません。
②今月中に、（氏政の）兄弟衆を、御礼言上のために上洛させてください。
③出仕が納得できないときは、娘（督姫）を返してください。

まず①で、家康は噂を否定し、自らの潔白を訴えている。次の②は、未実

行の氏規上洛の督促。最後に③では、北条氏に秀吉への臣従を求め、拒否する場合は娘の離別、すなわち**同盟解消**をも辞さないと迫る。

　公儀の発した恫喝（どうかつ）、最後通牒といってよく、特に②の「氏規の上洛履行」を強く求めている。前にも述べたが、若き日の氏規は、家康と同じく今川氏の許で、人質生活を過ごしたことがある。

　さすがに氏政も動く。

　閏5月、秀吉によれば、氏政は「いかようにも上意（公儀の意向）次第」と詫言（わびごと）を入れてきたという。

　8月初旬になって、氏政は、氏規を家康の許に派遣する。そこから東海道を上った氏規は、8月中旬に上洛を果たす。多くの進物を携えて。

　後日、秀吉は反北条陣営の佐竹義重、結城晴朝、太田資正らに「北条がいろいろと懇望してきたので、御赦免としました。その礼として、氏政は氏規を上洛させました」（意訳）と書き送っている。〈北条の臣従→秀吉による赦免→合戦回避〉というプロセスを伝える中で、秀吉は佐竹一統に対しても、上洛を迫っている。

　「北条美濃守氏規参着候」と、毛利輝元の『上洛日記』の8月17日に記載されている。そして京都の聚楽第（じゅらくだい）で、氏規が秀吉以下と対面したのは、5日後の8月22日。

　公儀からは関白（秀吉）、尾張内大臣（織田信雄）、駿河大納言（家康）、大和大納言（豊臣秀長）、備前宰相（参議、宇喜多秀家）、越後宰相（上杉景勝）、安芸宰相（毛利輝元）、公卿では菊亭右大臣らが列席している。

　錚々たるメンバーを前にして、無位無官の氏規は末座に置かれる。公儀の威光を、氏規に見せつけた一瞬、といっていい。

　このとき、氏規は「氏直は、来年、上洛します。氏直は、以前に、徳川氏と約束した**上野沼田**の地を望んでおります」と、申し述べる。

　もう少し詳しく「沼田は、以前から徳川氏から北条氏に渡す約束がありました。にもかかわらず、真田昌幸は明け渡そうとしません。もし殿下（秀吉）が真田に命令していただけるのであれば、早々に氏政・氏直父子のいずれかを上洛させます」（意訳）と、話したともいう。

　そこで秀吉は、「沼田の件は、家康と氏直との間のことで、私の知るところではない。ただちに調査させ、その上で裁定しよう」と告げる。

　このシーンで、氏規は債務不履行として、家康、昌幸を訴えたことにな

る。その後、氏規は8月末に京都を発ち、関東に戻る。

　ところで北条氏内部では、和平派と抗戦派が揉め続けたようだ。3か月後、氏規は家康の重臣に宛てた書状で、以下のように記している。かなり困り果てた様子が窺える。

　「御隠居様（氏政）が、また隠居すると仰っています。拙者（氏規）が上洛した時分から、とかく引き籠られ、多少のことでも『何事にも関与しない』といい、取り合おうとしません。どうしようもない状態です」（意訳）

　この様子からすれば、抗戦派の氏政は、和平派の工作や秀吉の対応が我慢ならず、それを態度で示したようだ。

　北条氏での対立構造は、次のとおり。
〇**和平派**：北条氏直（当主）、氏規
〇**抗戦派**：北条氏政（御隠居様）、氏照、氏邦、松田憲秀

▲沼田領問題

　所領紛争の裁定は、公儀にとって最優先事項。秀吉が発布した法令を遵守し、その裁定に従うことが、「臣従」を意味するからだ。

　早速、公儀から使者が派遣され、現地の沼田で確認作業を行う。また、ヒアリングも実施される。

　そして翌1589（天正17）年2月、氏政の側近・板部岡江雪斎が、事情説明のために上洛する。

　評定衆の一員である板部岡は、北条氏の外交官僚と思っていい。かつて武田信玄が死去したとき、板部岡は甲斐に赴き、生死の確認を行ったりもしている。

　彼は家康との国分け（上野＝北条氏、甲斐・信濃＝徳川氏）から紐解き、真田領・沼田の明け渡しを家康が約束したことを述べ、実情を「沼田は、自力では奪回できませんでした。家康も約束を曖昧にし、まるで当方（北条氏）の違約のようにいっており、担当（板部岡）としても困惑しています」（意訳）と率直に訴える。

　実はこのころ、秀吉の命により、真田昌幸は家康の与力大名に復帰している。「ならば、改めて家康は昌幸に明け渡しを命じるべきだ、約束を守れ」。これが、関八州に執着する北条氏の偽らざる気持ちであろう。

　秀吉は、氏政・氏直父子いずれかの上洛を要請しているが、北条氏は沼田

領問題をその交換条件に出した。

今や沼田の地は、公儀にとって**一大政治課題**となっている。

それにしても、かなり落差がある交換条件だと思うが、それほどまでに北条氏は上野完全支配に固執した。目的意識、価値観の違いといってしまえば、それまでだが……。

5月になって、秀吉の**裁定**が下される。

①事情確認の結果、沼田領は北条氏に割譲する。
②ただし、上野での真田氏所領の「3分の2」を沼田城に付けて、北条氏に割譲することとし、残り「3分の1」は真田氏に安堵する。その所領内の城も真田氏のものとする。
③なお、真田氏が北条氏に割譲する「3分の2」の替え地は、徳川氏が真田氏に与えること。
④以上の裁定により、約束どおり、氏政は12月に上洛し、出仕するように。

上記の②について補足すると、真田昌幸は、「名胡桃城（沼田城の対岸、群馬県みなかみ町）一帯は、先祖墳墓の地」と主張したといわれる。実際の真田氏は、信濃小県郡が発祥の地であり、上野ではないのだが。

ともあれ、一応、裁定内容を納得した北条氏は、④の実行を約束する。和平派が主導権を握っていた、と考えるべきであろう。そこで家康の重臣・榊原康政が立会い、7月に沼田城の引渡しが行われる。

ところで、この裁定そのものは、軍事力で沼田領を奪取できなかった北条氏にとって、メリットがある。ある意味、「本能寺の変」直後の混乱期に、勝手な国分けを行い、さらに政治的決着によって念願の地を獲得できたのだから。

詳細は繰り返さないが、一方で上野支配権を主張できる上杉景勝からすれば、面白くない話だった、と思う。

それも、東西一統のために、秀吉が④を最優先に考えたからだ。残す課題は、暮の氏政上洛。本人が、好む好まざるにかかわらず。

▲ 名胡桃城攻撃事件

ところが、氏政上洛の準備が進む最中、またもや事件が勃発する。

沼田城を預かる猪股邦憲が、真田領・名胡桃城を攻め落としたのだ。まさ

に実力行使である。

　猪股は、上野方面軍司令官・北条氏邦（武蔵鉢形城）に属している。実態は、抗戦派による巻き返し。また、裁定が全面勝訴ではなかった。それに対する不満が、北条氏に内在していたともいう。

　事件は、真田氏から家康経由で秀吉に報告される。明らかに**惣無事令違反**（私戦禁止）に抵触し、公儀の裁定を踏みにじる行為だ。

　激怒した秀吉は、真田昌幸に書状を記す。

「その方（昌幸）の抱える名胡桃城に北条方が押し寄せ、城主を討ち果たし、要害（城）を乗っ取ったことを聞きました。……その者どもを成敗しない限り、北条の赦免はありえません。来春までに境界地の諸城に兵を入れ、守備を固めるように」（意訳）と。

　北条氏の違約行為に伴い、秀吉は武力討伐の準備を開始する。家康や景勝も上洛させる。

　そのとき、秀吉は、北条氏の振舞いを「奇怪至極」と語ったという。客観的にいえば、わずか数万石の真田領を奪うために、関八州の太守が惣無事令を犯したのだから、無理もない。

　さらに秀吉は、諸大名に出陣の触れを出す。名胡桃城事件は11月3日に起こったのだが、11月末には秀吉の合戦準備が整う。

　その一方で、11月末、秀吉は氏政または氏直の年内上洛を勧告するため、上使を派遣する。宣戦布告状を添えて。

　それに対して、氏直は、12月上旬になって弁明書を送る。主旨を、現代風に記そう。

○**上洛**

　来春（1590年）、氏政を上洛させます。ただし、上洛後、「そのまま氏政が抑留されるとか、懲罰的な国替えが行われるとか」の噂がありますので、かつて家康が上洛した際、縁組（秀吉の妹と家康が結婚）を結ばれ、さらに大政所（秀吉の生母）が三河まで来たようなご配慮をお願いします。そうすれば、心安く上洛できます。

○**名胡桃城問題**

　この事件について、北条氏はまったく関与していません。ただ、沼田領引渡し時に、真田氏に不正がありました。また、先祖以来の敵である上杉景勝が、真田氏に加勢しています。

氏直は時間を稼ごうとしているが、「臣従するにしても、家康の上洛時には、秀吉は縁組まで結んだ。それに引き換え、北条氏への対応は厳しすぎるのではないか」という嘆きが見え隠れしている。

　さらに氏直は、舅の家康にも秀吉への取りなしを依頼する。「宣戦布告の文書に驚いています。ご勘弁いただきたいと、お取りなしをお願いします」（意訳）と。

　しかし、秀吉はいっさい弁明を聞くことなく、12月には北条征伐の陣触れを行う。もはや合戦以外に、解決の道はないと。これが「来春関東軍役の事」という軍事動員令である。

　秀吉の掲げた**最後通牒**を、以下、意訳で記そう。

○北条は、近年、公儀を蔑如し、上洛してこない。ことに関東では我意に任せ、狼藉を行っているのは、言うまでもない。昨年（1588年）、御誅伐（征伐）を加えられるところを、駿河大納言家康の縁者なので御赦免され、美濃守（氏規）が御礼を申し上げにきた。

○御対面時、美濃守が境目のことを「家康の表裏（違約）」のように申したので、江雪斎（板部岡）を上京させた（……沼田城裁定、名胡桃城事件が続く）。

○真田の名胡桃城を取り、北条が表裏した以上は、使者（石巻康敬）に会うつもりもない。使者も生かしておけないところだが、命は助けて返す。

○秀吉の一言に表裏はない。だからこそ、天道に叶い、……万機の政（すべての政治）を関かっている。しかし、氏直は天道の正理に背き、奸謀を企てた。どうして、天罰を蒙らないで、おられようか。……勅命に逆らう者には、誅罰を加えなければならない。来年（1590年）は、朝廷から授かった旗を持ち、必ず進発して、氏直の首を刎ねる。一刻の猶予も、置いてはならない。

④ 秀吉の北条征伐

▲ 合戦への道

北条氏の内部で、一体どのような葛藤があったのか？

滅亡したがゆえに、その詳細は伝わっていないが、よく知られるのが「氏政は井の中の蛙」という話。

関東に執着するあまり、政治情勢を見誤った氏政は、強硬に抗戦を唱えた。秀吉の軍門に降(くだ)るのは嫌だと。つまり、戦国大名の資質面から**〈氏政＝暗愚(あんぐ)〉**とする説だ。

それに類する話で、『小田原日記』に登場する氏政は、次のように語る。

「秀吉は主人・信長の遺児を欺いて、関白に成り上がった者だ。しかも朝廷を利用して権勢を振るい、われらを討とうとしている。たぶん秀吉は、大軍で攻めてくるであろう。その場合、食糧が続かないはずだ。従って、持久策で臨めば、秀吉は戦わずに敗走する。昔、平氏が富士川※8の水鳥の音に驚き、壊滅したように」（意訳）と。

確かに「井の中の蛙、大海を知らず」の一面はある。それは否めないが、信長の武田征伐時の動きからすれば、西国政権（秀吉公儀）の実力を、氏政が一方的に過小評価したとも思えない。

北条氏は、元々、室町幕府に奉公した伊勢氏の出身。家臣にも京都関係者は多い。一方的に「上方の情勢に暗い」と、決め付けるのは無理がある。

依然として、北条氏は関東制覇を目指しているものの、相対的な関東独立が難しい課題であることを、氏政が知らないはずがない。なぜならば、彼はかつて信長と縁組を結び、その政権下に入る形で、関八州の安堵を祈願したのだから。しかも三国同盟を結んだ今川氏、武田氏は、すでに滅び去った。その姿も目の当たりにしている。

となると、やはり**プライド**の問題に帰結するのだろう。秀吉から縁組などの申し出がなく、当初から氏政は風下に置かれたのだから。

要するに、家康とのバランス問題。北条氏は、同盟する家康よりも上位と思っている。それどころか、黄瀬川での会見（1586年）以降、北条氏の家臣は「徳川殿は当家の臣下となれり」（『駿河土産』）とまで思っている。が、その家康は、秀吉の妹を娶っている。

にもかかわらず、北条氏に対して、一向に秀吉は懐柔策を講じようとはしない。関八州の太守に、当初から強圧的な態度で臣従を求めている。

上述の氏直弁明書の原文では、「先年、家康上洛の砌(みぎり)は御骨肉（血縁）を

※8 富士川の戦い：1180年の源平合戦で、源頼朝を追討するため、京都から下向した平維盛軍は、頼朝軍と駿河の富士川を挟んで対陣する。が、水鳥が一斉に飛び立った音を、平維盛軍は敵襲と勘違いし、あっけなく敗走した。「臆病風に吹かれた」と、思っていい。

結ばれ、猶、大政所を三州（三河）迄御移しし由、うけたまわり届け候」と書かれている。そういう礼遇、配慮を、氏直は必死に求めているのだ。

現在、結果を知っている私たちからすれば、現状認識を欠き、時代錯誤な考えと思うかもしれないが、北条氏にとっては切実な問題。

というのも、何ら秀吉サイドが対応を講じない場合、上洛した従五位下左京大夫・北条氏政は、正一位関白・豊臣秀吉のみならず大納言・徳川家康、参議・上杉景勝らを前にして、末席で平伏しなければならないからだ。

それが、朝廷の「官位制度」を取り込んだ豊臣公儀のルール。聚楽第での対面の様子を、氏政は弟の氏規から聞いている。その扱いは、彼にとって、屈辱以外の何物でもない。

また上杉景勝＆佐竹一統が、早くから秀吉に臣従していたことも、北条氏のフレキシブルな対応の阻害要因となった。プライドと表裏をなす面もあるが、宿敵の方が公儀への密着度が高い。

かつて秀吉と景勝が、同盟を結んだ際の約定は、「景勝が氏政に対して存分があれば、秀吉は氏政と絶交します」。

これでは、秀吉が北条氏に礼を尽くすはずがない。その結果、北条氏は抗戦の道を選び、臨戦態勢に入る。

▲ 北条氏の防御態勢

1589（天正17）年12月上旬、翌年の北条征伐（小田原征伐）に向けて、秀吉は**軍役**を定める。

関東出陣の距離、コストが勘案され、関東に近いほど動員兵力が大きくなる「地域傾斜配分方式」が採用され、地域ごとに「所領100石当たりの動員数」が決められた。

たとえば、北条分国に隣接する徳川分国（駿河、遠江、三河、甲斐、信濃）では7人役（100石当たり7人）、遠方の毛利分国では4人役といった具合に。仮に5万石の大名が「4人役」ならば、動員数は2000人となる。

公儀軍の動員数は、約22万人。史上空前の規模といっていい。動員数の多い順に挙げれば、徳川家康3万人、前田利家（加賀）1万8000人、織田信雄（尾張）1万5000人、上杉景勝（越後）1万人……となる。

部隊編成は、おおよそ次のとおり。

◯**東海道方面軍**（17万人）：東海道沿いの大名は、箱根峠から相模を目指す。

[公儀軍の攻撃ルート]

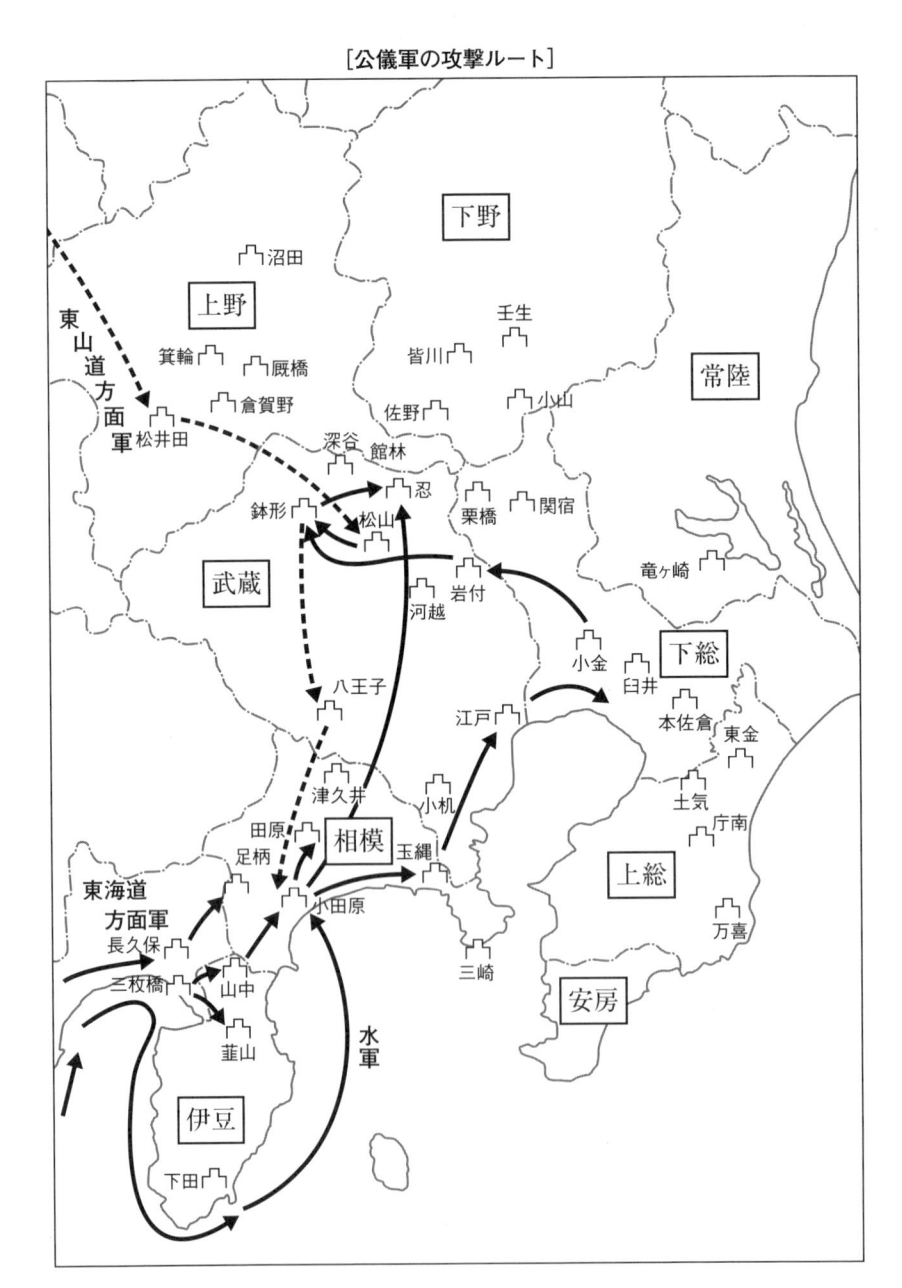

先鋒は家康が務め、秀吉も関東へ赴く。

○**東山道方面軍**（3万5000人）：北陸道沿いの前田利家、上杉景勝らは、東山道を進んで、碓氷峠へ向かう。続いて上野、武蔵を攻める。

○**水軍**（1万5000人）：中四国、紀伊・伊勢の水軍は、東海道沿岸を航行し、伊豆、相模を攻撃する。

　それに対して、12月中旬、北条氏も小田原城で軍議を開き、迎撃態勢を整える。

　世に**小田原評定**という言葉がある。その謂れは、「秀吉の北条征伐を前にして、小田原城では和平派、抗戦派の意見が対立し、いたずらに時間だけが過ぎた」という俗説にあり、現在では「いつになっても、結論が出ない会議」の意味で用いられる。

　しかし、実際の軍議では、迎撃方針をベースに、〈出撃策or籠城策〉が議論されたようだ。

○**出撃策**：北条氏邦（武蔵鉢形城主）の意見は、次のとおり。

　「氏直が大将となって、駿河東部を攻め取り、上方勢（公儀軍）と富士川で対峙する。味方は地理に通じ、敵は長陣で疲労している。家康は縁者であり、当家に味方するかもしれない。そうなれば、秀吉も講和を申し出るだろう」と。

○**籠城策**：氏邦に対して、重臣・松田憲秀は小田原城籠城を唱える。

　「小田原は大河、海、山に囲まれた要害の地。上方勢は箱根、足柄を越えることは、できないだろう。加えて小田原城には、兵糧、武器弾薬が備蓄してある。従って、関八州の支城とともに防御すれば、やがて上方勢は兵糧が尽き、敗走するだろう。まずは、韮山城、山中城を固めるのが大事だ」と。

　軍記物『関東古戦録』に載る話なので、どこまでが本当なのかは、わからないが、衆議は籠城策に決する。小田原城や主要な支城に籠り、やがて敵が関東から退去するのを待つ。

　かつて小田原城は、上杉謙信や武田信玄の攻撃を浴びたが、ともに籠城策が奏功し、敵は退散した。若き日の氏政の成功体験だ。それが、大勢を占めた要因かもしれないが、ともに後詰（同盟軍のバックアップ）が期待できたケース。

　1589年末から1590年初にかけて、北条氏は防衛網の構築を急ぐ。総動員兵力は、約3万5000人。公儀軍の6分の1の規模に過ぎない。ただし、北条軍を5万人規模とする史料もある。

　いずれにせよ、「天下の嶮」といわれた箱根峠の難路、「一騎当千」と謳わ

れた関東武士の強さを重視し過ぎた面は、否定できない。

北条氏の**防御態勢**を、以下、掲げよう。

まずは、本城の小田原城。

周囲9kmと、現在の小田原市を覆う規模の巨城であり、氏政・氏直父子を始め、一族の氏照、太田氏房（氏直の弟）、重臣の松田憲秀らが籠る。

また国人衆では、武蔵の成田氏長（忍城）、上田憲定（松山城）、下野の壬生義雄（壬生城）、下総の千葉氏・原氏、上総の上総武田氏・土岐氏なども籠城する。

城の外郭には、9か所の「口」があり、宮城野口、早川口などの持ち場を、諸将が固める。また北条氏に従う諸将の人質も集められ、小田原在住の領民なども収容される。

次に最前線では、**三城防衛ライン**を構築する。箱根峠を守る山中城、足柄峠を守備する足柄城、両城をバックアップする韮山城であり、韮山城には北条氏規が籠る。

以上が東海道方面の迎撃態勢であり、東山道方面などの対応は、ほぼ次のとおり。

信濃の押さえが上野松井田城（重臣・大道寺政繁）、甲斐の押さえが武蔵八王子城、上野の押さえが武蔵鉢形城（北条氏邦）、小田原城、相模湾の警衛が相模玉縄城（北条氏勝）、駿河湾、相模湾の警衛が伊豆下田城（清水康英）とされた。公儀水軍の攻撃に備え、北条水軍は下田城に集約された、と考えていい。

煩雑かもしれないので、公儀軍との対応関係で整理しておこう。

◯**東海道方面**：駿河・伊豆間に箱根・足柄峠防衛ラインを築く。主力は小田原城に籠城する。相模東部では、玉縄城が備える。

◯**東山道方面**：碓氷峠からの侵入は、松井田城で迎撃し、次に鉢形城が備える。

◯**水軍**：下田城の水軍が、駿河湾、相模湾を警戒する。

なお、北条兄弟衆を見ると、筆頭の美濃守氏規（旧和平派）は、初代盛時創業の韮山城を守備する。陸奥守氏照（抗戦派）は兄の氏政に従って小田原城に籠る。その居城である武蔵八王子城は、氏照の家臣が守る。

が、小田原城籠城策に反対した安房守氏邦（抗戦出撃派）は、居城の鉢形城に戻って籠もる。

北条征伐の推移

1590（天正18）年1月、公儀軍先鋒の家康は駿府城から出陣する。次いで2月に東山道方面軍（前田利家、上杉景勝）が信濃へ進み、3月には秀吉自らが京都から関東へ下向する。

その間に、佐竹一統（佐竹義宣、宇都宮国綱ら）も従軍を願い出る。また秀吉側近は、伊達政宗ら奥羽の諸大名・国人衆に小田原参陣を要請する。

そして3月下旬に、織田信雄と家康は、駿河東部で秀吉を迎える。いよいよ本格的な北条攻めのスタートだ。前にも記したが、公儀の序列は〈関白秀吉→内大臣信雄→大納言家康〉である。

以降、7月初旬までの約3か月の合戦を経て、北条氏は降伏を告げる。北条滅亡に至る模様を、わかりやすく年表形式で記したい。

北条五代が、100年の歳月を掛けて築いた巨大帝国。それが、わずか100日で崩壊してしまう。

小田原城籠城策を採ったがゆえに、かつて命懸けで奪った関東諸城の守備兵は、ごくわずか。『関東古戦録』では、「関東の武士で老人と幼稚の者は、

[小田原城包囲図]

在所の城に籠城したが、多くは小田原城に詰め、持ち場を固めた」とする。

諸城での北条方の兵力や質は、公儀軍と比較して著しく劣る。そのために公儀軍は、いとも容易く諸城を蹂躙(じゅうりん)していく。

①3月〜4月

○3月29日：豊臣秀次（秀吉の甥）が、最前線の山中城、足柄城などを瞬く間に攻略し、4月2日には、早くも小田原城攻撃態勢を整える。『功名が辻』で知られる山内一豊は、当時、秀次付きの家来であり、この戦闘に参加している。

なお、山中城は半日で落ち、城主・松田康長（憲秀の甥）は戦死し、応援の北条氏勝（綱成の孫）は玉縄城に逃げる。秀次軍7万人に対し、山中城の兵は4000人前後だった、といわれる。

一方、織田信雄は福島正則、蒲生氏郷(がもううじさと)や細川忠興らを率いて、韮山城（城主・北条氏規）を攻めるが、落城には至らない。ただし、韮山城は東海道から離れているので、遠巻きにする。

○4月1日：秀吉は箱根に進む。一方、公儀水軍（加藤嘉明(よしあき)、脇坂安治(やすはる)、九鬼嘉隆(よしたか)、長宗我部元親ら）が、中四国、志摩などの海賊を率い、伊豆下田城（城主・清水康英）を攻める。なお、加藤嘉明が「海手の大将」とされた。

○4月5日：秀次、信雄、家康、堀秀政、蒲生氏郷らが小田原城を囲む。物資の補給を断つべく、水軍も小田原近海を封鎖する。

合戦が長引くと見た秀吉は、小田原城を見下ろす**石垣山**に、有名な「一夜城」を築く。このころ着工し、6月に完成したらしい。

○4月16日：佐竹義宣らが、武蔵松山城を攻略する。なお、城主・上田憲定は、小田原城籠城中。

○4月20日：3月下旬に碓氷峠を越えた東山道方面軍（利家、景勝）が、上野松井田城を攻略する。降伏した城主の大道寺政繁は、東山道方面軍の道先案内を願い出る。

相前後して、東山道方面軍は上野箕輪城、厩橋城、下野佐野城なども攻略する。なお、佐野氏忠（北条氏出身）は、小田原城に籠っている。後に佐野城は、秀吉の案内を務めた佐野了伯（房綱）に与えられる。

○4月21日：玉縄城（城主・北条氏勝）が降伏する。氏勝は山中城を固めていたが、落城とともに脱出し、本拠の玉縄城に戻っていた経緯がある。なお、彼は家康に降伏し、所領を安堵される。

○4月22日：東海道方面軍の部隊と合流した佐竹一統が、下野祇園城、壬生城などを落とし、5月上旬には常陸牛久城、土浦城などを攻略する。

②5月
○5月7日：秀吉が、京都から茶々（後の淀殿）を石垣山に招く。
○5月22日：秀吉傘下の浅野長政、家康傘下の本多忠勝らが、武蔵岩付城を攻略する。なお、城主・太田氏房は小田原城籠城中。次いで、長政、忠勝らは武蔵鉢形城に向かう。
○5月27日：佐竹義宣、宇都宮国綱、太田資正らが小田原参陣を果たし、秀吉に謁見する。土気城などの上総の諸城が、このころ降伏する。なお、寄せ手の堀秀政が陣中で病死する。

③6月〜7月
○6月3日：秀吉傘下の石田三成と佐竹一統が、武蔵忍城を囲むが、落城には至らない。小説『のぼうの城』でも知られる水攻めが、敢行された。
○6月8日：秀吉が、北条氏重臣・松田憲秀の内応を画策させる。この件は、改めて触れたい。
○6月9日：小田原に参陣した伊達政宗を、秀吉が謁見する。
○6月14日：利家、景勝、浅野長政らの攻撃を浴び、武蔵鉢形城（城主・北条氏邦）は降伏する。
○6月23日：利家、景勝が武蔵八王子城を攻略。同時期に、秀吉傘下の福島正則らの攻撃により、韮山城（城主・北条氏規）も降伏する。
○7月5日：小田原城の氏直が降伏を告げる。

▲ 四面楚歌の小田原城

ここで公儀軍の攻撃を、改めて方面軍別で整理してみたい。
○**東海道方面軍・水軍**
　豊臣秀次が、箱根・足柄峠防衛ラインを突破する。同時に織田信雄が、韮山城を攻撃する。支援部隊というべき水軍も下田城を攻撃し、制海権を握る。
　箱根の坂を越えた東海道方面軍は、小田原城を包囲する。なお、一部の部隊は武蔵へ進み、岩付城や忍城などを攻める。

○東山道方面軍

　碓氷峠を越えた前田利家、上杉景勝、真田昌幸らは上野に入り、松井田城を始めとする諸城を攻略する。また利根川以西の城を落とした後、武蔵に南進し、八王子城などを攻める。

○佐竹一統

　佐竹義宣、宇都宮国綱らは、利根川以東（武蔵、下野、常陸）の諸城を攻略し、東海道方面軍部隊と合流する。その後、彼らは秀吉に謁見し、所領を安堵される。

　なお、「反北条」に転じた安房の里見義康は、陸路で下総を、海路で相模の三浦半島を攻め、秀吉にも謁見する。

　が、大義名分を「鎌倉公方の再興」（正確に書けば、「鎌倉御再興御為(おんため)」）とした義康は、小弓公方義明の末裔の擁立を企てる。そのため、秀吉からは安房だけの安堵とされ、上総は没収される。

　それにしても、北条征伐に至った時点でも、「公方の副将軍」を任じる里見氏が、「鎌倉公方の再興」を意図したのは注目に値する。

　もはやアナクロニズムに過ぎないのだが、里見氏だけは「中世の関東支配の論理」に最後までこだわったようだ。前述のとおり、氏政は公方義氏の死亡前に、この考え方を放棄している。

　さて、北条氏が小田原城に籠城したのは、味方する関東諸侍の離反を防ぐとともに、家康や信雄の後詰をかなり期待した面がある。かつての成功体験を、踏まえた策だ。

　合戦が長引けば、家康、信雄が秀吉を裏切るであろう。そういう読み。外部から後詰が来なければ、籠城策が機能しないのは自明の理だからだ。

　その意味で、北条氏は、小牧長久手の戦いの**「同盟の構図」**を過大評価した。当時、秀吉と対立した信雄は、家康と同盟を結び、徳川・北条和睦の斡旋をした経緯がある。

　目まぐるしく動く時勢に疎いまま、北条氏は〈織田－徳川－北条同盟〉が機能すると考えた。信雄の娘は、家康の嫡男・秀忠と婚約しており、家康は氏直の舅である。

　しかも東海道方面軍の総大将秀吉は、〈尾張→三河→遠江→駿河〉と東海諸国を進むが、それは織田分国＆徳川分国なのである。

秀吉を快く思わない信雄が、家康に「北条と謀り、前後から秀吉を挟撃しよう」と勧めたが、家康が応じなかった——。

当時、そういう噂も流れており、必ずしも根も葉もない話ではない。が、結局、家康が秀吉を裏切ることはなかった。

▲ 松田憲秀の内応

北条氏では、わずかに太田氏房（氏直の弟）が敵陣に夜討ちを掛けた程度で、大半は籠城するばかり。その中で重臣・**松田憲秀**は、長男の笠原政尭（まさたか）の勧めを受け、東海道方面軍・堀秀政に内応を図る。また、堀が内通を誘ったともいう。

3代氏康、4代氏政に重用された憲秀は、北条氏きっての実力者で、籠城策を強く主張したことで知られる。

それに引き替え、伊豆の名門・笠原氏を継いだ政尭は、1579（天正7）年、武田・北条同盟が解消されたとき、武田勝頼と戦うことなく、家中から臆病者と誹謗（ひぼう）され、勝頼に内応した「過去」がある。武田滅亡後、父が氏政に懇願したため、許されて再び北条氏に仕えてはいるが……。

寝返りを条件に、伊豆・相模2か国を賜るという約束を、憲秀は秀吉サイドから取り付ける。堀の病死後は、細川忠興、黒田孝高（よしたか）が窓口となったらしい。孝高は、黒田官兵衛として知られる知恵者だ。

しかし、6月半ば、憲秀・政尭父子の密謀は、憲秀の次男・直憲（直秀）の知るところとなる。

驚いた直憲が、事の次第を氏直に注進した結果、憲秀は監禁の身となり、政尭は殺害される。なお監禁処分は、直憲が秘事を明かす条件として、氏直に父の助命を願い出たことによる。

以上の顛末では、憲秀は不忠の裏切り者となるが、実は彼の内応工作は、「北条氏の**伊豆・相模安堵**、籠城する兵の助命を実現するためだった」ともいわれる。この場合の憲秀は、御家大事の忠臣となる。

いずれにせよ、氏政・氏直父子に大きな衝撃が走る。氏直が開城に傾いたのは、この事件に起因するといわれる。

さらに6月下旬には韮山城が降伏し、北条分国内で残るは小田原城と忍城のみ。

その中で、秀吉サイドは密かに和平交渉を行っており、「伊豆・相模2か国

を、氏直に安堵する」といった具体的な提案がなされたようだ。

　島津征伐でもそうだが、**秀吉流**は「降伏すれば、許す」。その結果、島津氏は本領の薩摩・大隅を安堵された。もちろん、それ以外の侵略地（九州諸国）は放棄しての話だが。

　従って、島津征伐を先例とすれば、北条氏も「本領安堵、それ以外を放棄」で許される可能性は十分にあった。

　むしろ、本領の範囲を〈2か国or3か国〉とするか、が焦点となっていたようだ。ちなみに3か国とは、伊豆・相模に武蔵を加える。

　『関東古戦録』によれば、7月3日、秀吉は黒田孝高を呼び、北条氏との和議を図ろうとする。孝高の家臣が、密かに城中の太田氏房を訪ね、和睦を申し入れる。氏房は同意するが、氏政・氏直父子は承諾しない。

　次に秀吉は、宇喜多秀家に和睦の件を託す。秀家は、氏房に「殿下（秀吉）の内意」とした上で、次の条件を提示する。
○氏政・氏直父子が和議に応じれば、伊豆・相模を安堵する。
○氏房には上野を与える。

　しかし、氏政は「当家が関八州を支配して久しい。にもかかわらず、2か国のみの安堵では、外聞が悪く、分限（所領）も少ない。それでは、和議には応じられない」（意訳）と反対の意向を表明する。

　それを氏照や氏房らが押し留め、城兵の助命を条件として、氏政・氏直父子を和議に同意させたとする。

　また、『小田原北条記』では、信雄の家老・滝川雄利（一益の養子）が、使者を氏房に送って和睦を申し入れる。こちらは、**3か国安堵**を条件提示して。

　その一方で、韮山城を開城した氏規は、小田原に行って家康と和睦の協議を行った結果、「3か国安堵、氏直の京都出仕」で話がまとまったという。

　その後、『関東古戦録』によると、氏政・氏直父子は、秀吉側から「城をいったん出るように」といわれる。少なくとも伊豆・相模は安堵されると思っていた父子は、「約束が違う。納得できない」と憤るが、秀吉サイドから「和睦が破れ、また戦いとなる」といわれ、進退が極まる。

　というのも、和睦を聞いた城兵は退散する者が多く、今更、籠城できないからだ。ここに氏政・氏直は投降を決める。

これを新井白石は、「秀吉の姦謀(かんぼう)があったのではないか」、とする。彼の著した『藩翰譜』では、一連の出来事を次のように描写している。

　小田原城中の太田氏房は、羽柴勝雄（滝川雄利）と協議し、東西和睦を図ろうとする。……一方、韮山城を開けた氏規は、家康の陣に参り、同じく和睦を相談する。
　そのとき、家康は「伊豆、相模、武蔵3か国を氏政父子に進上し、残りの国は受け取る。それと人質を取り交わすことで、開陣（開城）されるべき」と、氏規に伝える。喜んだ氏規は、7月6日に城中に入る。
　一方、当日、小田原城では氏房のもたらした和睦案を巡って、氏政・氏直父子が対立し、氏直は父に従うことなく、降伏を願い出て、北畠殿※9（織田信雄）の陣に行く。その結果、氏規の謀も空しくなった。

　要するに、城の内外で、複数のルートの和睦折衝がなされたが、わずかなタイムラグによって、家康案を持参した氏規は、氏直に伝えることができなかった。そういうニュアンスであろう。

▲ 氏政の切腹

　実際は6月下旬、黒田孝高と滝川雄利が小田原城に派遣され、本領安堵を条件に和睦を勧告する。それを受けた氏直は、7月1日、秀吉の許へ出頭することを決意する。
　そして7月5日、氏直は、弟の氏房とともに城を出て、滝川の陣所へ赴く。そこで、黒田＆滝川に「氏直は腹を切りますので、城中の者は助命いただきたい」（意訳）と、秀吉への嘆願を依頼する。
　その申し出に対し、秀吉は「神妙」としたものの、次のように回答した。氏直は家康の娘婿。その点を、秀吉は考慮したようだ。

　親である氏政、陸奥守（氏照）、大道寺、松田の4人が表裏を行った、と聞いているので、その4人に腹を切らせ、その方（氏直）は助けたく思っている（意訳）。

※9　北畠殿：織田信雄は伊勢国司・北畠氏の嗣子となり、北畠具豊と名乗っていた時期がある。

7月10日、氏直は家康の陣所に移り、城を出た氏政も家康の許に投降する。家康は氏政の助命を秀吉に嘆願したようだが、認められなかった。
　『小田原北条記』では、切腹の検視役が来たとき、氏政・氏照兄弟は「一体、どういうことだ。騙された」と叫んだ、と記されている。
　直前まで、「**助命＆本領安堵**」を信じていたようだ。確かに彼らの立場からすれば、同じ死ぬなら、徹底抗戦した上で、城を枕に腹を切ればいい話。それが、投降した上での切腹処分となれば、屈辱以外の何物でもない。
　『関東古戦録』に登場する秀吉は、切腹の理由を「我らが、遙々(はるばる)、ここに来たのは、北条家を根切り（絶滅）させるためだ。それなのに、彼らを許せば、前の言葉はなかったに等しい」（意訳）と語る。
　確かにそのとおりかもしれないが、どこか違和感が漂う。
　というのも、北条征伐の結末だけが、一連の「秀吉流」にそぐわないからだ。秀吉は、降伏すれば許すのが常。氏政兄弟の思いの方が、これまで秀吉の流儀には適っている。
　江戸期の政治学者・新井白石もそこに疑問を抱き、次のように記している。

　この人（秀吉）は、何事も信長の故智を用いたが、速やかな成功を考えて、信長のように、故家（名門）の諸大名をことごとく討伐しようとはしなかった。兵威に服せば、そのまま国や郡を与えた。ひとり相模の北条だけは、滅ぼしたが……（意訳、『読史余論』）。

　信長は武田征伐によって、武田氏を根こそぎにした。だが、秀吉は信長と流儀が違う。
　その秀吉にしても、直前の島津征伐と北条征伐とでは、対応が180度異なる。島津氏は助命＆本領安堵、北条氏は切腹＆所領没収。北条氏への対応だけが、異様なまでに厳しいのだ。
　しかも途中までは、少なくとも「伊豆・相模安堵」の線で、和睦折衝がなされていた。それは間違いないと思う。にもかかわらず、話は立ち消えとなり、一転して過酷な処分が決まる。
　なぜか、北条氏は降伏しても許されず、地上から抹殺された——。
　その背景には、何があったのだろうか？
　誰も語る者はおらず、今となっては「籔の中」だが、憶測を述べれば、

「北条氏には、安堵に値する本領がない」という理屈が、秀吉サイドに存在したように思うそう。そう主張したのは、上杉景勝や佐竹一統ではなかろうか……。

どういうことか、といえば、「伊豆・相模が本領といっても、北条氏の分国は、すべて奪ったもの。国泥棒、他国の凶徒だ」。さらに続ければ、「盗みは、厳罰に処すべきだ」となる。

言い換えれば、北条氏は故家ではなく、名門保護には該当しない。そもそも、関東支配の大義名分がない家柄となる。ちなみに、島津氏は鎌倉幕府以来の薩摩守護。

大胆かもしれないが、このように考えない限り、ふたつの征伐の整合性が取れないのだ。

もちろん、秀吉が関東を義弟・家康に与え、公儀の関東経営を盤石のものにしようとした。その一面は間違いなく存在するが、それだけでは不十分。なぜならば、本領安賭の代わりに、北条氏を関東以外の国に移してもいい話だからだ。抹殺劇の説明として、必要十分とは言い難い。

ともあれ、翌7月11日、首謀者とされた氏政・氏照兄弟は、小田原城下の医師の屋敷で切腹した。このとき、氏政は53歳、氏照は51歳。彼らの介錯をしたのは、弟の氏規といわれる。

氏政の辞世は「雨雲の覆える月も胸の霧も　はらいにけりな秋の夕風」「吾が身今消とやいかに思うへき　空より来たり空に帰れは」(『関東古戦録』)。

また「吹くとふく風な恨みそ花の春　もみぢの残る秋あらばこそ」(『小田原北条記』) とも伝えられる。

内通を企て監禁中の松田憲秀と、公儀軍の道案内を務めた大道寺政繁は、主家を裏切った「不忠者」と見なされ、同様に切腹を命じられた。なお、大道寺は河越城で腹を切った、といわれる。

⑤ 北条氏の末路

▲ 家康の関東入封

　氏直は、7月12日、紀州・高野山への追放処分が決まる。最後まで抵抗した**忍城**は、16日に落ちる。
　その間の13日に、秀吉は**論功行賞**を行い、旧北条分国を家康に与える。伊豆、相模、武蔵に加え、下総、上総、上野の大半である。
　関八州の中で、常陸は佐竹義宣、下野宇都宮は宇都宮国綱、下総結城は結城晴朝、安房は里見義康らに安堵される。
　上総を没収された里見氏は、少しニュアンスが異なるが、いずれも「反北条」を唱え、小田原参陣を果たした大名と考えていい。北条征伐のキッカケとなった上野沼田は、家康に属した真田信幸（後に信之、昌幸の長男）に与えられる。
　新田一族・得川氏の末裔と称した家康は、8月1日、江戸に入る。これを八朔といい、江戸時代では元旦と並ぶ吉日とされた。
　このとき、家康は岩松氏（かつての新田一族惣領）を訪ね、系図の借用を申し出るが、岩松氏は好意的な対応を示さなかった。そのため、後にわずか20石の旗本とされる。
　一体、家康は何にこだわったのだろうか？
　それは**関東支配**の大義名分を打ち立て、代替わりをアピールするためだ。
　先例は北条氏にある。2代氏綱は〈伊勢氏→北条氏〉と改姓し、鎌倉幕府執権・北条氏の末裔とする系図を作成した。伊豆・相模・武蔵支配の正統性を訴求するために。さらに氏綱は古河公方（鎌倉公方・足利氏）を擁立し、No.2の関東管領となって、関東を実態的に支配しようとした。
　以上を踏まえて、家康の方策を述べよう。キーワードは、意外かもしれないが、南朝を支えた**新田義貞**にある。
　東海出身の家康は、関東に封じられたとはいえ、関東とは縁も由縁もない。もはや誰もいわないが、少し前ならば、「他国の凶徒」の扱い。少なくとも、旧北条分国の国人衆や領民の意識は、そうだろう。というのも、100

年もの間、北条氏の関東支配は続き、善政を敷いたからだ。

だから、家康は侵入者ではないことを、アピールする必要に迫られたのだ。占領軍の撫民政策、と考えていい。

①大義名分

鎌倉末期、執権・北条高時を攻め滅ぼしたのは、上野から出陣した新田義貞。南北朝期には、足利尊氏のライバルとなった武将だ。

そして250年後、義貞の末裔を名乗る家康が、高時の子孫と称する北条氏を滅ぼす。「因果応報」とすれば、その行為を正当化できる。

②代替わり

南北朝期、足利尊氏と争った新田義貞は滅びる。そして室町期～戦国期にかけて、関東を支配したのは鎌倉公方・足利氏。それに新田一族の末裔が、取って代わる。これもまた輪廻の世界。

家康にとって、氏直＆城兵の助命は非常に重要である。新領での北条氏残党の武装蜂起、復讐戦を押さえ込む意味で。

北条氏の家臣でも、大道寺氏、遠山氏、松田氏、石巻氏などが家康もしくは徳川一門に仕えた。幕末の伊豆韮山代官として知られる江川太郎左衛門も、北条旧臣の子孫である。

そして家康は、同じ新田一族として、安房・里見氏との友好関係を築こうとする。また、次男秀康を結城晴朝の養子としている。

この事実は、あまり顧みられないが、結城氏は源頼朝のご落胤と信じられた関東を代表する名門であり、利根川以東の支配にあたっての切り札となる。

なお、旧徳川分国への移封を命じられた織田信雄は、それを断ったため、流罪処分となる。

信雄の妹を娶っているのが、前田利長（利家の嫡子）、蒲生氏郷。また織田旧臣も数多く秀吉傘下には存在する。また、家康は同盟を結んだ仲。

が、不思議なことに、誰も秀吉に信雄を取りなそうとしなかった。かなり北条氏との内通を疑われた結果であろう。

▲ 氏直のその後

7月21日、追放処分となった氏直は、一門の氏規、佐野氏忠、太田氏房、

重臣の松田直憲（憲秀の子）、大道寺直繁（政繁の子）、側近の者ら30人とともに、小田原を出立する。加えて従卒が300人。

なお、氏直の妻・督姫は小田原に残留し、父の家康に庇護された。だが、離縁したわけではない。

8月中旬、氏直一行は高野山に入るが、11月には秀吉の配慮で麓（ふもと）へ移る。寒さが厳しくなったからだ。

翌1591（天正19）年2月、家康の取りなしがあり、秀吉は氏直を赦免し、1万石（関東9000石、近江1000石）の知行を宛がった。さらに5月になって、秀吉は氏直を大坂に招き、配流中の織田信雄の旧宅を与えたという。

信雄は、尾張、伊勢、伊賀3国の太守で内大臣だった。その居宅であれば、氏直への厚遇といっていい。

さらに『関東古戦録』には、「翌春には、中国地方の1国を授ける」と、秀吉が約束したと記されている。

伯耆（ほうき）（鳥取県）とする軍記物もあるが、伊勢盛時（北条氏初代）の所領があった備中だった可能性もある。

これが本当とすれば、秀吉のロジックは、「関八州は奪った所領だから、没収するが、その代わりに備中の本領（伊勢氏旧領）を安堵しよう」となるのだろう。

8月から氏直は大坂城に出仕し、督姫も氏直の許にやって来る。9月になって、秀吉は朝鮮出兵の令を下し、氏直も従軍を命じられる。

娘婿のために、背後で家康は着々と手を打っていたようだ。とりあえず1万石の小大名に復帰させ、朝鮮出兵で殊勲を挙げれば、再び国主へと。

そう思っていた矢先、氏直は疱瘡（ほうそう）を患い、11月に逝去する。享年30。督姫との間には女子のみで、男子がおらず、事実上、北条氏はここに滅びる。

なお、『藩翰譜』では、「秀吉による氏直毒殺説」が当時あった、と記されている。このように、新井白石は、「秀吉が終始、北条氏を滅ぼそうとした」というトーンで記している。

ただし、北条氏の家名は、氏盛（氏規の嫡子、氏直の従兄弟）が継ぎ、氏直の所領の一部相続（下野足利4000石）が認められた。

そして未亡人となった督姫は、3年後、池田輝政（三河吉田15万石、後に播磨姫路52万石）に嫁ぐ。ともに再婚であり、督姫は池田忠継らを産む。

以下、北条一族のその後を記したい。

○**氏邦**（旧武蔵鉢形城）：開城ともに出家し、後に前田利家に1000石で召し

抱えられた。

○**氏規**（旧伊豆韮山城）：氏直とともに赦免され、朝鮮出兵に従軍。1594（文禄3）年、秀吉から河内で7000石を与えられる。

○**佐野氏忠**（旧下野佐野城）：高野山蟄居の後、伊豆に住んだという。

○**太田氏房**（旧武蔵岩付城）：高野山蟄居後に赦免され、朝鮮出兵に従軍するが、病死を遂げる。なお最近では、氏房は太田氏を継いでおらず、北条姓だったといわれている。

○**氏勝**（旧相模玉縄城）：家康に従い、下総岩富（佐倉市）1万石を与えられた。後に家康の外孫が養子に入り、3万石の大名となるが、後継ぎがおらず、断絶する。

その後、家督を継いだ氏盛は、実父・氏規の遺領を相続し、関ヶ原の戦いでは家康に属した。そして、幕末まで続く河内狭山藩1万石の藩祖となる。

最後に、4代氏政の辞世の一部を、改めて掲げたい。
初代盛時は上方から下向し、箱根の坂を越えて関東を侵略した。それから約100年後、氏政は切腹を命じられ、5代氏直は関東から追放された。
「空より来たり　空に帰れば」──。
このフレーズが、終始、関東で「他国者」とされた北条五代を象徴しているように、私には思えてならない。

COLUMN　北条征伐グラフィティ①

小田原参陣──現代につながる処世術

　一夜にして石垣山城を築いた豊臣秀吉は、小田原参陣者の中から、智略・智謀に富んだ武士を召し、小田原城攻めの方策を訊ねた。そういう逸話が残っている。長引く在陣での座興、といっていい。
　『奥羽永慶軍記』によれば、召されたのは上杉景勝の重臣・直江兼続、佐竹義重の客将・太田資正、同じく義重の重臣・佐竹義久の3人。
　ただし実際の上杉勢は、武蔵の諸城（北条方）を攻略中で、小田原には姿を見せていない。それ以前に、兼続自身が参戦したか、どうかもハッキリしていない。
　となると、兼続の話はありえないのだが……。それはそれとして、以下、内容を意訳で記したい。

○**直江兼続**
　秀吉は、「小田原城を攻めても、すぐには落ちそうもない。もし年内に落城しなければ、いったん上洛して、来年再び遠征すべきか」とつぶやく。
　それに対して兼続は、「北条退治のために、殿下（秀吉）は長陣の用意をしている。おそらくは、諸国の武士の士気を保つために、私に下問されたのであろう」と秀吉の心中を察し、次のように答える。

　北条は数か国を手中に収め、大軍で籠城しているので、容易く落城するとは思いません。氏康は東国に聞こえた武勇の士ですが、今の氏政は愚将で、家臣にも武勇の者はおりません。
　殿下に臣下の礼を取らない振る舞いには、天罰が下るでしょう。いくら北条の籠城兵が多いといっても、我軍に比べればわずかですし、殿下の武略に敵うはずもありません。日々、攻めれば、遠からずして落城し、……北条の運命も尽きるでしょう。

　それを聞くと秀吉の機嫌は良くなり、兼続に太刀などの褒美の品を与えたという。

○**太田資正（三楽斎）**
　次に召されたのが、「東国に隠れなき武勇の老武者」三楽斎。だが、兼続のよう

に「場の空気」を読むことなく、彼は率直な意見を述べる。

　小田原城は、一方が荒海で大船の進退は自在ではなく、三方には難所の山があり、攻めるのが難しい名城です。このような地の利を考えて、氏康は築いたのでしょう。
　しかも氏康・氏政の2代で、関八州の内で5か国を領し、兵糧は10年籠城しても不足しないほど蓄えています。軍勢も5〜6万人はいるでしょう。
　たとえ支城が落ちても、この本城は力攻めでも容易に落ちない、と思います。ただし、殿下にご計略があれば別ですが……。

　聞いたとたん、秀吉の機嫌は悪くなり、「三楽斎は、数年、北条との戦いに敗れているので、臆病神に取りつかれたのだろう」と語る。そのため、三楽斎は面目を失って、退席したとされる。
　が、実際の秀吉が採ったのは、松田憲秀（北条氏の重臣）の内応策。決して力攻めではない。要するに、味方の武士を鼓舞するような話を、秀吉は名士・三楽斎にも期待していたのだ。

○佐竹義久

　続いて呼ばれたのが佐竹義久であり、彼は次のように語る。
「殿下がはるばるご発向され、小田原程度の小城を攻め落とさなければ、世の嘲笑を買います。これほどの大軍で攻めるまでもありません。恐れながら、私に3分の1の兵をお預けいただければ、10日で落としてみせましょう」
　この勇ましい発言によって、秀吉の機嫌は甚だ良くなり、「弓馬は武家の嗜（たしな）みとはいえ、東国武士の肝の太さよ」と激賞し、褒美を与えた。義久が面目を施したのは、言うまでもない。

　この3者の逸話からは、現代のサラリーマンにも通じる日本的な処世術が窺える。「まずは場の空気を読め」「できる限り、権力者（上司）には迎合せよ」「本音を語ると嫌われるぞ」である。
　ゴマをすらないと、出世できない。率直な意見を述べれば、冷や飯を食わされる。その典型が三楽斎で、岩付城への復帰は実現することなく、北条征伐の翌年、病没する。その子の梶原政景も、取り立てられずに終わる。

COLUMN　北条征伐グラフィティ②

忍城の攻防戦——最後まで抵抗した成田長親

　小田原城の開城後も、唯一落ちなかったのが「武蔵の浮城」忍城であり、時代小説『のぼうの城』（和田竜）で知られるようになった。
　「のぼう」とは「でくのぼう」の意味で、当主・成田氏長の従兄弟にあたる**成田長親**を指す。

　成田氏は、武蔵七党の横山党の流れで、後三年の役では源義家に、源平合戦では源頼朝に従った武蔵の有力武士である。
　戦国期、山内上杉氏に属していた成田長泰は、河越夜戦（1546年）での惨敗後は3代氏康に従った。しかし、上杉謙信が関東出陣（1560年）を果たすと、武蔵国人衆とともに上杉陣営に参じた。
　ところが、鎌倉の鶴岡八幡宮において、謙信から侮辱を受けたことから、長泰は再び北条陣営に転じる。それを怒った謙信は、忍城を徹底攻撃したため、長泰は家督を嫡子・氏長に譲る。父子は不和だったという。
　長泰の子には氏長、長忠がおり、長泰は長忠の家督相続を企てた、ともされる。そのような経緯があったので、氏長は謙信に属したが、謙信勢力が衰えると、彼もまた北条方に転じる。
　なお、氏長は太田資正の娘を妻としていたので、岩付城を追われたころ、資正は氏長を頼っている。

　北条征伐（1590年）のとき、氏長・長忠兄弟は軍勢500人を率いて、小田原城に籠る。関東の北条方の有力諸将は、小田原城籠城を義務づけられた、と思っていい。
　その留守を預かり、忍城に籠城したのが、一族の泰季・長親父子以下300人。ところが、開戦を前に泰季が没したため、長親が城将を務めたという。
　そもそも忍城は、氏長の祖父が沼地に苦心して築城した城で、武蔵きっての要害といわれた。
　この城に押し寄せたのが、『小田原北条記』によれば、秀吉傘下の**石田三成**、佐竹一統（佐竹義宣、宇都宮国綱、結城晴朝、佐野了伯）、真田昌幸らである。また、上杉景勝や大谷吉継も参戦したという。
　彼ら公儀軍は上野館林城を開城させ、転戦してきたのだ。その数は2万5000人。

が、城兵は持ち場をよく守り、防戦を果たす。

そこへ、武蔵岩付城を落とした別の公儀軍1万3000人が合流する。秀吉傘下の浅野長政、家康傘下の本多忠勝ら率いる軍勢だ。

こうして4万人近い大軍が、忍城を取り囲み、日夜攻め続けるが、城は一向に落ちない。

そこで石田三成は、「この城の四方は沼なので、水攻めにしよう」と考える。かつて秀吉の中国攻めで、備中高松城を水攻めにした成功体験もある。

三成は荒川をせき止め、30kmに及ぶ堤防（石田堤）を築くが、城内への水位はなかなか上がってこない。炎天下だったので、かえって城内の用水が豊かになったという。

しかし、いずれ水位が上れば、城は落ちる。そう考えた長親らは、城内から水練に長けた者を出して、夜中に堤防を切り落とさせる。その結果、水は逆流し、公儀軍の陣屋になだれ込み、大きな被害が発生した。

また大雨で、堤防が決壊したともいう。いずれにせよ、三成は水攻めを中止とし、城の四方を同時に攻める作戦に切り替える。が、それでも城は落ちない。

この忍城攻めの失敗が、三成の戦下手（いくさべた）を印象づけ、後の関ヶ原の敗戦（1600年）の遠因になった。

そういう俗説も伝わるが、いささかうがち過ぎの嫌いがある。むしろ水や食糧が十分に準備され、城兵の士気を維持できれば、籠城策は効果がある。そう考えるべきであろう。城攻めは敵の内応を誘うか、敵の士気が緩む以外に付け込む手段がないのだから。

一方、小田原城に籠った成田氏長は、秀吉への内応を企てていたらしい。が、監視の目が厳しく、城の明け渡しを、忍城の長親に伝える手段がなかったという。そのため、小田原城の降伏後、氏長は忍城の長親に開城を命じる。

その後、氏長は蒲生氏郷に預けられるが、娘・甲斐姫を秀吉の側室に差し出したので、大名に取り立てられる。そのころ、長親は氏長と不和に陥り、退散したという。

氏長の没後は、弟の長忠が下野烏山3万7000石を継ぎ、徳川方として関ヶ原の戦い、大坂冬の陣（1614年）などに従軍したが、次代に後継者が絶えたため、大名・成田氏は改易処分になった。

COLUMN　北条征伐グラフィティ③

北条水軍——その興亡

　北条氏代々は、水軍を重視した。
　まず初代早雲（伊勢盛時）は、海路、駿河から伊豆へ上陸し、堀越御所を攻めた。さらに早雲は、「伊豆水軍」（海賊衆）に伊豆諸島を攻撃させ、支配下に入れている。次いで、相模の三浦同寸を滅ぼして、「三浦水軍」を手に入れる。
　2代氏綱のころ、戦線は房総半島や武蔵へ拡大していく。江戸城を攻略した氏綱は、城代のひとりとして富永政直を置く。富永は伊豆水軍の船大将。
　その目的は、里見氏の海上攻撃に備えるため。武総の内海（今の東京湾）を渡って、里見氏は安房＆上総から北条分国（相模＆武蔵）へ侵入を繰り返した。北条氏が「浦賀水軍」を編成したのも、このころであろう。加えて、利根川水系（武蔵と下総の国境）を支配する目的もあったと思う。
　さらに3代氏康は、紀州から海賊・梶原景宗を招き、水軍を強化している。水軍は、特殊技能の要素が強いため、現代風にいえばヘッドハンティングにあたる。
　目的は北条分国への海上侵犯、小田原城への海上攻撃を防ぐため。特に**里見水軍**を警戒したが、逆に北条水軍も、しばしば房総半島を襲撃している。
　「相模と安房の間は、渡海するのに近かった。そのため、敵も味方も兵船を多く所有して、戦いが止むことはなかった」（意訳、『北条五代記』）という。
　北条水軍の拠点は、伊豆下田、相模三崎（三浦半島）、武蔵浦賀で、梶原は三浦水軍の船大将を務めたようだ。
　もうひとつ氏康が警戒したのは、三国同盟を破棄して、駿河へ侵入した武田信玄の動き。今川氏を滅ぼし、「駿河水軍」を手に入れた信玄は、北条分国の伊豆へ海上攻撃を加えている。また実際に駿河湾で、**武田水軍**と北条水軍が交戦した記録も残っている。
　北条征伐（1590年）のとき、**公儀水軍（豊臣水軍）**の大将・加藤嘉明は、瀬戸内海の水軍を率いて、海路、紀伊半島の志摩へ赴く。ここで海賊出身の九鬼嘉隆と作戦を協議する。また、土佐水軍を率いる長宗我部元親とも落ち合い、遠江灘から駿河清水港に入る。ここで、徳川水軍が合流する。
　2万人（1000隻以上）の規模を誇る巨大水軍は、相模湾へ入り、下田城や小田原城に海上から攻撃を加える。制海権を失った北条水軍は、ここに壊滅する。

VII 人物略伝

◉ 北条五代略伝

北条早雲（伊勢盛時）／北条氏綱／北条氏康／北条氏政／北条氏直／北条氏照／北条氏邦／北条氏規／上杉景虎

◉ 戦国武将略伝

今川義元／武田信玄／上杉謙信／織田信長／徳川家康／里見義堯／太田資正／佐竹義重

北条五代略伝①

「戦国の魁」となった謀将

北条早雲 ● ほうじょう そううん

DATA

生没年	1456（康正2）年～1519（永正16）年
享年	64
通称	新九郎
諱	伊勢盛時、長氏、氏茂
法名	早雲庵宗端
居城	伊豆韮山城
死因	病死
死没地	伊豆韮山

◉ 俗説で彩られた早雲

　『小田原記』では、応仁の乱を避けた伊勢貞藤（室町幕府奉公衆）が伊勢に下る。同じころ、足利義視（8代将軍義政の弟）も、伊勢に下向する。そのとき、貞藤の子・新九郎（伊勢盛時、北条早雲）が備中から伊勢に赴き、義視に仕えた。
　さらに新九郎は、姉・北川殿の夫である今川義忠を頼って駿河に下り、今川氏親（義忠の子）から興国寺城を賜ったとする。
　これは、まだ新九郎が幕府奉公衆とわかる記述内容だが、『名将言行録』では、早雲は素浪人として描かれている。

「聡明で武芸に通じ、大志を抱いた」「6人の仲間と功名を挙げようと誓った」「流離の身より起こり、伊豆・相模を平らげた」と。

西国から流れてきた食い詰め浪人が、乱世に乗じて、関東で一旗挙げた。

これが、長年培われてきた早雲像である。

それをイメージさせるのが、**国盗人**（国泥棒）の話。

あるとき、小田原で馬を盗んだ者が捕らえられ、早雲の前に突き出される。すると、盗人は「確かに私は馬を盗んだ。しかし、国を盗んだあの男はどうなのだ」と、早雲を指差した。それに対して、早雲は「器量がある奴だ」といって、彼を許した。

馬盗人の理屈では、「早雲は、他人の国を奪った大泥棒」「自分よりも大罪を犯している」となる。これは、現代感覚で「盗人猛々しい」と捉える次元の話ではない。なぜならば、当時の日本では、盗みには厳罰が科せられたからだ。

織田信長のころ、来日した外国人宣教師フロイスは、欧州と日本の違いを次のように記す。

「われわれの間では窃盗をしても、それが相当の金額でなければ、殺されることはない。日本でごく僅かな額でも、事由の如何を問わず殺される」（意訳）と。

いわば、国盗人は無法の極地。大義名分がないまま、突然、伊豆や相模を侵略する。そのため、国を支配する守護・上杉一族は、早雲を**他国の凶徒**とし、非難し続けた。凶徒の取り締まりは、守護の最重要職務だからだ。

早雲は、「金銀は自分から3代までは、大切にせよ。3代目には必ず上杉は滅び、わが子孫が関東を統一することは疑いない」（意訳、『名将言行録』）と語ったともいうが、後世の創作であろう。

確かに3代氏康、4代氏政は、関東を制圧したが、それでも、この初代以来のダーティなイメージが付きまとった。

北条征伐（1590年）のとき、4代氏政、5代氏直父子は、豊臣秀吉に降伏したにもかかわらず、許されることなく、関東から抹殺された。それも、「北条氏は他国の凶徒であり、本来の支配者ではない」という理屈が優先した結果だと思う。

北条五代略伝②

智略に長けた2代目
北条氏綱 ● ほうじょう うじつな

DATA

生没年	1486（文明18）年～1541（天文10）年
享年	56
幼名	千代丸
通称	新九郎
官位	左京大夫
居城	相模小田原城
死因	病死
死没地	小田原城

◉ No.1足利氏あってのNo.2北条氏

　氏綱は早雲（伊勢盛時）の嫡子で、小田原城を居城とした。そして彼の代になって、〈伊勢氏→北条氏〉と**改姓**する。

　その意図は本文中で詳述したが、要するに、鎌倉幕府の〈将軍・源氏－執権・北条氏〉体制の復活を狙ったものだ。

　執権・北条氏（鎌倉期に伊豆、相模、武蔵などを支配）の後裔と称することで、まず氏綱は分国支配の大義名分を打ち立てようとした。

　いわば正統な支配者であるとアピールし、「国盗人」という非難をかわそうとしたのだ。

「系図まで創作して、面倒なことを」と思われるかもしれないが、そういう理屈を考えない限り、氏綱は「他国の凶徒」と見なされ、伊豆・相模を支配する権限や武蔵へ侵略する大義名分を主張できなかったのだ。

次に氏綱が意識したのは、関東の副将軍（執権、管領）になること。

No.2の立場で、氏綱が奉じようとしたのは、「関東主君」といわれた鎌倉公方家（足利一族）の後裔、すなわち古河公方である。

公方の権威を活用することで、宿敵と化した山内上杉氏（伊豆・武蔵などの守護）や扇谷上杉氏（相模守護）を駆逐しようと、氏綱は考えたのだ。

2代氏綱は知恵者である。それに関連して、『名将言行録』の北条早雲の項に、次のような一節がある。

今の関東管領（鎌倉公方のNo.2）である両上杉は、古河公方・足利成氏と戦い、下剋上の罪を犯した咎がある。天が、これを憎まずにおこうか。非道の者を討ち滅ぼし、国を治め、民を安らかにしよう（意訳）。

これは早雲というよりも、氏綱の考え方に近いと思う。伊豆・相模・武蔵を完全支配するために、「非道の両上杉氏を、天に代わって討つ」という名目を打ち出す。

その背景に領土拡大意欲があるのは間違いないが、伊勢氏が室町将軍家へ奉公したように、関東では北条氏が古河公方へ奉公する。そういう意識も、多分にあったのではなかろうか？

そして、氏綱は第1次国府台合戦で殊勲を挙げ、古河公方から**関東管領**に任命された。

戦国乱世というものの、現代から想像する以上に、考え方はクラシカルだった。その綾を解きほぐさないと、さっぱり彼らの行動が見えてこない。

戦国大名の行動は、とかく「天下統一を目指した」とされがちだが、家柄や血筋が最重視された時代なのである。北条氏も、3代氏康のころまでは、「関東No.2」をおのれの分際と考えていた、と思う。娘を古河公方家に嫁がせた氏綱は、外戚として公方の「御一家」となり、関東管領にも任命された。身分社会では、破格の栄達、出世なのである。

そして膨大な費用を掛けて、氏綱が鎌倉の鶴岡八幡宮の再建したのも、いずれ古河公方を鎌倉に迎えようと、考えていたのであろう。ちなみに鶴岡八幡宮は、関東侍の頂点に立つ「源将軍家、鎌倉公方家」の氏神である。

北条五代略伝③

信玄、謙信と競った3代目
北条氏康 ● ほうじょう うじやす

DATA

生没年	1515（永正12）年～1571（元亀2）年
享年	57
幼名	伊豆千代丸
通称	新九郎
官位	左京大夫、相模守
居城	相模小田原城
死因	病死
死没地	小田原城

◉「豪胆にして冷静」と評された名将

　氏康が12歳のころ、小田原に鉄砲が伝わってきたという。

　城内で家来が鉄砲の練習をしていると、発射音の大きさに驚いた氏康は、思わず耳を押さえてしまう。そして、自らの臆病ぶりを恥じた氏康は、自害しようとする。それを家来が止める。

　この話を聞いた学僧（氏康の師）は、「おのれの臆病を自覚するのは、将来の大器」と、氏康を誉めたという。

　以来、氏康は武勇にいそしみ、また書物や和歌にも通じた。まさに**文武両道**。非常に優れた人物だったと伝えられる。

『甲陽軍鑑』や『小田原北条記』に載せられた彼のエピソードを、ひとつ紹介しよう。

当時、関東管領・山内上杉憲政に仕える重臣に、長尾意玄（いげん）という人がいた。意玄は、「上杉氏は衰微し、北条氏は隆盛の一途。このままでは、上杉滅亡は疑いない」と思い、山内上杉氏の家来ふたりを氏康に仕えさせる。敵国に潜入させた間者（スパイ）。そう思っていい。

ところが、間者が接してみると、氏康は「豪胆にして冷静。賞罰と慈悲がハッキリしており、領民には善政を敷いている。礼儀正しく、道理を重んじる。歌道に造詣が深く、武勇にも優れ、実に威厳がある」と、素晴らしい人柄だった。

潜入から4年後、帰国したふたりは、以下の探索結果を意玄に報告する。
①両上杉氏の家臣の9割は、北条氏に内通している。
②北条氏は、上杉滅亡の時期を見計らっている。
③北条氏は、氏康を始めとして、家中の行儀が良い。
④両上杉氏の確執を、北条氏は好都合と思っている。
⑤氏康は情けがあり、殊勲を挙げた者は取り立てる。従って、家中の侍は、望みを持ち、心掛けが良い。氏康のためなら、討死してもいいと思っている。

すべてが事実でないにせよ、北条家中の自由闊達な雰囲気が、伝わってくる話だ。

一方の憲政は臆病な武将で、「合戦に出馬することなく、北条氏の悪口をいう者を重用した」と、書かれている。その悪臣らは談合して、憲政に以下の意見を具申する。

「北条早雲は、伊勢出身の小身者で、今川殿の被官となり、伊豆に移りました。今はそれなりに構えていますが、重みに欠けます。憲政公が軍勢を起こせば、氏康の滅亡は必至です。なぜならば、氏康は武道のたしなみがなく、和歌ばかり詠んでいます」（意訳）と。

喜んだ憲政は、意玄らの忠臣を排斥し、ますます悪臣を寵愛する。だが、氏康に攻められた結果、憲政は国を失い、関東を流浪した末、越後の長尾景虎（謙信）を頼る。

これが名将と愚将の違い——。『関東古戦録』によれば、氏康は心の広い偉大な武将だったので、家中の者はその死を非常に惜しんだという。

北条五代略伝④

北条全盛期を築いた猛将

北条氏政

ほうじょう うじまさ

DATA

生没年	1538（天文7）年～1590（天正18）年
享年	53
幼名	松王丸
通称	新九郎
官位	左京大夫、相模守
居城	相模小田原城
死因	切腹
死没地	小田原城下

◉ 北条征伐で切腹処分

　3代氏康は46歳で隠居し、家督を23歳の嫡子・氏政に譲る。その事情を、『関東古戦録』では、「上杉謙信の小田原城攻撃で、氏康が弓矢の面目を失ったため」と、記している。

　まだ、氏康が当主だったころの話。氏政と食事をしている最中、氏康はハラハラと涙を流し、「北条も我が代で終わるか」とつぶやく。場に気まずい空気が流れる。

　氏政が、一杯の飯に汁を二度かけた――。それを氏康は嘆き、食後、次のように語ったという。

氏政は飯にかける汁の量もわからず、「足りない」と重ねてかけている。朝夕繰り返す食事でさえ、その有様では、とても国主として人の心は見抜けない。……もし、私が明日にでも死ねば、隣国の大将は直ちに乱入して、氏政を滅ぼすだろう（意訳、『小田原北条記』）。

どこまで本当かはわからないが、ある種、「氏政は**暗愚**だった」とする布石のようにも思える。

後に北条征伐（1590年）を招き、滅亡に至ったのも、「氏政が天下の情勢を見抜けなかった」と、されるからだ。その結論ありきで、上記のエピソードは、後年、創作されたのであろう。

確かに、上杉謙信との和睦（越相一和）を巡っては、父子間で意見は割れた。また、古河公方への対応でも、父子間に相当の乖離が見られる。

氏政は、公方の権威に頼ることなく、自らが関東の支配者となろうとした。言い換えれば、北条五代で初めて「戦国大名」へ脱皮したのが氏政なのだ。従って、結果だけを捉えて氏政を愚将扱いするのは、多少気の毒な気がする。

なぜならば、滅亡前のことではあるが、氏政の代に北条氏の版図は関東一円に拡大し、全盛期を迎えたからだ。氏政は諸将を攻めまくり、兄弟衆（氏照、氏邦、氏規）も氏政を盛り立てた。家臣で謀反を企てた者もいない。

「戦国大名の家中は、結束して敵と戦った」と、思う向きもあるかもしれないが、北条氏以外の関東の戦国大名は、実に凄まじい「家督争い、不和、確執、怨念、裏切り……」の連続で、消耗していった。むしろ、一致団結した北条氏の方が、レアケースなのである。

ところが、氏政父子は豊臣秀吉に従うことなく、征伐される羽目に陥る。そのために、「情勢に暗く、自己を過信した」「関東に固執した氏政は、井の中の蛙だ」というレッテルを貼られた。

強きに靡く。それが今も変わらぬ戦国の**処世術**。という世間の考えが、前提にあるのだろうが、「秀吉の大軍を迎撃しようとした」行為だけでも、氏政の武勇を誉めていいとも思う。男の意地を見せようと、したのだから。

世に「判官贔屓(ほうがんびいき)」という言葉がある。敗者や弱者に、大衆が同情することだ。しかし、最後は切腹したにもかかわらず、なぜか、氏政に世間の同情は集まらない。気の毒とする由縁である。

Ⅶ 人物略伝

北条五代略伝⑤

関東を追放された最後の当主

北条氏直 ● ほうじょう うじなお

DATA

生没年	1562(永禄5)年～1591(天正19)年
享年	30
幼名	国王丸
通称	新九郎
官位	左京大夫
居城	相模小田原城
死因	病死
死没地	大坂

◉ 北条五代の挫折と死

　19歳の氏直が、氏政から家督を譲られたのは1580（天正8）年のこと。当時、氏直と織田信長の娘との縁組が進められており、それを意識した代替わりである。結局、縁組は実現せずに終わったが……。

　2年後、織田信長の攻撃を浴びた武田勝頼は滅び、その信長自身も本能寺で横死を遂げる。

　その結果、5代当主氏直は、否応なく、「激動の時代」に足を踏み入れる。もはや北条氏も、関東だけでは完結しえない局面に差し掛かっている。

　氏直の生涯については、『藩翰譜』（新井白石）の記事を、以下、意訳で紹

介したい。なお、氏直は徳川家康の娘・督姫を娶り、同盟を結んでいた。

　北条氏政に至り、領する国は8か国。100年にわたり、武威は東海（関東）に振るった。ときの関白秀吉に、畿内のみならず、西国はことごとく靡き、北陸道では越後より西、東海道では駿河より西が、関白に従った。

　ただ、北条は従わず、相模より東は関白の命令も及ばなかった。氏政から国を譲られた相模守氏直は、徳川殿（家康）の婿君だったので、関白もさすがに違犯の罪に処せなかった。

　徳川殿の尽力で、関白の心も溶け、天正16年、北条の使者が初めて都に上った。美濃守氏規であり、徳川殿は榊原康政（徳川四天王のひとり）を付き添わせた。しかし、やがて氏政が上洛するとしながら、一向に実現しなかったため、怒った関白は、天正18年、天下の軍勢を動員し、東海道、東山道、北陸道を下らせた。

　氏政父子は、一族郎従（郎党）を分かち、多くの城に籠らせた。美濃守氏規は伊豆国韮山の城に籠った。

　だが、諸所の城はことごとく攻め落とされ、小田原城と韮山城だけが残った。……徳川殿は氏規の許に使者を送り、「関八州の城は落ちましたが、韮山城は落ちません。これで氏規の名誉は立ちます」と伝え、太田氏房（氏直の弟）らと協議して、東西和睦を図ろうとした。

　氏規は、徳川殿の御陣に参り、**東西和睦**の件を議した。徳川殿は、「伊豆、相模、武蔵3か国を氏政父子に進上し、残る国は受け取ります。東西の人質を取り交わし、御開陣（開城）されるべき」といわれた。大層喜んだ氏規は、7月6日、小田原城に入る。

　城中では太田氏房が申すこと（東西和睦）で、氏政父子に違論が生じ、氏直は父の命に従わず、降伏を乞うために城を出た。このようにして、氏規の謀も空しくなった。

　氏直は死をなだめられ、氏政、舎弟の陸奥守氏照が誅せられた。12日、氏規は氏直の供をして、高野山に登る。冬になり、氏直は河内の天野という場所に下りた。

　翌年の春、関白から大坂に召された氏直は、北畠内府（前の内大臣・織田信雄）の住んでいた館を賜り、関白と対面した。やがて国を賜るべし、とされたが、疱瘡のため、文禄元年11月4日、30歳で死去した。

Ⅶ　人物略伝

北条五代略伝⑥

小田原城に籠城した主戦派
北条氏照
ほうじょう うじてる

DATA

生没年	1540(天文9)年〜1590(天正18)年		
享年	51	居城	武蔵八王子城
幼名	藤菊丸	死因	切腹
別名	大石(由井)源三	死没地	小田原城下
官位	陸奥守		

◉ 兄・氏政とともに自害

　3代氏康の次男で、氏政の弟にあたる。

　氏照は、7歳のときに**大石氏**を継いだ。大石氏とは、武蔵守護・山内上杉氏に属し、守護代を務めた家柄。滝山城一帯（由井郷）を領する武蔵の名門である。

　それには経緯がある。1546（天文15）年、河越夜戦で、氏康は両上杉氏＆古河公方勢力を破り、関東の勢力図を一変させた。その結果、両上杉氏の傘下だった被官・国人衆は、一斉に氏康に靡いた。

　武蔵西部を基盤とする有力者・大石氏も、そのひとつであり、氏康は氏照を嗣子として送り込んだのだ。そのため、若き日の氏照は、大石源三と名乗るが、養父の死去に伴い、1568（永禄11）年に氏照は北条姓に戻る。

　その前から、父・氏康の命で、古河公方・足利義氏の取次を務め、下総・下野方面軍（利根川以東）も統括している。

　氏照は、3代氏康＆4代氏政の戦闘譜には、必ずといっていいほど参戦し、勇名を馳せた。下総の第2次国府台合戦（1564年）、下総栗林城攻め（1568年）、相模三増峠の合戦（1569年）、下総関宿城攻め（1574年）、下野祇園城攻め（1577年）などである。

　彼の活動範囲は非常に広く、その間、上杉謙信との和睦締結（越相一和）にも尽力している。また、氏照は当主（相模守）に次ぐ立場だったので、執権・北条氏の連署に倣い、陸奥守を名乗っている。

　5代氏直の家督相続（1580年）のころには、武蔵西部に**八王子城**を築き、「西」への防備を強化する。その一方で、「東」では、宿敵の佐竹一統を挟撃するべく、陸奥の伊達政宗と同盟を結んでいる。

　北条征伐（1590年）に際しては、秀吉への抗戦を主張し、八王子城は配下に任せ、自身は小田原城へ籠城した。

　しかし、結局は開城に至り、氏照は兄・氏政とともに戦争責任を問われ、切腹処分となった。

北条五代略伝⑦

北条軍団の上野方面軍司令官
北条氏邦
ほうじょう うじくに

DATA
生没年	1541(天文10)年〜1597(慶長2)年		
享年	57	居城	武蔵鉢形城
幼名	乙千代、虎寿丸	死因	病死
別名	藤田(秩父)新太郎	死没地	加賀金沢
官位	安房守		

✚ 北条征伐では、独自に籠城

　3代氏康の3男で、氏政、氏照の弟にあたる。

　氏邦もまた7歳にして、武蔵天神山城の藤田重利（しげとし）の婿養子となり、藤田新太郎を名乗った。秩父地方の**藤田氏**も、河越夜戦（1546年）の後、山内上杉氏から北条陣営に転じた有力国人衆である。

　なお、家督を譲った重利は用土（ようど）氏と称する。この重利の実子が、藤田信吉（のぶよし）。〈北条氏→武田氏→上杉氏〉に仕え、上杉征伐（1600年）の前夜、「上杉景勝に謀反の企てあり」と徳川家康に訴え出たことで知られる。

　さて、氏邦もやがて北条姓に戻り、**武蔵鉢形城**に本拠を移した。

　以降の氏邦は、北条軍団の上野方面軍司令官として活躍し、上杉謙信との同盟（1569年）に尽力した。が、同盟破棄後は、再び上野方面の諸城の攻略に従事した。

　本能寺の変（1582年）の直後には、上野厩橋城に進駐していた織田軍団の滝川一益を破り、5代当主氏直とともに、上野から旧武田分国（信濃、甲斐）へ侵入した。一方、徳川家康も甲斐へ進んだため、両軍は対峙した。

　その後、徳川・北条同盟が結ばれた結果、上野は北条分国とされたが、上野沼田領は真田昌幸がその領主権を強く主張した。

　ここから紆余曲折があるのだが、最終的に豊臣秀吉の裁定によって、〈沼田城＝北条氏、名胡桃城＝真田氏〉と決まる。そこで氏邦は、沼田城将に猪股邦憲を置く。ところが、猪俣は名胡桃城を攻め落としてしまう。

　この事件がキッカケとなって、秀吉は北条征伐（1590年）を敢行する。秀吉の攻撃に際し、氏邦は出撃策を唱えたが、衆議が籠城策に決すると、小田原城を離れて鉢形城に籠る。

　鉢形城は前田利家部隊の攻撃を浴び、落城する。降伏を告げた氏邦は、後に利家に仕え、金沢で死去した。

北条五代略伝⑧

上洛した一門筆頭
北条氏規
ほうじょう うじのり

DATA

生没年	1545(天文14)年〜1600(慶長5)年		
享年	56	死因	病死
通称	助五郎、左馬助	死没地	河内狭山
官位	美濃守		
居城	伊豆韮山城		

◉ 智勇兼備の外交担当

　兄の氏政、氏照は勇将タイプだが、氏邦は合戦を得意とはしなかったという。そして氏康の4男・氏規は、「謀深く、弓矢の道を専らとし、……北条一家の名将なり」(意訳、『改正三河後風土記』) といわれた。

　若き日の氏規は、今川・北条同盟の**人質**として、駿府へ赴いた。そのころ、同じく人質だった松平元康 (後の徳川家康) と交わった、といわれる。

　その後、帰国した氏規は、4男ではあるが、一門筆頭 (当主に継ぐNo.2) として遇せられ、相模三崎城、伊豆韮山城などを管轄した。

　いわば氏規は駿河・伊豆方面軍の司令官であり、韮山城で武田信玄の攻撃 (1569、1570年) を防御した。

　本能寺の変 (1582年) の後、織田軍団が撤退した旧武田分国に、近隣の北条氏、徳川氏、上杉氏が侵略を開始するが、氏規は家康との和睦に尽力し、徳川・北条同盟が結ばれた。

　以降、上野沼田領問題などが起こるのだが、それは本文を参照いただくとして、豊臣秀吉からの上洛要請 (1588年) があったとき、氏規は氏政・氏直父子の名代として上洛し、秀吉に謁見する。

　天下の情勢を肌で感じた氏規は、帰国後、和平派として、秀吉への臣従を勧めたようだが、氏政や重臣の松田憲秀は籠城策を唱え、小田原城籠城が決まる。

　北条征伐 (1590年) のとき、氏規は韮山城を守ったが、激しい抵抗を示したわけではなく、家康の勧めもあって、小田原城開城の前に降伏する。

　戦争責任を問われた氏政・氏照兄弟を介錯したのは、氏規だったと伝えられる。程なくして、氏規は氏直に従って紀伊高野山に赴くが、翌年、秀吉は氏規の武勇、誠忠を誉め、河内に所領を与えた。
その後、氏規の子・氏盛が、死没した氏直の跡を継ぎ、河内狭山藩1万石の藩主となった。

北条五代略伝⑨

謙信の後継者とされた養子
上杉景虎
うえすぎ かげとら

DATA
生没年	1552(天文21)年～1579(天正7)年		
享年	28	死因	切腹
幼名	竹王丸	死没地	越後鮫ヶ尾城
通称	北条(上杉)三郎		
居城	越後春日山城		

◎「御館の乱」で景勝と家督争い

　3代氏康の7男といわれる。かつて諱は「氏秀」とされてきたが、どうやら彼の兄弟らしい。

　確実なのは、上杉・北条同盟の締結（1569年）に伴い、氏康の子・三郎が上杉謙信の養子になったことだけ——。

　人質ではなく、**養子縁組**である。これを氏康は大層喜び、「子息三郎が城中（春日山城）で、御祝儀を挙げたそうで、愚老（氏康）にとって、これ以上の本望、満足はありません」（意訳）という書状を、謙信に送っている。

　養子となった三郎は、「景虎」の諱を与えられた。また妻には、謙信の姪（景勝の姉妹）を迎えた。謙信の甥・長尾喜平次景勝も、三郎同様に謙信の養子になったという。

　1578（天正6）年、謙信が49歳で病死を遂げる。と、翌日、「景勝を跡目に」という遺言があったとして、景勝は春日山城を占拠する。だが、正式な**関東管領・山内上杉氏**の後継者は、三郎だったようだ。

　攻撃された三郎は、前関東管領・山内上杉憲政の居館「御館」へ移り、景勝に抵抗する。御館は、春日山城からは程近い。

　このようにして、越後国内は三郎派、景勝派に分かれ、内乱状態に陥る。さらに三郎は実兄・氏政に援軍を要請し、氏政は同盟を結ぶ武田勝頼に派兵を求める。

　といった具合に、当初は三郎派が優勢に見えたが、景勝派は勝頼を味方に引き込み、一気に形勢を逆転させる。

　御館を攻められた三郎は、現在の妙高市まで落ち延びるが、裏切りに遭い、自害して果てる。

　もし、北条氏出身の三郎が山内上杉氏＆関東管領を継いでいれば、関東の局面は、まったく違う様相を呈してのではなかろうか？　北条氏、上杉氏、武田氏が同盟を結ぶ場面も、十分ありえたように思う。

戦国武将略伝①

東海一の弓取り
今川義元 いまがわ よしもと

DATA

生没年	1519（永正16）年～1560（永禄3）年
享年	42
幼名	方菊丸
法名	梅岳承芳
官位	三河守、治部大輔
居城	駿府館
死因	戦死
死没地	尾張桶狭間

◎ 今川と北条は「骨肉の間柄」

　足利一族の今川氏は、三河今川荘（愛知県西尾市）が発祥地。

　鎌倉期に足利氏（清和源氏）の嫡流は、上総・三河の守護に就いたことから、一族は特に三河で栄えた。三河吉良荘を相続した兄の家系が「吉良氏」で、今川氏はその弟の後裔にあたる。

　南北朝期、足利尊氏に属した今川範国は殊勲を挙げ、駿河＆遠江の守護になった。初代範国には範政、貞世（了俊）、仲秋らの子があり、中でも九州探題となった了俊は、南朝勢力の一掃に成功し、遠江守護に任じられる。

　要するに、今川一族は〈嫡流＝駿河守護、分流＝遠江守護〉となったわけ

で、分流の子孫は遠江各地に所領を獲得する。それが、瀬名、堀越氏などだ。

が、遠江は、後に室町幕府管領・斯波氏（足利一族）の守護国となる。その結果、斯波氏の守護国は越前、尾張、遠江の3か国になり、それぞれの守護代として朝倉氏、織田氏、甲斐氏を置く。

本来の今川氏のミッションは、西国（室町殿御分国）の東端・駿河の守護として、**関東（鎌倉殿御分国）の警衛**にあたること。駿河が、関東の伊豆、相模、甲斐と接するからだ。室町将軍家の意向に従って、今川氏の当主は、しばしば関東の内乱に軍事介入した。

6代義忠もそのひとりだが、彼の代に西国で「応仁の乱」が勃発する。上洛した義忠は東軍に属すとともに、北川殿（伊勢氏の娘）を娶る。この北川殿が、伊勢盛時（北条早雲）の姉にあたる。

この機会に、義忠は隣国の遠江に攻め入るが、斯波氏傘下の国人衆の反撃に遭い、戦死を遂げる。それが、ひとつの契機となり、伊勢盛時は義忠の遺児（盛時の甥）の擁立を図る。これが7代氏親である。

氏親は、盛時とともに遠江、三河へと侵入し、斯波氏を駆逐して、遠江を支配するに至る。父の弔い合戦、また旧領回復と思っていい。

その後、氏親は関東戦線を盛時に任せ、自らは東海戦線に専念する。この地域戦略が、骨肉の間柄とされた「北条氏」勃興の要因である。

氏親の跡は8代氏輝が継ぐが、突然、死亡したため、僧籍に入っていた弟ふたりが家督を争う。この**花蔵の乱**の勝者が、9代義元である。

一時期、義元は北条氏と対立するが、やがて武田・北条・今川同盟（三国同盟、1554年）を結ぶ。相互不可侵同盟によって、義元は背後の「東」を気にせず、「西」の東海諸国攻略に取り組める。

かくして、駿河、遠江、三河を分国とした義元は、「東海一の弓取り」「三国の太守」といわれ、尾張まで攻め入る。

尾張は、宿敵・斯波氏の守護国。その勢威は衰えていたが、守護代の織田氏は、斯波氏を奉じている。このような先祖以来の因縁を理解しないと、義元の行動が見えてこない。だから、「義元は天下統一を目指した」とする上洛説が登場する。京都には、本家の足利将軍家がいるにもかかわらず……。

1560（永禄3）年、尾張の桶狭間で、織田信長の奇襲に遭った義元は、戦死を遂げる。跡を継いだ10代氏真は器量に乏しく、武田信玄に攻められて、国を失った。

戦国武将略伝②

戦国最強の「甲斐の虎」
武田信玄 • たけだ しんげん

DATA

生没年	1521(大永1)年～1573(天正1)年
享年	53
幼名	勝千代
通称	太郎
諱	晴信
官位	大膳大夫、信濃守
居城	躑躅ヶ崎館
死因	病死
死没地	信濃伊奈

✠ 氏康、謙信との三つ巴

　甲斐は関東（鎌倉殿御分国）のひとつ。その守護を務めた武田氏は、室町後期まで、国内基盤が弱く、守護代や一族の台頭を許していた。
　17代信縄に至り、ようやく勢力回復の兆しが見られ、1532（天文1）年、内乱に勝利した**18代信虎**が国内を平定する。
　そのころ、今川＆北条連合軍は、南方から甲斐を攻撃する。対抗上、信虎は相模守護・扇谷上杉氏と同盟を結ぶ。信虎の嫡子・晴信（後に信玄）は、扇谷上杉氏から最初の妻を娶っている。
　1536（天文5）年、隣国の駿河で、家督相続問題から内乱が勃発する。そ

のとき、信虎は後の今川義元を応援する。

家督を継いだ義元は、信虎の娘を娶り、信玄の後妻に公家の娘を斡旋する。このような縁戚関係を軸に、今川・武田・扇谷上杉同盟が結ばれる。

それまで、今川氏と同盟していた2代北条氏綱は、この動きに強く反発し、河東一乱（1537年）が勃発する。

信虎は扇谷上杉氏を支援するため、しばしば兵を武蔵に進めるが、扇谷上杉氏の衰退に伴って逆方向に転じ、信濃佐久郡への侵略を開始する。が、荒々しい性格の信虎は、悪行も多かったので、1541（天文10）年、信玄は家臣団とともに信虎を国外へ追放する。信虎は娘婿の義元を頼る。

このようにして、19代当主となった信玄は、**信濃侵略作戦**を踏襲し、長年の歳月をかけて、信濃攻略に成功する。逆にいえば、この時点の信玄は、両上杉氏、古河公方、北条氏などが戦闘に明け暮れる関東には、食指を動かさなかった。

北信濃戦線で、信玄は越後の長尾景虎（後の上杉謙信）と衝突する。これが、1553（天文22）年から11年間で5回に及ぶ「川中島の戦い」。

そして、信玄は後方の憂いを断つため、武田・北条・今川の三国同盟（1554年）を結ぶ。

ここから複雑な展開になるのだが、関東管領・山内上杉氏を継いだ謙信は、北条氏康から関東の山内上杉氏守護国を取り返そうとして、越後から関東遠征を10数回繰り返す。

その間、氏康に加勢する信玄は〈信濃→西上野〉を攻め、謙信の退路を断とうとする。従って、有名な第4次川中島の戦い（1561年）は、北信濃の所領紛争というよりは、広大な関東戦線の一環と考えた方がわかりやすい。

ところが、今川義元の敗死後、後継者の氏真は、密かに謙信と手を結び、信玄挟撃を企てる。

怒った信玄は、三国同盟を破棄し、駿河を攻める。氏真と同盟する3代氏康は危機感を抱き、謙信と上杉・北条同盟（越相一和、1569年）を結ぶ。

駿河を制圧した信玄は、小田原城まで攻撃するが、4代氏政が越相一和を破棄したため、再び武田・北条同盟を締結する。

以降の信玄は関東に侵入することなく、東海諸国を攻め続け、三方ヶ原の戦い（1572年）で徳川家康を破るが、帰国途上で病死を遂げた。

Ⅶ 人物略伝

戦国武将略伝③

義将といわれた「越後の龍」

上杉謙信 • うえすぎ けんしん

DATA

生没年	1530(享禄3)年〜1578(天正6)年
享年	49
幼名	虎千代
通称	平三、喜平次
諱	長尾景虎、上杉政虎、輝虎
法名	宗心、謙信
官位	弾正少弼
居城	越後春日山城
死因	病死
死没地	越後春日山城

◉ 関東管領に就任した「山内殿」

　越後に栄えた府内長尾氏は、越後上杉氏の守護代の家柄。山内上杉氏の執事を務めた白井長尾氏の分流である。

　関東管領・山内上杉氏は、関東諸国の守護を兼任し、有力一族（越後上杉氏）が越後の守護となった。実質的に、両氏は一体の関係にある。

　それに伴い、守護代として長尾氏が現地に赴任し、府内（新潟県上越市）で行政を担った。越後は西国に区分され、応仁の乱勃発まで、守護は京都に在住したからだ。

　複雑かもしれないが、西国に属する越後は、上記のような事情で、関東と

も不即不離の関係にあった。

　戦国期に至り、10代長尾為景は主人・越後上杉房能との間に確執が生じたため、房能を襲い、自害させる。まさに「下剋上」である。

　房能の実兄・山内上杉顕定（関東管領）は、直ちに報復戦を挑むが、為景の前に敗死してしまう。

　このようにして、「両代の主人殺し」の悪名を背負った為景も、やがて越後国人衆の反発を浴び、引退を余儀なくされる。

　その跡目を11代晴景が継ぐが、病弱でもあり、弟の景虎（19歳）が12代当主の座に就く。内乱状態だった越後を平定した景虎は、国主となる。

　そのころ、武田信玄は信濃へ侵入し、追われた北信濃の国人衆は景虎を頼る。それに対して、彼らの所領回復を図るべく、景虎は出陣する。これが、5回に及ぶ川中島の戦い（1553～1564年）の発端だ。

　一方、関東では3代北条氏康の攻勢が激しく、上野を追われた**山内上杉憲政**は、祖父の顕定を殺された恨みがあるにもかかわらず、旧家臣筋の景虎を頼る。山内上杉氏＆関東管領の相続を、提示して。

　室町幕府の内諾を得た景虎は、憲政を奉じて、関東へ出陣する。1560（永禄3）年以来、実に遠征は10数回に及ぶ。

　関東の国人衆を参集させた景虎は、小田原城を包囲して、その勢威を見せる。その後、鎌倉に移動し、鶴岡八幡宮で相続の儀式を執行する。

　ここに**関東管領・上杉謙信**が誕生する。国人衆からは、「山内殿」と敬称される身分にまで出世したのだ。

　謙信は古河公方のNo.2「副将」として、北条氏に奪われた守護国を取り戻そうとするが、国人衆は所領保全のために強きに靡く。関東遠征は、北条・武田同盟によって阻止され、初めの勢いとは裏腹に、謙信は追い詰められる。

　ところが武田信玄が三国同盟を破棄したため、氏康は謙信との和睦を望み、上杉・北条同盟（1569年）が結ばれる。このとき、謙信は、氏康の子・三郎景虎を養子に迎える。

　その後、謙信は北陸戦線で戦い、上杉・北条同盟も解消される。謙信は再び関東出陣を企てるが、1578（天正6）年、春日山城で倒れ、急死を遂げる。謙信は遺言を残さなかったので、直後、養子の景勝と三郎景虎が争い、越後は内乱状態に陥る。

戦国武将略伝④

「凶逆の人」といわれた非情の武将

織田信長 おだ のぶなが

DATA

生没年	1534（天文3）年～1582（天正10）年
享年	49
幼名	吉法師
通称	三郎、上総介、弾正忠
官位	右大臣
居城	近江安土城
死因	切腹
死没地	京都

◉ 東西一統の道半ばで

　室町幕府の三管領筆頭は斯波氏で、「武衛家」と敬称された。代々が左衛門佐（中国風で武衛）に任官したためで、足利将軍家に次ぐ家柄とされた。
　斯波氏は越前、尾張、遠江3か国の守護を兼ねたが、在京が義務づけられたので、現地支配のために、有力被官を派遣した。
　その守護代が、〈越前＝朝倉氏、尾張＝織田氏、遠江＝甲斐氏〉であり、序列は〈甲斐氏→織田氏→朝倉氏〉とされた。ただし、やがて甲斐氏は衰え、朝倉氏と織田氏が戦国大名となっていく。
　織田氏は、元々、越前の出身で、正しくは「おた」といったらしい。それ

はともかく、尾張（8郡）の内で、上4郡は岩倉城の「織田伊勢守」が、下4郡は清洲城の「織田大和守」が支配した。守護・斯波氏は、後者の大和守が奉じたとされる。

この「大和守」家の許に、やはり織田を名乗る3奉行がおり、因幡守、藤左衛門、弾正忠といった。信長の父・信秀は、この「弾正忠」家の出身である。従って、斯波氏からすれば、信長の家系は「守護代の家来」となる。

父・信秀の死後、家督を継いだ信長は、因幡守、弟の信行、伊勢守などの織田一族を攻め滅ぼし、尾張を統一する。そのとき、信長が奉じたのが守護・斯波義銀。『信長公記』でも信長は「上総介殿」であるのに対し、義銀は「武衛様」と敬称で記されている。

要するに、応仁の乱の後の斯波氏は、越前は守護代・朝倉氏に奪われ、遠江は今川氏に侵食されたため、尾張を拠り所としていたのだ。

しかし、義銀は吉良氏、石橋氏（三河の足利一族）とともに、信長に敵対したために、追放される。有名な桶狭間の戦い（1560年）の翌年のことだ。

その後、信長が美濃を攻め、流浪する足利義昭を奉じて京都に入る。やがて15代将軍となった義昭は、信長に**副将軍就任＆武衛家相続**を求めている。

あまり指摘されないが、上杉謙信の関東管領就任＆山内上杉氏相続とよく似た構図だ。

以降の信長は、合戦の連続である。新井白石は、信長を「この人は、天性が残忍で、詐力をもって志を得た」（意訳、『読史余論』）とし、「凶逆の人」とも表現している。どういうことか、といえば、信長は酷薄な行為のオンパレード。そういう指摘である。

「信長は、初めに母を欺いて、弟の信行を殺し、父の跡を継いだ。その後、我が子の信雄、信孝が継いだ伊勢の国司（北畠氏）や神戸氏を滅ぼし、所領を奪った。妹（お市の方）を嫁がせた浅井氏を滅ぼし、我が娘を嫁がせた岡崎殿（松平信康）を殺した。……父子兄弟の倫理を、まったく持ち合わせない人だ。さらに主人と仰いだ義昭を追放し、功労のあった家臣（佐久間信盛など）を、旧怨によって流罪にした……」（意訳）

まさしく、その行為は**「天魔王」**の所業なのである。

1582（天正10）年、信長は武田勝頼を攻め滅ぼす。と同時に、勝頼の同盟者・上杉景勝を徹底攻撃した。この甲越同盟を撃破すれば、念願の東西一統が現実のものとなるからだ。北条氏政も、信長との縁組を切望していた。

しかし、程なくして宿舎の本能寺を襲われ、信長は自害して果てる。

戦国武将略伝⑤

江戸幕府の創業者

徳川家康 • とくがわいえやす

DATA

生没年	1542(天文11)年〜1616(元和2)年
享年	75
幼名	竹千代
通称	松平次郎三郎
諱	松平元信、元康
官位	三河守、内大臣　征夷大将軍
居城	駿河駿府城
死因	病死
死没地	駿府城

◉ 占領地支配の方策

　三河の国人・松平氏は、清康の代に興隆したが、駿河の今川氏の攻勢に遭い、跡を継いだ広忠は今川義元に属した。その広忠の嫡子が竹千代（後の家康）であり、幼いころに駿府で人質生活を送った。

　14歳で元服した竹千代は、義元から一字拝領し、諱を元信とする。後に祖父・清康の一字を取り、元康と改める。

　また、16歳のとき、関口義広の娘・**築山殿**を娶る。関口氏は遠江の今川一族（今川了俊の後裔）であり、彼女の母は義元の妹だった。

　ところが、その3年後、尾張を攻めた義元が敗死したため、当時の元康は

独立し、三河で頭角を現し始める。

　この駿府時代の人質生活は苦労の連続で、元康を慕う三河武士は涙を流した……。といった具合に、時代小説などでは描かれることが多い。

　しかし、それは本当だろうか？

　むしろ実際の義元は、元康を厚遇した、と思う。関口氏は遠江守護の流れを汲む名門で、築山殿は義元の姪にあたる。明らかに、この縁組は懐柔策。おそらく、三河国人衆の反発を買わないための措置、占領地対策であろう。仮に悲惨な思いをしたのなら、晩年の家康が駿府城に居住するはずもない。

　さて、北条征伐（1590年）の後、新田一族と称して関東に入封した家康は、占領地対策に腐心した。

　軍事面では、徳川四天王の井伊直政を上野箕輪城12万石（対東山道）、榊原康政を上野館林城10万石（対奥羽越）、本多忠勝を上総大多喜城10万石（対安房）に置き、分国周辺を警戒させた。なお、相模小田原城には大久保忠世（4万5000石）、相模玉縄城には本多正信（1万石）を配置した。

　また、家康が荒っぽい統治を行えば、関東の国人衆、領民の反発は必至。一揆発生にもなりかねない。そこで、家康は撫民政策を採る。

　そのひとつが、室町期以来の**名門、名家の保護**。それは江戸幕府樹立後も変わらなかった。家康の「名門好き」といわれるが、名門保護政策は、頂点に立つ徳川将軍家へのリスペクトにもつながる。

　具体的には、「高家」の創立である。石高は1万石未満だが、官位は大名より高く、幕府の典礼、儀式を司る職制である。高家は26家あり、その中で最も知られるのが、『忠臣蔵』の敵役・吉良上野介義央（4200石、三河吉良氏）。

　本書に関係する高家を、少し挙げてみよう。

○宮原家（1040石）：3代古河公方の子・足利晴直の子孫。なお、公方の嫡系は、交代寄合・喜連川氏（5000石）となり、10万石の格式を与えられた。

○今川家（1000石）：氏真の孫は高家に列した。今川の姓は嫡流のみとされたため、庶流は屋敷の所在地にちなみ、品川氏（1500石）と称した。

○吉良家（1420石）：三河吉良氏とは別で、古河公方の「御一家」とされた武蔵吉良氏。北条五代と縁組を重ね、戦国期は世田谷城主だった。その一族の菩提寺が、豪徳寺（東京都世田谷区）である。

戦国武将略伝⑥

北条氏と戦い続けた闘将
里見義堯
さとみ よしたか

DATA
生没年	1507(永正4)年～1574(天正2)年		
享年	68	死因	病死
通称	権七郎	死没地	久留里城
官位	刑部少輔		
居城	上総久留里城		

◉ 南総に「里見」あり

　戦国期、房総を分国とした里見氏は、上野の新田一族といわれる。
　安房里見氏の祖とされる義実は、鎌倉公方の遺児を擁した結城合戦（1441年）で敗れ、〈下総→武蔵→相模〉を経て、海路、三浦半島から安房に渡ったといわれる。その伝説を脚色したのが、『南総里見八犬伝』。
　しかし、里見氏が史実に登場するのは、義実の孫とされる義通からだ。どうやら義通は古河公方の側近で、公方勢力を房総で培養するために、安房に派遣されたようだ。
　義通の跡は、嫡子・義豊が継ぐ。しかし、一族で内紛（1533年）が起こり、従兄弟の義堯が嫡流家を敗死させて、当主の座に就く。古河公方家の内紛（古河公方VS小弓公方）も絡み、複雑な展開があるのだが、2代北条氏綱は義堯を支援した。
　しかし、「関東副将軍」を自認する義堯は、安房・上総を分国とし、さらに小弓公方・足利義明を奉じて、下総を攻める。一方、2代氏綱は、古河公方から小弓退治を命じられる。
　こうして、両勢力が激突したのが、**第1次国府台合戦**（1538年）。その結果、小弓公方は戦死し、敗れた義堯は安房へ戻る。が、義堯は再び勢力を回復し、上総を攻略する。それに対して、3代北条氏康は、義堯の本城・上総久留里城を囲む。
　そこで義堯は、越後の長尾景虎（後に上杉謙信）に救援を求め、景虎は関東出陣（1560年）を果たす。以降、里見氏は北条氏との攻防に明け暮れ、しばしば、海路を辿り、鎌倉などを攻撃している。
　やがて謙信勢力は退潮となるが、里見義堯・義弘父子は、**第2次国府台合戦**（1564年）で再び北条氏康と戦い、またも敗北を喫する。
　それでも、里見義弘は盛り返し、3年後には三船山の合戦で4代北条氏政を破る。このように、終始、里見氏は「反北条」で戦い続けた。

戦国武将略伝⑦

天下に知られた三楽斎

太田資正
おおた すけまさ

DATA
生没年	1522(大永2)年～1591(天正19)年		
享年	70	居城	武蔵岩付城
通称	源五郎	死因	病死
法名	三楽斎	死没地	常陸片野城
官位	美濃守		

⊕「反北条」を貫いた智謀の将

　太田氏は、扇谷上杉氏の執事を務めた家柄。有名な太田道灌（資長）は、武蔵に江戸城や岩付城（岩槻城）を築き、主人の扇谷上杉定正を支えたが、山内上杉顕定の告げ口を信じた定正は、道灌を謀殺してしまう。

　それを憤った太田一族は、扇谷上杉氏を離れ、山内上杉氏に属す。その子孫は江戸太田氏（江戸城）、岩付太田氏（岩付城）に分かれる。資正は岩付太田氏の方で、こちらが嫡流とされる。

　3代北条氏康の台頭は著しく、それに脅威を抱いた両上杉氏、古河公方は大同団結し、河越城奪回を目指す。が、**河越夜戦**（1546年）で大敗を喫する。

　夜戦後、北条氏に攻略された松山城を、資正は奪い返す。そのとき、岩付城と松山城との間の連絡用に、軍用犬を走らせたことは、よく知られる。大層、犬好きだったと伝えられる。なお、江戸太田氏は、北条氏に属している。

　以降、資正は関東の反北条勢力の中核となり、越後の長尾景虎（後の上杉謙信）に関東出陣を働き掛ける。謙信の遠征後は、その有力な与党となって、北条氏と戦い続ける。しかし、謙信勢力は次第に衰えていく。

　ところが、江戸太田氏が北条氏に叛旗を翻し、一族の資正や里見氏との連合を企てる。かくして太田一族＆里見氏は、北条氏と**第2次国府台合戦**（1564年）で戦うが、惨敗する。

　資正は岩付城に戻ろうとするが、親北条の嫡子・氏資から放逐されてしまう。やむなく、資正・梶原政景父子は、常陸の佐竹義重を頼る。佐竹氏の客将となった資正は、旧領回復を願いつつ、常陸の小田氏（北条方）との合戦に明け暮れる。資正の境遇に、謙信も非常に同情したといわれる。

　北条征伐（1590年）に際し、資正も佐竹義宣（義重の子）とともに、小田原参陣を果たす。豊臣秀吉が、「天下の知恵者」資正に、今後の戦局を訊ねたという話もある。しかし、資正は旧領を回復できず、翌年、常陸の片隅で没した。

Ⅶ 人物略伝

戦国武将略伝⑧

「鬼」と呼ばれた猛将
佐竹義重
さたけ よししげ

DATA

生没年	1547(天文16)年～1612(慶長17)年		
享年	66	居城	常陸太田城
幼名	徳寿丸	死因	病死
通称	次郎	死没地	太田城
官位	常陸介		

◉「反北条」佐竹一統の盟主

　常陸北部に勢力を張った佐竹氏は、関東八屋形のひとつ。代々、常陸守護を務めた名門である。

　18代当主となった義重は、常陸南部では小田氏、陸奥南部では白河結城氏と戦い、佐竹分国を拡大していく。太田城を軸として、南進＆北進の両面作戦を展開したのである。

　まず、南方の関東戦線では、義重は上杉謙信と同盟し、利根川以東（下総、下野、常陸）を侵食しようとする北条氏と激しく対立する。

　次に北方の奥州戦線では、義重は積極的な**縁組政策**を採り、基盤拡大を目指す。少し後の話になるが、最大勢力の蘆名氏にも、子の義広を後継者に送り込んだほどだ。義重と競合する政宗は、やがて北条氏と同盟を結び、佐竹挟撃を画策するに至る。

　関東戦線では、**謙信陣営**は劣勢となる。だが、武田信玄が三国同盟を破棄したため、3代北条氏康は危機感を抱き、謙信に和睦を申し入れる。

　それに乗った謙信は、上杉・北条同盟（1569年）を結んでしまう。それも、義重らの同盟反対を押し切って。後に謙信は、非常に後悔したという。

　この時点で、義重は謙信を見切り、宇都宮氏や結城氏などと連合して、北条氏と戦い続ける。そこへ信玄が、反北条戦線の結成を佐竹一統に申し入れる。と、複雑なねじれ現象に陥る。

　やがて、上杉・北条同盟が解消されると、再び義重は謙信と手を結ぶが、北条・伊達同盟の挟撃を浴びた義重は、家督を嫡子・義宣に譲り、豊臣秀吉に支援を要請する。

　北条征伐（1590年）に際しては、義宣が一統を率い、小田原参陣を果たしている。その結果、佐竹氏は常陸を安堵される。後の上杉征伐（1600年）で、義宣は上杉景勝に味方したが、隠居の身とはいえ、義重の発言力は大きく、親徳川を唱えたため、義宣は動くに動けなかったという。

著者略歴

相川　司（あいかわ　つかさ）

歴史、ミステリ評論家。日本推理作家協会員。1951年、東京生まれ。1973年、早稲田大学政治経済学部卒業。

主な著作：『龍馬を殺したのは誰か』（河出書房新社）、『土方歳三　新選組を組織した男』（扶桑社）、『直江兼続　家康を挑発した智謀の将』『伊達政宗　野望に彩られた独眼龍の生涯』『上杉謙信　信長も畏怖した戦国最強の義将』『真田一族　家康が恐れた最強軍団』『新選組　知られざる隊士の真影』『掛けていい保険、いけない保険』（以上、新紀元社）

主な共著：『戦国武将事典』『柳生一族　将軍家指南役の野望』（以上新紀元社）、『新選組実録』（筑摩書房）、『やくざ映画とその時代』（斯波司名義　筑摩書房）、『J'SミステリーズKING&QUEEN』（荒地出版社）、など。他に分担執筆や文庫解説が数多くある。

参考文献

本書を執筆するにあたり、以下に掲げた文献を参考にさせていただき、また一部を引用させていただきました。他にも数多くの文献のお世話になりました。ここに御礼申し上げます。

『戦国　北条一族』黒田基樹　新人物往来社
『北条早雲とその一族』黒田基樹　新人物往来社
『戦国の魁　早雲と北条一族』新人物往来社編　新人物往来社
『歴史群像　真説　戦国北条五代』学習研究社編　学習研究社
『北条早雲と家臣団』下山治久　有隣堂
『後北条氏』鈴木良一　有隣堂
『戦国時代の終焉』斎藤慎一　中央公論新社
『北条氏康と東国の戦国世界』山口博　夢工房
『江戸はこうして造られた』鈴木理生　筑摩書房
『房総里見一族』川名登　新人物往来社
『伊豆水軍』永岡治　静岡新聞社
『東国の戦国合戦』市村高男　吉川弘文館
『小田原北条記』江西逸志子　ニュートンプレス
『関東古戦録』槙島昭武　久保田順一　あかぎ出版
『名将言行録』岡谷繁実　ニュートンプレス
『藩翰譜』新井白石　新人物往来社
『豊臣秀吉』山路愛山　岩波書店
『戦国大名家家臣団事典　東国編』山本大・小和田哲男編　新人物往来社
『戦国武将事典』吉田龍司　相川司　川口素生　清水昇　新紀元社

Truth In History 17
戦国・北条一族
関東制覇の栄光と挫折

2009年11月30日　初版発行

著　　　者	相川　司(あいかわ つかさ)	
編　　　集	株式会社新紀元社編集部 有限会社マイストリート	
発　行　者	大貫尚雄	
発　行　所	株式会社新紀元社 〒101-0054 東京都千代田区神田錦町3-19　楠本第3ビル TEL:03-3291-0961　FAX:03-3291-0963 http://www.shinkigensha.co.jp/ 郵便振替　00110-4-27618	
カバーイラスト 本文イラスト	諏訪原寛幸 福地貴子	
デザイン・DTP	株式会社明昌堂	
印刷・製本	株式会社リーブルテック	

ISBN978-4-7753-0774-8
定価はカバーに表示してあります。

Printed in Japan